Amigos, Amores e
Aquela Coisa Terrível

MATTHEW PERRY

Amigos, Amores e Aquela Coisa Terrível

AS MEMÓRIAS DO ASTRO DE FRIENDS

Tradução
Carolina Simmer

4ª edição

Rio de Janeiro | 2023

CIP-BRASIL. CATALOGAÇÃO NA PUBLICAÇÃO
SINDICATO NACIONAL DOS EDITORES DE LIVROS, RJ

P547a   Perry, Matthew, 1969-
        Amigos, amores e aquela coisa terrível : as memórias do astro de Friends / Matthew Perry ; tradução Carolina Simmer. – 4ª ed. – Rio de Janeiro : BestSeller, 2023.

        Tradução de: Friends, lovers, and the big terrible thing: a memoir
        ISBN 978-65-5712-253-2

        1. Perry, Matthew, 1969-. 2. Atores e atrizes de cinema – Estados Unidos – Biografia. 3. Friends (Programa de televisão). 4. Viciados – Estados Unidos – Biografia. 5. Abuso de substâncias – Estados Unidos. I. Simmer, Carolina. II. Título.

22-81501   CDD: 791.4092
                            CDU: 929:791

Gabriela Faray Ferreira Lopes – Bibliotecária – CRB-7/6643

Texto revisado segundo o novo Acordo Ortográfico da Língua Portuguesa.

Copyright © 2022 by Mathew Perry
Título original: Friends, Lovers and the Big Terrible Thing
Published by arrangement with Flatiron Books. All rights reserved.
Copyright da tradução © 2023 by Editora Best Seller Ltda.

Todos os direitos reservados. Proibida a reprodução,
no todo ou em parte, sem autorização prévia por escrito da editora,
sejam quais forem os meios empregados.

Adaptação de capa: Leticia Quintilhano
Editoração eletrônica: Abreu's System

Direitos exclusivos de publicação em língua portuguesa para o Brasil
adquiridos pela
Editora Best Seller Ltda.
Rua Argentina, 171, parte, São Cristóvão
Rio de Janeiro, RJ – 20921-380
que se reserva a propriedade literária desta tradução.

Impresso no Brasil
ISBN 978-65-5712-253-2

Seja um leitor preferencial Record.
Cadastre-se e receba informações sobre nossos lançamentos e nossas promoções.

Atendimento e venda direta ao leitor:
sac@record.com.br

*Para todos aqueles por aí que sofrem.
Vocês sabem quem são.*

A melhor saída é sempre em frente.
— Robert Frost

Você só precisa me ajudar mais um dia.
— James Taylor

Sumário

Prefácio *por Lisa Kudrow*	11
Prólogo	13
1. A vista	25
Interlúdio: *Nova York*	52
2. Mais uma geração perdida	56
Interlúdio: *Matman*	75
3. Bagagem	80
Interlúdio: *Morto*	103
4. Parece que já estive aqui antes	110
Interlúdio: *Zoom*	130
5. Nada de quarta parede	131
Interlúdio: *Vazios*	164
6. Bruce Willis	165
Interlúdio: *O céu desabou*	185
7. A vantagem dos amigos	193
Interlúdio: *Bolsos*	212

8. Odisseia   215
    INTERLÚDIO: *Acampamento do trauma*   228
9. Três não é demais; três estraga tudo   230
    INTERLÚDIO: *Violência em Hollywood*   239
10. Aquela Coisa Terrível   242
    INTERLÚDIO: *A parte do cigarro*   268
11. Batman   279

Agradecimentos   289

Sobre o autor   291

Prefácio
por Lisa Kudrow

"Como anda o Matthew Perry?"

Desde que começaram a me fazer essa pergunta, em diferentes momentos, esse foi o principal questionamento que ouvi ao longo dos anos. Eu entendo por que tantas pessoas queriam essa resposta: elas amam Matthew e desejam que ele esteja bem. Eu também quero. Mas sempre me irritava quando a imprensa me pressionava para obter uma informação, porque não podia responder como queria: "É a história dele, e não tenho autorização para contá-la, entende?" E eu ainda poderia continuar com "O assunto é muito íntimo e pessoal, e, se não for ele a responder, então, na minha opinião, é fofoca, e eu não vou fofocar com você sobre o Matthew." Por saber que a falta de uma resposta muitas vezes pode piorar a situação, às vezes eu simplesmente dizia: "Acho que ele está bem." Isso evitava comentários e talvez pudesse ajudá-lo a ter um pouquinho de privacidade enquanto tentava lidar com sua doença. Mas a verdade era que eu não sabia muito bem como andava o Matthew. Como ele vai contar neste livro, essa informação era mantida em segredo. E demorou um tempo até que ele se sentisse confortável para nos contar parte do que estava enfrentando. Ao longo dos anos, não tentei interferir nem confrontá-lo, porque o pouco que eu sabia sobre dependência química era que a sobriedade dele não dependia de mim. E, mesmo assim, havia momentos em que eu me perguntava se estava errada por não fazer mais, por não fazer alguma coisa. Mas acabei entendendo que essa doença se retroalimentava o tempo todo e que estava determinada a se manter viva.

Então, eu me concentrava em Matthew, que me fazia rir tanto todo dia e que uma vez por semana me fazia rir tanto que eu não conseguia respirar. Lá estava ele, Matthew Perry, brilhante... charmoso, doce, sensível, muito sensato e racional. Aquele cara que, mesmo enfrentando todas as suas batalhas, continuava ali. O mesmo Matthew que, lá no começo, conseguiu nos animar durante a filmagem noturna exaustiva da abertura, na fonte. "Não consigo lembrar de uma época em que eu não estivesse dentro de uma fonte!" "Será que estamos molhados?" "Quem aí não consegue se lembrar de uma época em que não estava molhado... eu!" (Matthew foi o responsável por estarmos rindo naquela fonte.)

Depois que *Friends* acabou, parei de ver Matthew todos os dias e não conseguia nem imaginar como ele estava.

Este livro é a primeira vez que fico sabendo sobre a experiência dele de viver e sobreviver à dependência química. Matthew me contou algumas coisas, mas nunca com muitos detalhes. Ele agora nos permite entrar na sua cabeça e no seu coração, oferecendo detalhes sinceros com muita vulnerabilidade. E, enfim, ninguém vai precisar perguntar a mim e a mais ninguém como anda o Matthew. Ele mesmo vai contar.

Ele sobreviveu ao impossível, mas até hoje eu não tinha a menor ideia de quantas vezes escapou por pouco. Estou feliz por você continuar aqui, Matty. Parabéns. Eu te amo.

— *Lisa*

Prólogo

Oi, meu nome é Matthew, embora talvez você me conheça por outro nome. Meus amigos me chamam de Matty.

E eu devia estar morto.

Se quiser, pode considerar o que vai ler agora como uma mensagem do além, do meu além.

É o Sétimo Dia da Dor. E, quando digo Dor, não estou falando de bater o dedão em uma quina nem do filme *Meu vizinho mafioso 2*. Escrevo Dor com letra maiúscula porque foi a pior Dor que já senti — era o Ideal Platônico da Dor, a Dor primordial. Já ouvi as pessoas dizerem que a pior dor é a do parto: bem, aquela era a pior dor imaginável, mas sem a felicidade de ter um recém-nascido nos braços no fim de tudo.

E era o Sétimo Dia da Dor, mas também era o Décimo Dia Sem Movimentos. Se é que você me entende. Fazia dez dias que eu não cagava — pronto, explicado. Havia alguma coisa muito, muito errada. Não era uma dor lânguida, latejante, como uma dor de cabeça; também não era uma dor aguda, penetrante, como a da pancreatite que tive aos 30 anos. Era uma Dor diferente. Parecia que meu corpo estava prestes a explodir. Que minhas entranhas tentavam escapar de mim. Era uma Dor séria pra caralho.

E os sons. Meu Deus, os sons. Em geral, sou um cara bem quieto, tranquilo. Mas naquela noite eu berrava a plenos pulmões. Em certas noites, quando o vento sopra na direção certa e os carros já estão todos na garagem, é possível ouvir os sons horríveis de coiotes estraçalhando algo que uiva em Hollywood Hills. No começo, parece o barulho de crianças rindo, muito ao longe, até você perceber que não é bem isso — são os sinais da morte. Mas a pior parte, sem dúvida, é quando os uivos param, porque aí você sabe que a criatura que estava sendo atacada já morreu. É um inferno.

E, sim, existe um inferno. Não acredite em ninguém que diga algo diferente disso. Eu já estive lá, ele existe e ponto-final.

Naquela noite, eu era o animal sob ataque. E ainda gritava, lutando com unhas e dentes para sobreviver. O silêncio significaria o fim. E mal sabia eu o quanto estava próximo disso.

Na época, eu morava em uma casa de reabilitação no sul da Califórnia. Isso não era surpresa — passei metade da minha vida em centros de tratamento ou casas de reabilitação. É uma situação aceitável quando você tem 24 anos, mas nem tanto aos 42. Naquele momento eu tinha 49 e continuava lutando para me livrar do fardo do vício.

Àquela altura, eu já sabia mais sobre dependência química e alcoolismo do que todos os orientadores e a maioria dos médicos desses estabelecimentos. Infelizmente, esse autoconhecimento não serve de nada. Se o segredo para a sobriedade fosse esforço e informação, esse monstro não passaria de uma lembrança distante e desagradável para mim. Minha estratégia para continuar vivo tinha sido me transformar em um paciente profissional. Não vamos medir as palavras aqui. Aos 49, eu ainda tinha medo da solidão. Quando ficava sozinho, meu cérebro maluco (maluco apenas nesse sentido, aliás) encontrava qualquer desculpa para recorrer ao impensável: álcool e drogas. Depois de ter décadas da minha vida arruinadas por esse hábito, sinto pavor de retomá-lo. Não sinto medo algum de falar na frente de vinte mil pessoas, mas basta uma noite sentado no sofá, vendo TV, para ficar apavorado. Tenho medo da minha própria mente; medo dos meus pensamentos; medo de a minha cabeça me incentivar a recorrer às drogas, como já fez tantas vezes. A minha mente quer me matar, e eu sei disso. Sou constantemente tomado por uma solidão sorrateira, uma ânsia, e permaneço apegado à ideia de que algo exterior vai ser capaz de me consertar. Mas eu tinha todas as coisas exteriores possíveis!

Julia Roberts é minha namorada. *Não importa, você precisa beber.*

Acabei de comprar minha casa dos sonhos — com vista para a cidade toda! *Impossível ficar feliz com isso sem um traficante.*

Ganho um milhão de dólares por semana — venci na vida, certo? *Quer uma bebida? Ah, lógico. Muitíssimo obrigado.*

Eu tinha tudo. Mas esse tudo era uma ilusão. Nada resolveria aquilo. Eu levaria anos para chegar perto de encontrar uma solução. Por favor, não me leve a mal. Todas essas conquistas — Julia, a casa dos sonhos, um milhão por semana — eram maravilhosas, e vou ser eternamente grato por elas. Sou um dos homens mais sortudos do planeta. E, nossa, como eu me diverti.

Só que nada disso era a resposta. Se tivesse que fazer tudo de novo, eu ainda participaria do teste para *Friends*? Sem dúvida alguma. Eu beberia de novo? Sem dúvida alguma. Se não fosse o álcool para acalmar meu nervosismo e me ajudar a me divertir, eu teria pulado do alto de um prédio aos vinte e poucos anos. Meu avô, o maravilhoso Alton L. Perry, cresceu com um pai alcoólatra, e, por isso, nunca tocou em bebida durante todos os seus longos e maravilhosos 96 anos.

Eu não sou o meu avô.

Não estou escrevendo isto tudo porque quero que sintam pena de mim, mas porque é a verdade. Escrevo porque alguém pode estar se sentindo confuso por saber que deveria parar de beber — assim como eu, essa pessoa tem todas as informações e entende as consequências de suas ações —, mas não consegue parar. Vocês não estão sozinhos, meus irmãos e minhas irmãs. (No dicionário, a palavra "viciado" devia vir acompanhada de uma foto minha, olhando ao redor, muito atordoado.)

Na casa de reabilitação no sul da Califórnia, meu quarto tinha duas camas queen e vista para West Los Angeles. A segunda cama era ocupada pela minha assistente/melhor amiga, Erin, que é lésbica e cuja amizade aprecio por me oferecer a alegria do companheirismo feminino sem a tensão romântica que pareceu estragar minha amizade com mulheres heterossexuais (sem contar que podemos conversar sobre mulheres gostosas). Nós tínhamos nos conhecido dois anos antes, na clínica de reabilitação onde ela trabalhava. Não permaneci sóbrio naquela época, mas logo percebi que ela era maravilhosa em todos os sentidos e imediatamente a roubei de lá e a contratei como assistente, e ela se tornou minha melhor amiga. Ela também entendia a natureza da dependência química e compreendia as minhas dificuldades melhor do que qualquer médico que já encontrei.

Mesmo que a presença de Erin melhorasse a situação, passei muitas noites naquele lugar sem conseguir dormir. O sono é um problema sério para mim, especialmente quando estou em lugares assim. E, para além desse fato, acho que nunca na vida dormi por mais de quatro horas seguidas. E o meu hábito recém-adquirido de assistir a documentários sobre prisões não ajudava — eu estava me desintoxicando de tanto Frontal que meu cérebro fritou a ponto de me convencer de que eu era um prisioneiro, e aquela casa de reabilitação era um presídio de verdade. Meu psiquiatra diz que "a realidade é um gosto adquirido". Bom, naquela altura eu já tinha perdido o gosto e o cheiro da realidade; eu estava com a Covid da mente, e estava completamente delirante.

Mas a Dor não era um delírio; na verdade, doía tanto que eu tinha parado de fumar, e, se você soubesse o quanto eu fumava, saberia que esse era um sinal evidente de que havia alguma coisa muito errada. Um dos funcionários do lugar, cujo crachá poderia muito bem dizer ENFERMEIRO CUZÃO, sugeriu que eu tomasse um banho com sulfato de magnésio para aliviar o "desconforto". Não dá para tratar uma fratura exposta com um Band-Aid; não dá para colocar alguém sentindo tanta Dor em um banho com sais. Mas a realidade é um gosto adquirido, lembra? E então eu fui tomar o tal banho com sulfato de magnésio.

Fiquei sentado lá, pelado, sentindo Dor, uivando feito um cachorro sendo estraçalhado por coiotes. Erin me ouviu — meu Deus, as pessoas devem ter me ouvido até em San Diego. Ela apareceu na porta do banheiro e, olhando para o meu corpo triste e pelado, se contorcendo de Dor, perguntou simplesmente:

— Quer ir pro hospital?

Se Erin achava que estava ruim no nível de ir para o hospital, estava ruim no nível de ir para o hospital. Além do mais, ela percebeu que eu tinha parado de fumar.

— Acho uma ideia boa pra cacete — falei, entre um uivo e outro.

De algum jeito, Erin conseguiu me ajudar a sair da banheira e me secar. Eu estava colocando minha roupa quando uma conselheira — alertada pelo som de um cachorro sendo morto ali dentro — apareceu na porta.

— Vou levar o Matthew para o hospital — disse Erin.

Por acaso, Catherine, a conselheira, era uma moça loira e muito bonita que eu aparentemente havia pedido em casamento quando cheguei ali, então talvez ela não fosse minha maior fã. (É sério, eu estava tão alucinado quando chegamos que a pedi em casamento e imediatamente despenquei por um lance de escadas.)

— Tudo isso não passa de um plano para conseguir drogas — disse Catherine para Erin enquanto eu continuava a me vestir. — Quando ele chegar no hospital vai pedir remédios.

Bom, o casamento não vai rolar, pensei.

A essa altura, os uivos haviam alertado outras pessoas de que o chão do banheiro devia estar coberto de entranhas caninas, ou que alguém estava sentindo Dor de verdade. O conselheiro-chefe, Charles — visualize: pai com cara de modelo, mãe em situação de rua —, se juntou a Catherine na porta, para ajudá-la a bloquear nossa iminente saída.

Bloquear a saída? Como assim, nós tínhamos 11 anos?

— Ele é nosso paciente — disse Catherine. — Você não tem o direito de levá-lo embora.

— Eu conheço o Matty — insistiu Erin. — Ele não está tentando se drogar. — Então Erin se virou para mim. — Você precisa ir para o hospital, Matty?

Concordei com a cabeça e berrei mais um pouco.

— Vou levá-lo — disse Erin.

De algum modo, passamos por Catherine e Charles, saímos do prédio e chegamos ao estacionamento. Digo "de algum modo" não porque Catherine e Charles tenham tentado nos segurar, mas porque, sempre que meus pés tocavam o chão, a Dor piorava.

No céu, olhando para mim com desdém, completamente alheia à minha agonia, havia uma bola amarela e brilhante.

O que é aquilo?, pensei em meio aos surtos de sofrimento. *Ah, o sol. Pois é...* Eu não saía muito de casa nessa época.

— Um paciente famoso está chegando com dores abdominais fortes — disse Erin ao telefone enquanto abria a porta do carro.

Carros são coisas idiotas, comuns, até você não poder mais dirigi-los, e então eles se tornam caixas mágicas de liberdade e sinais de uma vida anterior bem-sucedida. Erin me colocou no banco do passageiro e eu me deitei. Minha barriga se retorcia em agonia.

Ela sentou no banco do motorista, olhou para mim e disse:

— Você quer chegar rápido ou prefere que eu evite as estradas mais esburacadas?

— Só anda logo, mulher! — consegui dizer.

Naquele momento, Charles e Catherine tinham decidido se esforçar mais para nos impedir e pararam na frente do carro, bloqueando o caminho. As mãos de Charles estavam erguidas, exibindo as palmas para nós, tentando dizer "Não!", como se um veículo motorizado de uma tonelada e meia pudesse ser impedido de se mover pela força daquelas mãozinhas.

Para piorar a situação, Erin não conseguia dar a partida. O motor só funciona quando você *diz* para o carro ligar, porque, sabe como é, eu trabalhei em *Friends*. Catherine e as mãozinhas de Charles não desistiram. Quando Erin conseguiu entender como dar a partida naquela joça, só havia mais uma coisa a se fazer: ela ligou o motor, colocou o câmbio no modo "Drive" e virou o volante para subirmos na calçada — só o choque dessa ação, ricocheteando pelo meu corpo inteiro, quase me fez morrer bem ali. Com duas rodas sobre o meio-fio, passamos por Catherine e Charles e ganhamos a rua. Os dois ficaram olhando enquanto íamos embora, mas naquela situação eu a incentivaria a passar por cima deles — é muito assustador se encontrar em um estado em que você não consegue parar de gritar.

Se eu estivesse fazendo aquilo só para conseguir drogas, merecia um Oscar.

— Você está mirando nos quebra-molas? Não sei se deu pra perceber, mas estou numa situação meio incômoda agora. Vai mais devagar — implorei a ela.

Lágrimas escorriam tanto pelas minhas bochechas quanto pelas dela.

— Preciso ir rápido — disse Erin, seus olhos castanhos, solidários, me encarando com preocupação e medo. — Não podemos perder tempo.

Foi nesse exato momento que perdi a consciência. (Aliás, na escala da dor, perder a consciência é o nível máximo.)

[Um aviso: pelos próximos parágrafos, este livro será uma biografia, mas não com memórias minhas, porque eu deixei de estar presente naquele momento.]

O hospital mais próximo da casa de reabilitação era o Saint John's. Como Erin teve a perspicácia de ligar antes e avisar que uma pessoa famosa estava a caminho, alguém foi nos encontrar na entrada da emergência. Sem ter noção da gravidade do meu estado ao fazer o telefonema, Erin se preocupou com a minha privacidade. Mas o pessoal do hospital logo viu que havia alguma coisa muito errada e eu fui levado para uma sala de tratamento. Lá, me ouviram dizer:

— Erin, por que tem bolas de pingue-pongue em cima do sofá?

Não havia um sofá e muito menos bolas de pingue-pongue — eu só estava delirando completamente. (Nunca soube que era possível delirar de dor, mas é isso aí.) Então a hidromorfina (minha droga favorita no mundo inteiro) chegou ao meu cérebro, e eu recuperei a consciência por um instante.

Fui informado de que precisaria ser operado imediatamente e, do nada, todos os enfermeiros da Califórnia apareceram no quarto. Um deles se virou para Erin e disse:

— Se prepara para correr!

Erin estava preparada, e todos nós corremos — bom, *eles* correram, eu fui empurrado na minha cadeira de rodas em alta velocidade até chegar à sala de cirurgia. Mandaram Erin sair de lá poucos segundos depois de eu pedir a ela "Por favor, não vai embora", então fechei os olhos; eles só voltariam a se abrir duas semanas depois.

Sim, pois é: coma, senhoras e senhores! (E aqueles escrotos da casa de reabilitação tinham tentado bloquear a passagem do carro?)

A primeira coisa que aconteceu quando entrei em coma foi uma broncoaspiração, quando vomitei dez dias de substâncias tóxicas diretamente nos meus pulmões. Eles não gostaram muito disso — daí a pneumonia instantânea —, e foi então que o meu cólon explodiu. Vou repetir para quem não prestou atenção: meu cólon explodiu! Já me acusaram de ser cheio de merda, mas naquela ocasião o caso era esse mesmo.

Ainda bem que eu não estava lá para presenciar o momento.

Naquele instante, minha morte era praticamente certa. Eu tive azar por meu cólon ter explodido? Ou tive sorte por isso ter acontecido na única sala no sul da Califórnia em que poderiam resolver o problema? De todo modo, agora eu encarava uma cirurgia de sete horas, que pelo menos deu tempo suficiente para que todos os meus entes queridos fossem correndo para o hospital. Conforme eles chegavam, recebiam a notícia: "Matthew tem dois por cento de chance de sobreviver a esta noite."

Todo mundo ficou tão impactado que algumas pessoas desmoronaram bem ali, na recepção do hospital. Vou ter que passar o resto da vida sabendo que minha mãe e outras pessoas ouviram essas palavras.

Enquanto eu passava pelo menos sete horas em cirurgia, e convencidos de que o hospital faria o melhor trabalho possível, minha família e meus amigos foram para casa dormir, enquanto meu subconsciente lutava pela vida entre bisturis, cânulas e sangue.

Spoiler: eu *sobrevivi* àquela noite, mas ainda havia risco. Minha família e meus amigos foram informados de que, em curto prazo, eu precisaria de uma máquina de ECMO para continuar vivo (ECMO significa oxigenação por membrana extracorpórea, na sigla em inglês). O aparelho geralmente é considerado um último recurso — só para exemplificar, quatro pacientes haviam recorrido à ECMO naquela semana na UCLA, e todos tinham morrido.

Para dificultar ainda mais a situação, o Saint John's não tinha a máquina. Ligaram para o Cedars-Sinai — pelo jeito eles deram uma olhada na minha ficha e disseram: "Matthew Perry não vai vir morrer no nosso hospital."

Valeu, pessoal.

A UCLA também não queria me aceitar — pelo mesmo motivo? Vai saber —, mas pelo menos mandou a ECMO e uma equipe. Passei várias horas conectado a ela, e pareceu dar certo! Então fui transferido para a UCLA de verdade, em uma ambulância cheia de médicos e enfermeiros. (Seria impossível sobreviver a uma viagem de quinze minutos de carro, ainda mais do jeito que Erin dirige.)

Na UCLA, fui levado para a UTI cardiológica e pulmonar; aquele seria o meu lar pelas seis semanas seguintes. Eu continuava em coma, mas, para ser sincero, devia estar adorando. Estava deitado, todo aconchegado, sendo entupido de drogas — tem coisa melhor?

Fui informado de que, durante o coma, nunca, em momento algum, fiquei sozinho — sempre havia um familiar ou amigo no quarto. Eles fizeram vigílias à luz de velas, fizeram círculos de oração. Eu estava cercado de amor.

Com o tempo, meus olhos magicamente se abriram.

[De volta às minhas memórias.]

A primeira pessoa que vi foi a minha mãe.

— O que houve? — consegui falar, rouco. — Onde diabos eu estou? Minha última lembrança era de estar no carro com Erin.

— O seu cólon explodiu — respondeu ela.

Com essa informação, fiz o que qualquer ator que atua em comédia faria: revirei os olhos e voltei a dormir.

Já me disseram que, quando alguém fica *muito* doente, acontece um tipo de desconexão — é uma coisa que segue as linhas do "Deus nos dá apenas o fardo que podemos suportar". Quanto a mim, bom, nas semanas após sair do coma, não deixei que ninguém me contasse exatamente o que tinha acontecido. Eu tinha pavor de descobrir que a culpa era minha, que eu tinha feito aquilo comigo mesmo. Então, em vez de falar sobre o assunto, fiz a única coisa que me sentia *capaz* de fazer — durante os dias no hospital, me concentrei completamente na minha família, passando horas com minhas lindas irmãs, Emily, Maria e Madeline, que são engraçadas, carinhosas e *presentes*. À noite era a vez de Erin; eu nunca ficava sozinho.

Um dia, quando algum tempo já havia passado, Maria — que faz parte da família Perry (minha mãe é do lado da família Morrison) — decidiu que era hora de me contar o que tinha acontecido. Lá estava eu, preso a cinquenta fios, feito um robô, de cama, enquanto Maria me informava sobre os acontecimentos. Meus medos eram válidos: eu tinha feito aquilo; a culpa era minha.

Eu chorei — *nossa*, como eu chorei. Maria foi maravilhosa se esforçando para me consolar, mas não havia consolo possível. Eu praticamente tinha me matado. Nunca fui de ir a festas — meu consumo excessivo de drogas (e eram *muitas* drogas) era apenas uma tentativa inútil de me sentir melhor. Só eu mesmo para tentar me sentir bem a ponto de quase causar minha morte. Ainda assim, lá estava eu, vivo. *Por quê?* Por que eu havia sido poupado?

Mas as coisas ficariam ainda piores antes de melhorar.

Parecia que toda manhã um médico entrava no meu quarto só para dar mais uma notícia ruim. Se algo pudesse dar errado, realmente dava. Eu já estava com uma bolsa de colostomia — pelo menos me informaram que isso seria reversível, graças a Deus —, mas agora havia sinais de uma fístula, um buraco no intestino. O problema era que não conseguiam encontrá-la. Para ajudar, recebi *outra* bolsa, que soltava um negócio verde nojento, e isso significava que eu não poderia comer nem beber nada até que encontrassem a tal fístula. Os médicos a buscavam todos os dias, enquanto eu sentia cada vez mais sede. Eu literalmente implorava por uma Coca Diet, sonhava que era perseguido por uma lata gigante de Sprite Diet. Depois de um mês — um mês inteiro! —, finalmente encontraram a fístula em um segmento posterior do cólon. Eu pensei: *Poxa, pessoal, se vocês estão procurando um buraco no meu intestino, não seria melhor começar olhando atrás do negócio que* EXPLODIU, PORRA? Agora que o furo havia sido encontrado, poderia ser consertado, e eu poderia aprender a andar de novo.

Percebi que estava melhorando quando me dei conta de que sentia certa atração pela terapeuta. Sim, havia uma cicatriz imensa na minha barriga, mas nunca fui muito de tirar a camisa. Não sou nenhum Matthew McConaughey e, quando tomo banho, prefiro ficar de olhos fechados.

Como eu disse, em toda a minha estadia nos hospitais, nunca fiquei sozinho — nunca mesmo. Então, *existe* luz na escuridão. Ela está lá — você só precisa se esforçar para encontrá-la.

Depois de cinco longos meses, recebi alta. Fui informado de que, dentro de um ano, tudo dentro de mim teria se curado o suficiente para que eu pudesse passar por outra cirurgia e remover a bolsa de colostomia. Por enquanto, pelo menos, fizemos minhas malas — de cinco meses de internação — e voltamos para casa.

Ah, e a propósito, eu sou o Batman.

1

A vista

Ninguém pensa que alguma coisa ruim vai acontecer na própria vida. Até que acontece. E ninguém sobrevive a um intestino perfurado, uma pneumonia por aspiração e um aparelho de ECMO. Até que alguém sobreviveu.

Eu.

Estou escrevendo em uma casa alugada com vista para o Pacífico. (A minha casa fica na mesma rua e está sendo reformada — me deram um prazo de seis meses para o término da obra, então estou calculando que vai levar mais ou menos um ano.) Uma dupla de falcões voa em círculos lá embaixo, no cânion em que o Pacific Palisades se encontra com a água. É um dia lindo de primavera em Los Angeles. Esta manhã, fiquei ocupado pendurando meus quadros nas paredes (ou melhor, vendo alguém pendurá-los — não sou tão habilidoso assim). Comecei a gostar muito de arte nos últimos anos, e, se você procurar bem, vai encontrar uma ou até duas obras de Banksy por aqui. Também estou escrevendo o segundo rascunho de um roteiro. Há uma Coca Diet gelada no meu copo e um maço inteiro de Marlboro no meu bolso. Às vezes essas pequenas coisas me bastam.

Às vezes.

Fico voltando para aquele fato único, do qual não posso escapar: estou *vivo*. Levando em consideração as minhas chances, essas duas palavras contêm mais milagres do que você imagina; para mim, elas são estranhas, brilhantes, como pedras preciosas vindas de um planeta distante. Ninguém consegue acreditar. É muito estranho viver em um mundo onde a sua morte deixaria as pessoas alarmadas, mas não surpresas.

Acima de tudo, essas duas palavras — *estou vivo* — me enchem de uma sensação profunda de gratidão. Quando você chegou tão perto do divino quanto eu, a gratidão não é uma escolha: ela ocupa a mesa de centro da sua sala como um livro — você mal percebe a sua presença, mas está lá. Porém, junto com a gratidão, escondida em algum lugar no gosto leve de anis e distante de alcaçuz da Coca Diet, preenchendo meus pulmões como cada tragada de um cigarro, vem uma agonia, um incômodo.

Não consigo parar de me fazer a pergunta avassaladora: *Por quê? Por que estou vivo?* Tenho uma pista sobre a resposta, mas ela ainda não está completamente formada. Tem a ver com ajudar pessoas, sei disso, mas não sei como. A melhor coisa a meu respeito, sem a menor sombra de dúvida, é que, se um companheiro de alcoolismo me pergunta se posso ajudá-lo a parar de beber, tenho a capacidade de dizer que sim e de cumprir minha palavra. Eu consigo ajudar uma pessoa desesperada a permanecer sóbria. Acredito que a resposta para a pergunta "Por que estou vivo?" tenha algo a ver com isso. Afinal, é a única coisa que realmente me faz sentir bem. É inegável que Deus está presente nesse propósito.

Mas é difícil aceitar essa resposta para o "Por quê?" quando sinto que não sou suficiente. Uma pessoa não pode dar o que não tem. E, na maioria das vezes, pensamentos insistentes surgem na minha cabeça: *Não sou suficiente, não faço diferença, sou carente demais.* São pensamentos que me deixam desconfortável. Preciso de amor, mas não confio nele. Se eu baixar a guarda, se eu deixar o Chandler de lado e mostrar quem sou de verdade, talvez você me note, ou pior: talvez você me note e me abandone. E isso não pode acontecer. Não vou sobreviver. Não mais. Eu me transformaria em um grão de poeira e seria aniquilado.

Então eu vou embora primeiro. Minha cabeça inventa que *você* tem algum problema, e eu acredito. E vou embora. *Mas é impossível que todo mundo sempre tenha um problema, Matso.* Qual é o denominador comum?

E, agora, as cicatrizes na minha barriga. Os romances que não deram certo. Ter abandonado Rachel (não aquela, a Rachel de verdade. A ex-namorada dos meus sonhos, Rachel). Tudo isso me assombra enquanto fico acordado na cama, às quatro da manhã, na minha casa com vista para o Pacific Palisades. Já passei dos cinquenta anos. Já passei da idade para essas coisas.

Todas as casas em que já morei tinham vista. Para mim, isso é o que mais importa.

Quando eu tinha 5 anos, fui colocado em um avião que ia de Montreal, no Canadá, onde eu morava com a minha mãe, para Los Angeles, na Califórnia, onde visitaria o meu pai. Eu era aquilo que chamam de "menor desacompanhado" (no começo, esse era para ser o título deste livro). Na época era normal deixar crianças viajarem de avião sozinhas — as pessoas faziam isso. Não era certo, mas elas faziam. Talvez, por um milésimo de segundo, eu tivesse achado que seria uma aventura divertida, mas então percebi que era pequeno demais para ficar sozinho e tudo aquilo se tornou apavorante (e uma babaquice). Alguém precisava ir me buscar! Eu tinha 5 anos. As pessoas estavam loucas?

As centenas de milhares de dólares que essa decisão me custou na terapia? Será que alguém pode me dar um reembolso, por favor?

Ser um menor desacompanhado no avião me dava várias vantagens, incluindo uma plaquinha pendurada no pescoço dizendo MENOR DESACOMPANHADO, além de embarque prioritário, salas só para crianças, lanches à vontade, um acompanhante até o avião... talvez devesse *mesmo* ser maravilhoso (mais tarde, quando fiquei famoso, passei a ter todas essas vantagens e muitas outras nos aeroportos, mas isso sempre me lembrava daquele primeiro voo, então eu odiava tudo). Os comissários deviam cuidar de mim, mas estavam ocupados servindo champanhe na classe econômica (era isso que acontecia na década de 1970, quando tudo era permitido). O limite de dois drinques havia sido revogado fazia pouco tempo, então o voo mais parecia uma excursão de seis horas por Sodoma e Gomorra. O fedor de álcool infestava tudo; o cara do meu lado devia ter tomado uns dez drinques com uísque (parei de contar depois de duas horas). Eu não conseguia entender por que os adultos gostavam de beber a mesma coisa várias vezes... Ah, a inocência.

De vez em quando eu tomava coragem para apertar o botãozinho pedindo serviço de bordo, mas isso acontecia pouco. As comissárias — com suas botas compridas e shorts curtos dos anos 1970 — apareciam, bagunçavam meu cabelo e seguiam em frente.

Eu estava apavorado pra caralho. Tentei ler minha revistinha, mas, toda vez que o avião parecia cair em um buraco no ar, eu tinha certeza de que ia morrer. Não havia ninguém para me dizer que estava tudo bem, ninguém em quem eu pudesse buscar um olhar de conforto. Meus pés nem alcançavam o chão. Eu estava assustado demais para reclinar o banco e tirar uma soneca, então fiquei acordado, esperando pelo próximo solavanco, me perguntando o tempo todo como seria cair de dez mil metros de altura.

Eu não caí, pelo menos não literalmente. Com o tempo, o avião começou a descida na bela noite da Califórnia. Eu via as luzes cintilando, as ruas se desenrolando como um grande tapete mágico resplandecente, amplos espaços escuros que hoje sei que são as colinas, a cidade pulsante vindo na minha direção enquanto eu grudava meu rostinho na janela do avião, e tenho a lembrança nítida de pensar que aquelas luzes, e toda aquela beleza, significavam que em pouco tempo eu teria um pai.

Passar por aquele voo sozinho foi uma das muitas coisas que me causaram a sensação de abandono que me acompanharia por toda a vida... Eles não teriam me abandonado se eu fosse suficiente, certo? Não é assim que as coisas funcionam? As outras crianças estavam com os pais. Eu só tinha uma placa com um nome e uma revista.

Então é por isso que, quando compro uma casa nova — e já tive várias (nunca subestime o poder de uma mudança) —, ela precisa ter vista. Quero a sensação de poder olhar para baixo e me sentir seguro, de olhar para um lugar onde alguém está pensando em mim, onde há amor. Lá embaixo, em algum lugar no vale, ou naquele vasto oceano além da Pacific Coast Highway, nas cores primárias das asas dos falcões, é onde está a atenção dos pais. É onde há amor. Onde há a sensação de ter um lar. Consigo me sentir seguro assim.

Por que aquele garotinho estava sozinho em um avião? Não seria melhor pegar um voo para buscá-lo na porra do Canadá? São perguntas que sempre faço a mim mesmo, mas que jamais ousaria perguntar a alguém.

Não sou muito fã de confrontos. Questiono tudo. Mas não em voz alta.

Por muito tempo, eu tentei encontrar qualquer outra coisa ou pessoa para culpar pelos problemas em que me metia.

Passei muito tempo em hospitais. Estar internado faz até o melhor dos homens sentir pena de si mesmo, e eu sou bom em sentir pena de mim mesmo. Sempre que fico deitado, me vejo pensando na vida que tive, observando cada momento sob todos os ângulos, como se minha história fosse uma descoberta arqueológica estranha, tentando encontrar um motivo para ter passado tanto tempo sentindo desconforto e dor emocional. Sempre entendi a origem da minha verdadeira dor. (Eu sempre soube por que sentia dor *física* — a resposta era *Bom, você não pode beber tanto assim, seu idiota*.)

Para começo de conversa, eu queria colocar a culpa nos meus pais amorosos, bem-intencionados... Amorosos, bem-intencionados e, ainda por cima, deslumbrantes.

Vamos voltar no tempo, para a sexta-feira de 28 de janeiro de 1966 — o cenário é a Universidade Luterana de Waterloo, em Ontário.

Estamos no quinto concurso anual do Miss Rainha do Inverno das Universidades Canadenses ("escolhida pela inteligência, participação em atividades estudantis e personalidade, assim como pela beleza"). Os canadenses não poupavam esforços para escolher a nova miss; haveria uma "parada sob a luz de tochas, com carros alegóricos, banda e as participantes", além de "uma refeição ao ar livre e uma partida de hóquei".

A lista de candidatas para o prêmio incluía uma tal de Suzanne Langford — ela recebeu o número onze e estava representando a Universidade de Toronto. Para competir com ela, foram selecionadas beldades com nomes maravilhosos, como Ruth Shaver, da Colúmbia Britânica; Martha Quail, de Ottawa; e até Helen "Chickie" Fuhrer, de McGill, que deve ter acrescentado o "Chickie" para disfarçar o fato de que o seu sobrenome era um pouquinho infeliz apenas duas décadas após o fim da Segunda Guerra Mundial.

Mas essas moças não foram páreo para a bela Srta. Langford. Naquela noite congelante de janeiro, a vencedora do ano anterior ajudou a coroar a quinta Miss Rainha do Inverno das Universidades Canadenses, e junto com essa honra vinham uma faixa e uma responsabilidade: a Srta. Langford teria a missão de entregar a coroa no ano seguinte.

O concurso de 1967 seria tão emocionante quanto o do ano anterior. Naquele ano haveria um show dos Serendipity Singers, uma banda no estilo The Mamas & The Papas que por acaso tinha um vocalista chamado John Bennett Perry. Os Serendipity Singers eram uma anomalia até mesmo para o cenário da música folk da década de 1960 — seu maior (e único) sucesso, "Don't Let the Rain Come Down", era a regravação de uma cantiga de ninar britânica. Mesmo assim, a canção alcançou o segundo lugar da lista de músicas adultas contemporâneas e o sexto lugar da Billboard Hot 100 em maio de 1964. Mas essa conquista deve ser encarada com um pouco de perspectiva, porque os Beatles notoriamente ocupavam *todos os cinco primeiros lugares* da parada — "Can't Buy Me Love", "Twist and Shout", "She Loves You", "I Want to Hold Your Hand" e "Please, Please Me". Isso não fazia diferença para John Perry — ele estava na estrada, trabalhando com música, ganhando a vida como cantor, e o que poderia ser melhor do que descolar um trabalho na festa de gala do Miss Rainha do Inverno das Universidades Canadenses, em Ontário? Lá estava ele, cantando "Agora, o homenzinho torto, com seu gato torto e seu rato torto / Todos moram em uma casinha torta", todo feliz, e paquerando a Miss Rainha do Inverno das Universidades Canadenses do ano anterior, Suzanne Langford. Na época eles eram duas das pessoas mais lindas na face da Terra — você devia ver as fotos do casamento, dá vontade de estapear aquelas caras perfeitamente esculpidas. Não havia chance de dar certo. Quando duas pessoas são tão bonitas, elas acabam se tornando bem parecidas.

A paquera evoluiu para uma dança depois que John encerrou o show, e as coisas podiam ter ficado por isso mesmo não fosse por uma imensa e fatídica nevasca que durou a noite toda e não deixou os

Serendipity Singers irem embora. Então, foi assim que os dois se conheceram, como em um filme: um cantor de música folk e a vencedora de um concurso de beleza se apaixonam em uma cidade isolada pela neve no ano de 1967... o homem mais bonito do mundo conhece a mulher mais bonita do mundo. Ninguém mais tinha chance e provavelmente todos voltaram para casa derrotados.

John Perry passou a noite lá, Suzanne Langford adorou isso, e, um ou dois anos depois, após a vinheta da passagem do tempo, ela foi parar em Williamstown, Massachusetts, cidade natal de John, com um novo organismo em seu corpo, cujas células começavam a se dividir e conquistar. Talvez algo tenha dado errado no meio de tanta agitação, vai saber — a única certeza que tenho é que a dependência química é uma doença e, assim como os meus pais quando se conheceram, eu não tinha chance alguma de dar certo.

Nasci no dia 19 de agosto de 1969, uma terça-feira, filho de John Bennett Perry, ex-integrante dos Serendipity Singers, e Suzanne Marie Langford, ex-Miss Rainha do Inverno das Universidades Canadenses. Na noite em que cheguei, chovia muito (é óbvio que chovia); todos estavam jogando Monopoly, esperando por mim (é óbvio que estavam). Vim ao mundo cerca de um mês após a viagem para a Lua e um dia depois do término do Festival de Woodstock — então, em um ponto entre a perfeição cósmica das órbitas celestiais e toda aquela merda na fazenda de Yasgur, eu me tornei uma vida, acabando com a chance de alguém de construir hotéis na orla.

Cheguei gritando, e não parei de gritar. Por semanas. Eu tinha muita cólica — meu estômago foi um problema desde o começo. Meus pais estavam enlouquecendo com o tanto que eu chorava. Enlouquecendo? Preocupados, eles me levaram ao médico. Era 1969, uma época pré-histórica se comparada a hoje. Dito isso, não sei qual é o nível de avanço que uma sociedade precisa ter para entender que dar *fenobarbital* para um bebê que acabou de começar seu segundo mês respirando o ar de Deus é, na melhor das hipóteses, uma abordagem *interessante* da medicina pediátrica. No entanto, na década de 1960 não era tão raro empurrar um barbitúrico forte para os pais de uma criança com cólica. Alguns médicos mais velhos eram adeptos desse tratamento — e com "tratamento" quero dizer "receitar um barbitúrico forte para um bebê recém-nascido que não para de chorar".

Quero explicar bem uma coisa. Eu NÃO culpo meus pais por isso. Seu filho não para de chorar, é nítido que há alguma coisa errada, o médico prescreve um remédio, ele não é o único que recomenda o tratamento, você dá o remédio para a criança, ela para de chorar. Eram outros tempos.

Lá estava eu, no colo da minha mãe estressada, berrando sobre seus jovens ombros de 21 anos, enquanto um velho de jaleco branco e com bafo mal se dava ao trabalho de erguer o olhar da sua grande mesa de carvalho, resmungava sobre "esses pais de hoje em dia" e receitava um barbitúrico com grande chance de causar dependência.

Eu era barulhento e carente, e isso foi resolvido com um comprimido. (Hum, parece que acabei de descrever a porra dos meus vinte anos.)

Segundo me contaram, tomei fenobarbital durante meu segundo mês de vida, entre as idades de trinta e sessenta dias. Essa é uma fase importante do desenvolvimento infantil, especialmente quando se trata do sono. (Cinquenta anos depois, ainda não durmo bem.) O barbitúrico entrava e eu desmaiava. Pelo visto, eu chorava, o remédio fazia efeito e eu apagava, algo que fazia meu pai cair na risada. Não era por crueldade; bebês chapados são engraçados. Há fotos minhas dessa época em que dá para perceber que eu estava doidão pra caralho, me balançando feito um viciado, com sete semanas. O que é estranhamente apropriado para um garoto que nasceu no dia seguinte ao fim de Woodstock, imagino.

Eu era carente; não fui o bebê fofo e sorridente que todo mundo esperava. *É melhor eu tomar logo isso e calar a porra da boca.*

Ironicamente, ao longo dos anos, os barbitúricos e eu estabelecemos uma relação estranha. Muita gente ficaria surpresa se soubesse que estou praticamente sóbrio desde 2001. Tirando umas sessenta ou setenta recaidinhas nesse meio-tempo. Quando as recaídas acontecem, se você quiser recuperar a sobriedade, coisa que eu sempre quis, vai receber drogas que ajudam no processo. E que droga seria essa? Você adivinhou: *fenobarbital*! Os barbitúricos deixam você mais calmo enquanto tenta expulsar as outras merdas do seu corpo; e, olha só, eu comecei esse tratamento aos trinta dias de idade, então, na vida adulta, apenas voltei para onde tinha parado. Quando estou em clínicas de reabilitação, fico muito carente e angustiado — não me orgulho de dizer que sou o pior paciente do mundo.

Passar pela desintoxicação é um inferno. É ficar deitado na cama, vendo os segundos passarem, sabendo que você não está nem perto de se sentir bem. Durante as desintoxicações, sinto que estou morrendo. Acho que nada vai dar certo. Minhas entranhas parecem tentar se arrastar para fora do corpo. Não paro de tremer e suar. É como se eu fosse aquele bebê, mas sem receber o comprimido que resolveria tudo. Tomei a decisão de passar quatro horas doidão, sabendo que vou passar sete dias no inferno. (Eu avisei que essa parte de mim é louca, não foi?) Às vezes preciso permanecer isolado por meses para quebrar o ciclo.

Quando passo por uma desintoxicação, estar "bem" é uma lembrança distante, uma coisa reservada para cartões de presente. Fico implorando, feito uma criança, por qualquer remédio que ajude a aliviar os sintomas — um homem adulto, que provavelmente naquele momento está lindo na capa da revista *People*, *implorando* por alívio. Eu abriria mão de tudo — de todos os carros, as casas, o dinheiro — se isso diminuísse o sofrimento. E, depois que a desintoxicação finalmente chega ao fim, você é inundado por um sentimento de desafogo, jurando por tudo que é mais sagrado que nunca mais vai se colocar naquela situação. Até que lá está você, três semanas depois, fazendo a mesmíssima coisa.

É loucura. Eu sou louco.

E, como um bebê, eu não queria ter que me esforçar sozinho por muito tempo, porque, se um comprimido resolve tudo, bem, isso torna as coisas mais fáceis. Foi isso que aprendi.

Quando eu tinha uns nove meses, meus pais resolveram que tinham se cansado um do outro, me colocaram em uma cadeirinha de carro e nós três seguimos de Williamstown até a divisa com o Canadá — uma viagem de cinco horas e meia. Até consigo imaginar o silêncio dentro do carro. Eu não disse nada, é lógico, e os dois ex-pombinhos já tinham se cansado de falar um com o outro. Ainda assim, o silêncio deve ter sido ensurdecedor. Era uma situação de merda. Lá, com o ruído distante da queda das cataratas do Niágara ao fundo, meu avô materno, Warren Langford, que tinha postura de militar, esperava por nós, andando de um lado para o outro, batendo os pés ou para se manter aquecido ou devido à frustração ou talvez pelas duas coisas. Ele deve ter acenado para nós enquanto estacionávamos, como se estivéssemos prestes a embarcar em uma viagem de férias divertida. Eu devo ter ficado animado ao vê-lo, e então, pelo que me contaram, meu pai me tirou da cadeirinha, me colocou nos braços do meu avô e silenciosamente abandonou a mim e a minha mãe. Minha mãe também saiu do carro, e eu, ela e meu avô ficamos observando as águas das cataratas caindo, rugindo pelo desfiladeiro, e vimos meu pai ir embora para sempre.

Pelo visto, nós não viveríamos juntos em *uma casinha torta*. Imagino que, na época, alguém tenha dito para mim que meu pai voltaria logo.

— Não se preocupe — provavelmente disse minha mãe —, ele só está indo trabalhar, Matso. Ele vai voltar.

— Vamos, carinha — teria dito meu avô —, vamos encontrar a vovó. Ela fez seu papá favorito pro jantar.

Todo adulto trabalha, e eles sempre voltam. É assim que as coisas funcionam. Não havia nada com que se preocupar. Nada que pudesse causar um ataque de cólica, ou dependência química, ou uma vida inteira se sentindo abandonado, ou insuficiente, ou eternamente desconfortável, ou uma necessidade desesperada de amor, ou a sensação de irrelevância.

Meu pai foi embora, sabe-se lá Deus para onde. Ele não voltou do trabalho naquele primeiro dia, nem no segundo. Torci para que aparecesse no terceiro, então talvez em uma semana, então talvez em um mês, mas, após cerca de seis semanas, perdi as esperanças. Eu era novo demais para compreender onde ficava a Califórnia ou o que significava "seguir o sonho de virar ator" — que porra é essa coisa de ator? E onde estava a porra do meu pai?

Ele, que mais tarde se tornaria um pai excelente, abandonou o filho com uma mulher de 21 anos, que ele sabia ser jovem demais para cuidar sozinha de uma criança. Minha mãe é maravilhosa, e sensível, e simplesmente era jovem demais. Ela, assim como eu, também havia sido abandonada, bem ali no estacionamento da fronteira entre os Estados Unidos e o Canadá. Minha mãe havia engravidado de mim aos 20 anos, e, com 21, tinha um filho e estava solteira. Se *eu* tivesse tido um filho aos 21, tentaria bebê-lo. Ela fez o melhor possível, e isso diz muito, mas não estava pronta para a responsabilidade, e eu não estava pronto para nada, já que tinha acabado de nascer.

Na verdade, minha mãe e eu fomos abandonados antes mesmo de nos conhecermos.

* * *

Com a ausência do meu pai, logo aprendi que eu tinha um papel a cumprir. Meu trabalho era entreter, bajular, divertir, fazer os outros rirem, acalmar, agradar, ser o bobo de toda a corte.

Mesmo quando perdi uma parte do corpo. Na verdade, especialmente nesse momento.

Depois que deixei o fenobarbital para trás — seu uso se tornando uma memória distante, assim como o rosto do meu pai —, segui minha vida de bebê com força total, e então aprendi a cuidar dos outros.

No jardim de infância, outra criança estúpida bateu uma porta na minha mão, e, depois que o sangue parou de jorrar como fogos de artifício, alguém teve a ideia de fazer um curativo em mim e me levar para o hospital. Lá, viram que eu tinha, de fato, perdido a ponta do dedo médio. Minha mãe foi avisada e correu para o hospital. Ela chegou chorando (o que é compreensível) e me encontrou de pé na maca, com um curativo imenso na mão. Antes que ela conseguisse abrir a boca, eu disse: "Não precisa chorar. Eu não chorei."

Eu já era assim: um artista, querendo agradar os outros. (Quem sabe — talvez eu tenha feito até uma cara de assustado e olhado duas vezes para o ferimento, como um Chandler Bing em miniatura, só para dar efeito à piada.) Aos 3 anos, eu já tinha aprendido que precisava ser o homem da casa. Eu tinha que cuidar da minha mãe, mesmo tendo acabado de perder parte do dedo. Como aprendi aos trinta dias de vida que alguém me faria desmaiar de torpor caso eu chorasse, então talvez fosse melhor não chorar; ou talvez eu sentisse que precisava me certificar de que todo mundo, incluindo minha mãe, se sentisse seguro e bem. Ou talvez eu só tenha sido uma criança legal pra caralho, declamando esse tipo de coisa em cima de uma maca, cheio de pose.

Não que isso tenha mudado muito. Se você me der a maior dose de oxicodona que eu conseguir aguentar, vou sentir que fui bem cuidado; e, quando sinto que cuidaram de mim, consigo cuidar de todo mundo, olhar para o mundo exterior e ajudar as pessoas. *Sem* os remédios, porém, é como se eu estivesse perdido em um mar de nada. Isso, é lógico, significa que basicamente não consigo ser útil ou prestativo em um relacionamento, porque estou sempre tentando chegar ao próximo minuto, à próxima hora, ao próximo dia. É a doença do medo, o doce sabor da inadequação. Basta um pouquinho de droga, só uma gotinha, para eu ficar bem — quando você está sob o efeito de alguma coisa, nada o abala.

(Antes dos atentados de 11 de Setembro, os pilotos de avião às vezes deixavam crianças — e adultos curiosos — entrarem na cabine para dar uma olhada. Quando eu tinha uns 9 anos, me levaram em uma, e fiquei tão impressionado com os botões, o capitão e todas as informações que esqueci de esconder minha mão no bolso pela primeira vez em seis anos. Eu nunca a mostrava; sentia tanta vergonha. Mas o piloto viu e disse:

— Me mostra a sua mão. — Envergonhado, mostrei. Então ele continuou: — Aqui, dá uma olhada.

No fim das contas, ele também não tinha o mesmo pedaço do dedo médio da mão direita.

Lá estava aquele homem, comandando o avião inteiro, sabendo usar todos aqueles botões e dominando todas as informações interessantes em uma cabine, e ele também não tinha parte do dedo. Daquele dia em diante — já estou com mais de cinquenta anos —, nunca mais escondi minha mão. Na verdade, depois de tantos anos como fumante, muitas pessoas percebem e perguntam o que aconteceu.

O incidente com a porta pelo menos me rendeu uma piada engraçadinha — passei anos reclamando que, já que perdi parte do dedo, eu só podia mandar as pessoas irem "tomar no c...".)

* * *

Eu podia não ter um pai nem todos os dez dedos, mas tinha a mente rápida e a língua afiada, mesmo naquela época. Juntando isso com uma mãe que era muito ocupada e importante, e que também tinha a mente rápida e a língua afiada... bom, houve momentos em que achei que seria uma boa ideia reclamar da falta de atenção que eu recebia dela, e digamos que isso nunca acabou muito bem. É importante observar aqui que eu jamais me satisfazia com a atenção que recebia — independentemente do que ela fizesse, nunca era o bastante. E não vamos esquecer que minha mãe fazia o trabalho de duas pessoas, enquanto meu paizão lidava com seus próprios demônios e desejos em Los Angeles.

Suzanne Perry (ela continuou usando o sobrenome do meu pai profissionalmente) era basicamente a personagem de Allison Janney em *West Wing: nos bastidores do poder* — uma relações-públicas. Ela era a porta-voz de Pierre Trudeau, que na época era o primeiro-ministro do Canadá e um fanfarrão. (O jornal *Toronto Star* escreveu a seguinte legenda para uma foto dos dois: "A assessora de imprensa Suzanne Perry trabalha para um dos homens mais famosos do Canadá — o primeiro-ministro Pierre Trudeau —, mas está rapidamente se tornando uma celebridade por conta própria, apenas por suas aparições ao lado dele.") Imagine só: se tornar uma celebridade só porque está ao lado de Pierre Trudeau. Ele era o primeiro-ministro sedutor, bem relacionado, que já tinha namorado Barbra Streisand, Kim Cattrall, Margot Kidder... seu embaixador em Washington certa vez reclamou que ele havia convidado não apenas uma, mas *três* namoradas diferentes para jantar, então era preciso ter muito jogo de cintura para lidar com um homem tão apaixonado por mulheres. Portanto, o trabalho da minha mãe exigia que ela passasse muito tempo fora — e eu precisava competir pela atenção dela com os problemas onipresentes de uma grande democracia ocidental e seu líder carismático e heroico. (Na época, acredito que me chamariam de uma "criança largada" — o que significa que eu passava tempo pra caralho sozinho.) Assim, aprendi a ser engraçado (fingindo tropeçar, fazendo comentários incisivos, sabe como é) porque eu *precisava* ser assim — minha mãe acabava tomada por aquele trabalho estressante, e já era emotiva (e abandonada) demais, e o fato de eu ser engraçado a acalmava o suficiente para conseguir cozinhar, sentar à mesa de jantar comigo e me escutar, depois que eu escutava as histórias *dela*, obviamente. Mas não a culpo por trabalhar — alguém precisava pagar as contas. Isso só significava que eu passava muito tempo sem companhia. (Eu dizia para as pessoas que era filho *sozinho*, interpretando errado o termo "filho único".)

Então, eu era um garoto com a mente rápida e a língua afiada, mas, como disse, minha mãe também tinha a mente rápida e a língua afiada (a quem será que eu puxei?). Nós brigávamos muito, e eu sempre precisava dar a última palavra. Uma vez, estávamos brigando na escada, e nunca senti tanta raiva quanto naquele momento. (Eu tinha 12 anos, e não é permitido bater na sua mãe, então a raiva se voltou para dentro — do mesmo jeito que aconteceu na minha vida adulta, quando pelo menos tive a decência de me tornar alcoólatra e dependente químico, sem colocar a culpa dos meus problemas nos outros.)

Sempre me senti desamparado. Tanto que, quando um avião passava sobre a nossa casa em Ottawa, eu perguntava "Minha mãe está naquele avião?" para a minha avó, porque ficava com medo de ela desaparecer, assim como meu pai tinha feito (mas ela nunca fez isso). Minha mãe é linda; acabava sendo o centro das atenções em todo lugar onde entrava. E ela com certeza é o motivo para eu ser engraçado.

Com meu pai na Califórnia, minha mãe, sendo linda, inteligente, carismática e o centro das atenções em todo lugar, saía com outros caras, e eu obviamente transformava cada um deles em meu pai. De novo, quando um avião passava sobre a nossa casa, eu perguntava para a minha avó: "O [Michael] [Bill] [John] [insira aqui o nome do último namorado da minha mãe] está indo embora?" Eu vivia perdendo meu pai; vivia sendo abandonado na fronteira. O barulho do rio Niágara não saía dos meus ouvidos, e nem mesmo uma dose de fenobarbital o faria desaparecer. Minha avó me distraía, me dava uma lata de Coca Diet, o leve gosto de anis e alcaçuz preenchendo minhas papilas gustativas com o sabor da perda.

Quanto ao meu pai de *verdade*, ele ligava todo domingo, o que era legal. Depois dos Serendipity Singers, ele usou suas habilidades interpretativas para virar ator, primeiro em Nova York, depois em Hollywood. Embora fizesse mais pontas, ele trabalhava regularmente e, com o tempo, se tornou o cara dos comerciais do pós-barba Old Spice. Eu via o rosto dele na televisão ou em revistas com mais frequência do que ao vivo. (Talvez esse seja o motivo de eu ter me tornado ator.) *"Quem sabe assobiar a música do Old Spice? O meu pai!"*, diz a narração de um comercial de 1986, no qual um garotinho louro de cabelo tigelinha passa os braços ao redor do pescoço do meu pai. *"Meu marido praticamente perfeito"*, diz a esposa loura sorridente, e, apesar de isso ser meio que uma piada, nunca achei muita graça. *"Você pode contar com ele, ele é um bom amigo..."*

Então, quando passava tempo suficiente para a situação começar a ficar feia, penduravam uma placa de MENOR DESACOMPANHADO no meu pescoço e me levavam até o aeroporto para eu ser mandado para Los Angeles. Sempre que eu o visitava, percebia outra vez que meu pai era carismático, engraçado, charmoso e extremamente bonito.

Ele era perfeito, e, mesmo naquela idade, eu gostava do que não podia ter.

O resumo da ópera era o seguinte: meu pai era o meu herói. Na verdade, ele era o meu *super-herói*: sempre que saíamos para dar uma volta, eu dizia "você é o Super-Homem e eu sou o Batman". (Um psicólogo perspicaz talvez dissesse que, em vez de sermos pai e filho, interpretávamos personagens porque nossos papéis de verdade me deixavam confuso. Mas eu não sou capacitado para fazer esse tipo de comentário.)

Quando eu voltava para o Canadá, a imagem do rosto dele e o cheiro do seu apartamento se dissipavam com o passar dos meses. Então chegava o meu aniversário, e minha mãe fazia de tudo para compensar o fato de que o meu pai não estava lá; todo ano, quando o bolo enorme, coberto com velas, aparecia, eu desejava uma única coisa. Na minha cabeça, eu sussurrava *Quero que meus pais voltem a ficar juntos*. Talvez se a minha vida em casa fosse mais estável, ou se o meu pai fosse presente, ou se ele não fosse o Super-Homem, ou se eu não tivesse a mente rápida e a língua afiada, ou se Pierre Trudeau... eu não me sentiria péssimo o tempo todo.

Eu seria feliz. E a Coca Diet seria deliciosa em vez de simplesmente necessária.

Sem o remédio certo, passei a vida inteira me sentindo desconfortável e tendo uma visão beeeem distorcida do amor. O grande Randy Newman certa vez disse: "Preciso de muitos medicamentos para conseguir fingir que sou outra pessoa." Pelo visto eu não era o único.

— Alô, a Suzanne está?

— Sim, quem deseja?

— É o Pierre...

Quando o telefone tocou, minha mãe e eu estávamos no meio do *melhor* dia de todos. Tínhamos passado a manhã e a tarde inteira jogando — até tentamos Monopoly, mas é difícil só em duas pessoas —, e então, quando a noite caiu, encontramos *Noivo neurótico, noiva nervosa* passando na nossa pequena televisão e morremos de rir com a casa de Woody Allen embaixo da montanha-russa. (Eu não entendia as piadas sobre sexo e relacionamentos, mas, mesmo aos 8 anos, dava para entender a graça de espirrar em cima de um pó branco que custou dois mil dólares e espalhar tudo.)

Essa é a minha lembrança favorita da infância — assistir a esse filme com minha mãe. Mas agora o primeiro-ministro do Canadá estava no telefone, e eu a perderia de novo. Quando ela atendeu, ouvi sua voz ganhar o tom profissional de uma relações-públicas; era a voz de uma pessoa diferente, de Suzanne Perry, não da minha mãe.

Desliguei a televisão e fui para a cama. Deitei e, sem a ajuda de barbitúricos — por enquanto —, tive um sono agitado até a luz da manhã bater na janela do meu quarto em Ottawa.

Mais ou menos nessa época, eu me lembro de ver minha mãe chorando na cozinha e pensar: *Por que ela não bebe?* Não sei de onde tirei a ideia de que a bebida alcoólica acabaria com seu choro. Eu certamente não bebia aos 8 anos (esperaria mais seis para fazer isso!), mas de algum jeito a cultura ao meu redor havia me ensinado que beber causava risadas e diversão, e uma fuga muito necessária do sofrimento. Minha mãe estava chorando, então por que ela não bebia? Se estivesse bêbada, não sentiria quase nada, não é?

Talvez ela estivesse chorando porque nos mudávamos o tempo todo — Montreal, Ottawa, Toronto —, apesar de eu ter passado grande parte da infância em Ottawa. Eu ficava sozinho por bastante tempo; havia babás, mas elas nunca duravam muito, então simplesmente eram acrescentadas à lista de pessoas que me abandonavam... E eu seguia sendo engraçado, rápido, atrevido, só para sobreviver.

Por fazer aparições ao lado de Pierre Trudeau e ser linda, minha mãe se tornou uma celebridade do dia para a noite, tanto que recebeu uma proposta para ser âncora do noticiário nacional da Global Television, em Toronto.

Que oportunidade ótima — era uma oferta irrecusável. E ela era boa no que fazia, até o dia em que anunciou um concurso de beleza falando: "Tenho certeza de que não vamos querer perder *este*."

Foi um comentário engraçado — e meio surreal, vindo de uma vencedora de concurso de beleza —, mas ela foi demitida no mesmo dia.

A mudança para Toronto não me deixou feliz — para começo de conversa, ninguém pediu a minha opinião sobre o assunto. E, de quebra, eu nunca mais veria meus amigos. Minha mãe também estava grávida de nove meses — naquela época, ela já tinha se casado com Keith Morrison, apresentador do *Canada AM*. Sim, ele mesmo, o correspondente do *Dateline*, da NBC, aquele do cabelo. Fui escolhido para levá-la até o altar na cerimônia. Foi uma escolha estranha — tanto no sentido figurado quanto no literal.

Em pouco tempo ganhei uma irmã linda! Caitlin era uma graça, e me apaixonei por ela na mesma hora. Só que agora havia uma família aumentando ao meu redor, uma família da qual eu sentia que não fazia parte. Foi mais ou menos nessa época que tomei a decisão consciente de dizer *Foda-se, agora é cada um por si*. E passei a me comportar mal — tirava notas baixas, comecei a fumar, bati no filho de Pierre (que também acabaria se tornando primeiro-ministro), Justin Trudeau. (Achei melhor fazer as pazes depois que ele se tornou comandante de um exército inteiro.) Tomei a decisão de seguir minha cabeça, não meu coração. Minha cabeça era mais segura — ninguém poderia parti-la, pelo menos não por enquanto.

Eu mudei. A língua afiada apareceu, e ninguém chegaria perto do meu coração. Ninguém.

Eu tinha 10 anos.

Quando passei para o sétimo ano, voltamos a Ottawa, o nosso verdadeiro lar. Eu estava começando a entender o poder de fazer as pessoas rirem. Em Ashbury College, minha escola só de meninos, em um dos momentos em que não estava sendo o palhaço da turma, consegui o papel de Rackham, "a pistola mais rápida do Oeste", em uma peça chamada *The Death and Life of Snseaky Fitch* [A vida e a morte de Sneaky Fitch], montada pelo professor de teatro, Greg Simpson. Era um papel importante, e eu adorei — fazer as pessoas rirem era incrível. As pequenas ondas de riso que se transformam em uma enxurrada, todos aqueles pais fingindo se interessar pela apresentação dos filhos até — *bum!* — o tal do Perry aparecia e fazia todo mundo gargalhar. (De todas as drogas, essa ainda é a mais eficiente, pelo menos quando se trata de me deixar *alegre*.) Ser a estrela da peça foi especialmente importante porque me apresentou algo para o qual eu tinha talento e poderia me destacar.

Eu me importava demais com a opinião dos outros a meu respeito, e ainda me importo. Na verdade, esse é um dos temas principais da minha vida. Lembro de implorar para a minha mãe pintar um quadrado azul no quintal, para as pessoas nos aviões olharem para baixo e pensarem que tínhamos piscina em casa. Talvez houvesse um menor desacompanhado lá em cima que pudesse se sentir reconfortado por aquela visão.

Apesar de agora ser o irmão mais velho, eu também era o filho rebelde. Houve um ano em que revirei todos os armários antes do Natal para descobrir quais seriam os meus presentes; também roubava dinheiro, fumava cada vez mais e tirava notas cada vez mais baixas. Os professores chegaram a virar minha carteira de frente para a parede no fundo da sala, porque eu não calava a boca, tentando fazer os outros rirem. Um professor, o Dr. Webb, disse:

— Se você não mudar esse comportamento, nunca vai ser alguém na vida.

(Eu deveria confessar que, quando saí na capa da *People*, mandei um exemplar para o Dr. Webb, com um bilhetinho dizendo "Acho que você se enganou"? Não, seria muita grosseria da minha parte.)

Eu fiz isso.

Para compensar minhas notas de merda, eu era o protagonista de todas as peças e um tenista federado.

Meu avô começou a me ensinar a jogar tênis quando eu tinha 4 anos, e aos 8 eu já sabia que conseguiria vencê-lo, mas esperei até completar 10 para fazer isso. Eu jogava entre oito e dez horas por dia, e também passava horas treinando no paredão, fingindo que era Jimmy Connors. Eu jogava games e sets; todos os meus saques eram de Connors, e toda bola que voltava do paredão era de John McEnroe. Eu acertava a bola na frente do meu corpo, impulsionava a raquete de um lado para o outro, a colocava atrás de mim, como se a estivesse guardando dentro de uma mochila. Parecia questão de tempo até que eu competisse em Wimbledon, acenando modesta e docemente com a cabeça para fãs que me adoravam, me aquecendo antes de jogar cinco sets contra McEnroe, esperando pacientemente enquanto ele brigava com um juiz britânico pomposo, antes de acertar um *backhand cross-court* e vencer o campeonato. Então eu beijaria o troféu dourado e tomaria um gole de Robinsons Barley Water, uma água com sabor de limão, uma bebida tão diferente de Dr. Pepper que eu adoraria de verdade. Com certeza isso chamaria a atenção da minha mãe.

(A final de Wimbledon de 1982, quando Jimmy Connors venceu por pouco o grande favorito John McEnroe, era a minha partida favorita de todos os tempos. Jimmy saiu na capa da *Sports Illustrated* depois da sua vitória, e essa edição está emoldurada e pendurada na minha parede até hoje. Eu era ele, ou ele era eu — de todo modo, naquele dia, nós dois vencemos.)

Nas partidas de verdade no mundo real, eu jogava no Rockcliffe Lawn Tennis Club de Ottawa. No clube, você só podia se vestir de branco. Até determinado momento havia uma placa na frente da entrada que dizia APENAS BRANCO, que durou até alguém chegar à conclusão de que aquilo podia estar passando uma impressão equivocada. (A placa logo passou a dizer APENAS TRAJES BRANCOS, e todo mundo seguiu em frente.) Havia oito quadras, geralmente ocupadas por idosos, e eu passava o dia inteiro esperando na sede, para o caso de alguém faltar e precisarem de um substituto. O pessoal mais velho me adorava porque eu acertava todas as bolas, mas eu também era esquentadinho. Eu jogava a raquete no chão, xingava e ficava todo irritado, e, se começasse a perder feio, chorava. Isso costumava acontecer antes de eu virar o jogo e vencer — eu perdia um set, perdia outro por 5-1, perdia outro por 0-40, *chorava*, e então voltava e vencia três seguidos. O tempo todo em que eu chorava, também pensava: *Eu vou vencer; sei que vou vencer.* Vencer não era tão necessário para os outros.

Aos 14 anos, me federei no Canadá... mas esse também foi o ano em que outra coisa começou.

Bebi pela primeira vez aos 14 anos. Eu tinha me segurado o máximo de tempo possível.

Naquela época, eu andava muito com dois irmãos, Chris e Brian Murray. Por algum motivo, desde a terceira série tínhamos adotado um jeito de falar que era mais ou menos assim: "Será que o clima podia *estar* mais quente?", ou "Será que o professor podia *ser* mais chato?", ou "Será que a gente podia *estar* em mais detenções?" — uma entonação que você talvez reconheça caso seja fã de *Friends* ou se notou como os norte-americanos falam há umas duas décadas. (Acho que não é exagero sugerir que Chandler Bing transformou o jeito como as pessoas nos Estados Unidos falam.) Só para deixar registrado: essa transformação foi um resultado direto de Matthew Perry, Chris Murray e Brian Murray fazendo porra nenhuma no Canadá nos anos 1980. Mesmo assim, de nós três, só eu fiquei rico. Felizmente, Chris e Brian nunca brigaram comigo por causa disso e continuam sendo meus amigos queridos e hilários.

Uma noite, nós três estávamos no meu quintal. Não tinha ninguém em casa; no céu, o sol brilhava entre as nuvens, e nenhum de nós sabia que uma coisa extremamente importante estava para acontecer. Deitado na grama e na lama canadense, eu não sabia de nada.

Será que eu podia *ser* mais desligado?

Resolvemos beber. Não lembro de quem foi a ideia, e nenhum de nós sabia onde estava se metendo. Tínhamos um engradado de Budweiser e uma garrafa de vinho branco Andrès Baby Duck. Fiquei com o vinho, e os Murray com a cerveja. Tudo isso aconteceu a céu aberto, por sinal — estávamos no meu quintal. Minha mãe e meu padrasto tinham saído — grande surpresa —, e lá fomos nós.

Em quinze minutos, o álcool todo havia acabado. Os Murray vomitavam ao meu redor, enquanto eu permanecia deitado na grama, e algo aconteceu comigo. Aquela coisa que me torna física e mentalmente diferente das outras pessoas. Deitado na grama e na lama, olhando para a lua, cercado pelo vômito fresco dos Murray, percebi que, pela primeira vez na vida, nada me incomodava. O mundo fazia sentido; ele não estava mais fora de prumo e descontrolado. De repente eu me tornei completo, fiquei em paz. Nunca tinha me sentido tão feliz quanto naquele momento. *Essa é a resposta*, pensei; *era isso que estava faltando. Deve ser assim que as pessoas normais se sentem o tempo todo. Eu não tenho problemas. Tudo foi embora. Não preciso de atenção. Estou sendo cuidado, estou bem.*

Eu tinha alcançado o *êxtase*. Naquelas três horas, não havia problema algum na minha vida. Eu não estava abandonado, não brigava com a minha mãe, não ia mal na escola, não me perguntava qual era o sentido da vida nem questionava meu lugar no mundo. Tudo isso desapareceu.

Sabendo o que sei hoje sobre a natureza progressiva da doença que é a dependência química, fico admirado por não ter bebido de novo na noite *seguinte*, e na noite depois dessa, mas não fiz isso; eu esperei, ainda sem ter sido atingido pelo flagelo do alcoolismo. Então aquela primeira noite não levou a bebedeiras regulares, mas deve ter plantado uma semente.

Mais tarde eu entenderia que a chave do problema era a seguinte: eu não tinha uma orientação espiritual nem a capacidade de gostar de nada. Ao mesmo tempo, também era viciado em me sentir animado. Essa é uma mistura tão tóxica que eu nem saberia por onde começar a explicar.

É óbvio que eu não sabia de nada disso na época, mas, se não estivesse buscando animação, me sentindo animado ou bêbado, eu não conseguia gostar de nada. O termo sofisticado para essa condição é "anedonia", uma palavra e um sentimento que me custariam milhões de dólares em terapia e centros de tratamento até que eu os descobrisse e os compreendesse. Talvez por isso eu só ganhasse partidas de tênis quando estava em desvantagem e prestes a perder de vez. Talvez tenha sido por isso que fiz tudo o que fiz. *Anedonia*, aliás, era para ser o título do meu filme favorito, a que eu e minha mãe assistimos juntos, *Noivo neurótico, noiva nervosa*. Woody entende. Woody me entende.

Em casa, as coisas só pioravam. Minha mãe tinha uma nova família maravilhosa com Keith. Emily chegou, e ela era loura e uma gracinha. E, assim como aconteceu com Caitlin, me apaixonei no mesmo instante. Só que eu vivia me sentindo excluído, ainda aquele garoto nas nuvens, em um voo para algum lugar, desacompanhado. Minha mãe e eu brigávamos o tempo todo; o tênis era a única coisa que me deixava feliz, e mesmo assim eu sentia raiva, ou chorava, mesmo quando vencia. O que fazer?

Então meu pai surgiu na história. Eu queria conhecê-lo. Havia chegado a hora de uma grande mudança.

Pois é, Los Angeles, meu pai e uma nova vida me chamavam, mas eu tinha 15 anos, e ir embora provocaria um caos na minha vida familiar e partiria o coração da minha mãe. Mas ela não tinha pedido a minha opinião sobre se casar com Keith, mudar para Toronto e ter duas filhas... E no Canadá eu vivia com raiva, chorando, bebendo, brigando com ela, e não me sentia parte da família, minhas notas eram horríveis, talvez a gente se mudasse de novo em pouco tempo e assim por diante. E, droga, garotos querem conhecer o pai.

Resolvi ir. Meus pais conversaram e acharam que Los Angeles poderia ser melhor para a minha carreira no tênis, de qualquer forma. (Mal sabia eu que, no sul da Califórnia, o máximo que eu conseguiria ser era um bom jogador no clube, porque o padrão era muito mais alto em um lugar onde você pode jogar nos 365 dias do ano, em comparação com o Canadá, onde você tem sorte se conseguir dois meses bons antes do período de geada começar.) Porém, mesmo com essa ideia, a minha decisão de partir abalou muito a minha família.

Na véspera da viagem, fiquei no porão da nossa casa, e dormi lá apenas naquela noite, que acabaria sendo uma das piores da minha vida. Lá em cima, o inferno tomava forma; havia portas sendo batidas com força, conversas sussurradas, gritos ocasionais, passos de um lado para o outro, e uma das meninas chorava sem que ninguém conseguisse acalmá-la. De vez em quando meus avós desciam para gritar comigo; no andar de cima, minha mãe berrava, chorava, e então todas as crianças choravam, e meus avós gritavam, e as crianças também gritavam, e eu fiquei ali embaixo, quieto, abandonado, determinado, apavorado, desacompanhado e assustado. Aqueles três adultos muito poderosos desciam para me dizer que a minha mudança iria partir o coração deles. Mas eu não tinha opção; as coisas estavam indo de mal a pior. Eu era um ser humano quebrado.

Quebrado? Avariado.

Cedo na manhã seguinte, em um trajeto que deve ter sido muito difícil para ela, minha mãe fez a gentileza de me levar até o aeroporto e me assistir indo embora para sempre. Ainda não entendo como tive coragem de fazer isso. Ainda questiono se foi a decisão certa.

Eu continuava sendo um menor desacompanhado — mas já no nível profissional —, e fui conhecer meu pai em Los Angeles. Meu pavor era tanto que nem as possibilidades espalhafatosas de Hollywood foram capazes de me acalmar. Em pouco tempo, porém, eu veria as luzes da cidade e teria um pai mais uma vez.

INTERLÚDIO

Nova York

Quando voltei para casa, depois de cinco meses no hospital, a primeira coisa que fiz foi acender um cigarro. Depois de tanto tempo, o trago, a fumaça preenchendo meus pulmões, parecia o primeiro cigarro que eu fumava na vida. Isso também me fazia sentir em casa.

Eu não tinha mais Dor — a imensa cirurgia na barriga havia deixado uma cicatriz que me dava a sensação de estar o tempo todo fazendo abdominais, completamente esticado, mas não doía. Era só um incômodo.

Só que ninguém precisava saber disso, então eu falava para todo mundo que estava doendo, porque eu queria oxicodona. Não demorou muito para minha receita desnecessária de oitenta miligramas por dia parar de fazer efeito, e eu precisava de mais. Quando pedi aos médicos, eles disseram que não; quando liguei para um traficante, ele disse que sim. Agora eu só precisava dar um jeito de descer os quarenta andares que separavam a minha cobertura de vinte milhões de dólares do térreo sem Erin perceber. (Comprei aquele apartamento porque Bruce Wayne morava em um parecido em *Batman: o cavaleiro das trevas*, juro por Deus.)

Ao longo do mês seguinte, tentei fugir quatro vezes. E adivinha quantas vezes fui pego. Isso mesmo, quatro vezes. Eu era péssimo nisso. Naturalmente, ficou óbvio que eu precisava voltar para a reabilitação. Então...

Depois que meu intestino explodiu, passei por uma cirurgia e comecei a usar uma bolsa de colostomia muito bonita — um look que nem eu conseguia sustentar. Havia a necessidade de fazer uma segunda cirurgia para a remoção da bolsa, mas, nesse meio-tempo, eu estava proibido de fumar (porque os fumantes tendem a ter cicatrizes bem feias). Sem falar que eu tinha perdido os dois dentes da frente — eles lascaram quando mordi uma torrada com manteiga de amendoim, e ainda não havia conseguido ir ao dentista.

Então vamos ver se eu entendi: eles querem me proibir de usar drogas e de fumar ao mesmo tempo? Eu estava pouco me fodendo para as cicatrizes; sou um fumante inveterado; aquilo era demais. O que significava que eu precisava ir para uma clínica de reabilitação em Nova York, largar a oxicodona, largar o cigarro, tudo ao mesmo tempo, e fiquei com medo.

Quando cheguei à reabilitação, me deram buprenorfina para a desintoxicação, então não foi tão ruim assim. Fui para o meu quarto, e o cronômetro começou. No quarto dia eu estava enlouquecendo, porque esse sempre foi o dia mais difícil. Também entendi que estavam levando a sério a história do cigarro. Foi decidido que eu poderia fumar no período da desintoxicação, mas, depois que me transferissem para o terceiro andar, os cigarros seriam cortados.

Ninguém mudou de ideia, tanto que fiquei trancado no prédio para não conseguir escapar. Eu estava no terceiro andar. Ao meu redor, Nova York zumbia ao longe, seguindo sua rotina, vivendo como sempre enquanto o astro sarcástico da sua sitcom favorita voltava para o inferno. Se eu prestasse bastante atenção, conseguia ouvir o metrô — o trem da linha F, o trem da linha R, o da linha quatro, o da linha cinco, o da linha seis — bem abaixo de mim, ou talvez algo mais estivesse chacoalhando, algo inesperado, assustador, inevitável.

Aquela reabilitação era uma prisão, eu tinha certeza disso. Uma prisão de verdade, não como a que eu inventara antes. Tijolos vermelhos, barras de ferro pretas. De algum jeito, eu tinha ido parar na cadeia. Nunca infringi a lei — bom, nunca fui pego —, e, mesmo assim, lá estava eu, em cana, no xadrez, como se me obrigassem a assistir a *Reflexos da amizade*. Sem os dois dentes da frente, eu parecia mesmo um prisioneiro, e todos os conselheiros eram os guardas. Daria na mesma se eles me entregassem as refeições por um buraco na porta.

Eu odiava tudo naquele lugar — eles não tinham nada para me ensinar. Eu fazia terapia desde os 18 anos, e, sinceramente, àquela altura, não era disso que eu precisava — eu precisava dos dois dentes da frente e uma bolsa de colostomia que não arrebentasse. Quando digo que acordava coberto com a minha própria merda, estou falando de umas cinquenta ou sessenta vezes que isso realmente aconteceu. Nas manhãs em que a bolsa não furava, notei outro fenômeno: quando acordava, eu me deleitava com trinta segundos de liberdade enquanto lentamente esfregava os olhos de sono, e então a realidade da minha situação me acertava com tudo, e eu chorava tanto que até Meryl Streep invejaria minha performance.

Ah, e eu precisava de um cigarro. Já mencionei esse detalhe?

No quarto dia, eu estava sentado no meu quarto, à toa, quando alguma coisa aconteceu comigo. Não sei o quê. Era como se eu tivesse levado um soco vindo de dentro de mim. Mas, apesar de eu ter passado mais de trinta anos na terapia e de ela não ter mais nenhuma lição para me ensinar, eu precisava fazer alguma coisa para me distrair da falta de nicotina, então saí da minha cela e desci o corredor. Sem rumo, eu não sabia o que estava fazendo nem para onde ia.

Acho que estava tentando sair do meu próprio corpo.

Eu sabia que todos os terapeutas ficavam no andar abaixo do meu, mas decidi ignorar o elevador e descer pela escada. Eu não entendia direito o que estava acontecendo — e até hoje não consigo descrever o que houve, tirando que senti uma mistura de pânico, confusão e certa fadiga, além daquela dor intensa de novo. Não era Dor, mas algo bem próximo dela. Um atordoamento completo. E eu queria tanto fumar. Então, parei na escada e pensei em todos os anos de agonia, no fato de que o quintal nunca foi pintado de azul, no babaca do Pierre Trudeau, no fato de que fui — de que ainda sou — um menor desacompanhado.

Era como se todas as partes ruins da minha vida surgissem ao mesmo tempo.

Nunca vou conseguir explicar de verdade o que aconteceu em seguida, mas, do nada, comecei a bater com a cabeça na parede, com toda a força. Quinze-zero. PAF! Trinta-zero. PAF! Quarenta-zero. PAF! Game. Saque após saque, voleio após voleio perfeito, minha cabeça era a bola, a parede era a quadra, toda a dor era lançada em *lob*, chegando até mim, batendo a cabeça na parede, enchendo o cimento e a parede de sangue, o meu rosto também, completando o Grand Slam, com o árbitro gritando: "GAME, SET, MATCH, MENOR DESACOMPANHADO, SEIS-ZERO, SEIS-ZERO, AMOR ZERO. MEDO DE AMOR."

Tinha sangue por todo lado.

Depois de uns oito golpes atordoantes, alguém deve ter me escutado, me segurado e feito a única pergunta sensata possível:

— Por que você está fazendo isso?

Olhei para ela e, parecendo Rocky Balboa em todas as últimas cenas dos filmes dele, falei:

— Porque não consegui pensar em nada melhor para fazer.

Escadas.

2

Mais uma geração perdida

Parecia que o mundo inteiro passava pelo lounge do setor de desembarque do Aeroporto Internacional de Los Angeles naquele verão.

Ginastas amadores excelentes, maratonistas, arremessadores de discos, saltadores com vara, jogadores de basquete, levantadores de peso, jóqueis e seus cavalos, nadadores, esgrimistas, jogadores de futebol, atletas de nado sincronizado, jornalistas do mundo inteiro, dirigentes, patrocinadores, agentes... ah, e um tenista amador canadense de 15 anos. Todos foram para Los Angeles no verão de 1984, apesar de apenas um deles estar fazendo uma grande mudança.

Esse foi o ano dos Jogos Olímpicos de Los Angeles, uma era dourada de muito sol e excelência muscular, de centenas de milhares de pessoas amontoadas no Coliseum e no Rose Bowl, onde Mary Lou Retton precisava de um dez para vencer a competição individual de ginástica e conseguiu, e onde Carl Lewis ganhou quatro medalhas de ouro correndo muito rápido e pulando muito longe.

Também foi o ano em que imigrei para os Estados Unidos, um garoto canadense perdido, com um pau que parecia não funcionar, seguindo para Hollywood para morar com o pai.

Em Ottawa, antes de eu ir embora, uma menina tentou transar comigo, mas fiquei tão nervoso que tomei seis cervejas antes e não consegui fazer nada. Àquela altura, já fazia algum tempo que eu bebia — comecei pouco depois do dia em que levei minha mãe até o altar para se casar com aquele homem maravilhoso, Keith.

E ele é maravilhoso mesmo. Keith *vivia* pela minha mãe. A única coisa que me irrita em Keith é que ele sempre fica do lado dela. Ele é o protetor da minha mãe. Não sei quantas vezes ela fez algo que me incomodou e tive que ouvir de Keith que aquilo nunca havia acontecido. Algumas pessoas chamariam isso de *gaslighting*. Outras, por sua vez, chamariam de *gaslighting*. E é *gaslighting* mesmo. Mas a minha família se mantinha unida por causa de um homem, e ele era Keith Morrison.

Enfim, voltemos ao meu pênis.

Não entendi que havia uma associação entre a bebida e o fato de que minhas partes íntimas não funcionavam. E ninguém poderia saber disso. Ninguém. Então, eu seguia pelo mundo achando que sexo era algo que *as outras pessoas* faziam. Por muito tempo; por anos. Sexo parecia algo tão divertido, mas não estava ao meu alcance. Isso significava, na minha cabeça e dentro das minhas calças, pelo menos, que eu era (con)genita(l)mente impotente.

Quando eu for para Los Angeles, vou ser feliz... Era isso que eu pensava. É sério, era isso que eu pensava que uma mudança geográfica faria por mim, antes mesmo de entender tudo que uma mudança acarretava. Eu me encaixava perfeitamente entre os atletas musculosos e hipertreinados que também esperavam para pegar suas malas nas esteiras. Nós todos não chegamos naquela cidade louca em busca de algum sonho louco? Se havia centenas de maratonistas e apenas três medalhas por categoria, tinha como eles serem menos loucos do que eu? Na verdade, eu provavelmente tinha mais chances de alcançar o sucesso na minha profissão do que eles — afinal de contas, meu pai era ator, e era isso que eu queria ser. Ele só precisava me ajudar abrindo algumas portas, certo? Que diferença faria se eu nunca me destacasse — talvez eu também não ganhasse nenhuma medalha, mas pelo menos sairia de Ottawa e me livraria de um pau que se negava a funcionar. E de uma família na qual eu não me sentia incluído de verdade, e assim por diante.

O plano inicial para o meu futuro também envolvia esportes. Minha habilidade no tênis tinha avançado ao ponto em que estávamos seriamente cogitando me matricular na Academia de Tênis de Nick Bollettieri, na Flórida. Bollettieri era o treinador mais badalado — ele havia trabalhado com Monica Seles, Andre Agassi, Maria Sharapova e Venus e Serena Williams, entre muitos outros —, mas, quando cheguei em Los Angeles, rapidamente ficou óbvio que eu seria um bom jogador amador, e nada além disso. Lembro que participei de um torneio pequeno, com meu pai e minha nova família na arquibancada (ele tinha se casado de novo com Debbie, uma mulher muito legal e o melhor partido do século, em 1980. Na época, os dois tinham uma filha pequena, Maria), e não consegui marcar *nem um único* ponto na minha primeira partida.

O nível do sul da Califórnia era altíssimo — quando faz 22 graus todo dia e há quadras de tênis em todos os quintais e esquinas, não há chance para um garoto das geleiras do Canadá se destacar, vindo de um lugar onde a temperatura fica abaixo de zero entre dezembro e março, se você estiver com sorte. Era quase como se eu fosse um jogador de hóquei muito bom em Burbank. Então foi definido: meus sonhos de me tornar o próximo Jimmy Connors rapidamente desapareceram quando me deparei com saques de 160 quilômetros por hora de deuses californianos bronzeados de 11 anos chamados Chad, mas com *D* maiúsculo.

Era hora de procurar uma nova profissão.

Apesar do choque de realidade, amei Los Angeles à primeira vista. Eu adorei a vastidão da cidade, suas possibilidades, a oportunidade de começar de novo — sem mencionar que uma temperatura diária de 22 ºC era uma baita diferença de Ottawa. Além disso, quando me dei conta de que não iria viver do tênis e alguém me explicou que eu poderia ganhar dinheiro atuando, logo mudei de foco. Aquilo não seria tão difícil de conquistar quanto parecia; para começo de conversa, meu pai estava inserido nesse mercado, e eu desconfiava que a atenção que eu receberia nesse trabalho me deixaria tão radiante quanto uma árvore de Natal. Eu já tinha muita prática em casa; aprendi a declamar frases impactantes sempre que havia uma tensão no ar, ou quando eu ficava com vontade de ser o centro das atenções. Quando eu fazia um bom trabalho, me sentia seguro e amparado. Eu podia até ser um menor desacompanhado, mas, quando conseguia arrancar risadas dos outros, uma plateia inteira — minha mãe, minhas irmãs, os Murray, meus amigos da escola — ficava de pé e me aplaudia. Também ajudou o fato de, três semanas depois de começar o segundo ano do ensino médio no meu novo colégio muito prestigioso e caro (valeu, pai), eu ter sido escalado para o papel principal da peça da escola. Isso mesmo, senhoras e senhores — vocês estão olhando para George Gibbs em *Our Town*, de Thornton Wilder. Atuar era uma coisa natural para mim. Por que eu não iria querer fingir ser outra pessoa?

Meu Deus...

Acho que meu pai sentia que isso iria acontecer. Depois de eu ser escalado para *Our Town*, corri para casa para dar a notícia e encontrei um livro chamado *Acting with Style* [Atuação com estilo] em cima da minha cama. Havia a seguinte dedicatória no interior:

Mais uma geração perdida. Com amor, papai.

Atuar era outra droga para mim. E não fazia tão mal quanto o álcool já começava a fazer. Na verdade, estava cada vez mais difícil acordar depois de uma noite de bebedeira. Não em dias da semana — eu ainda não tinha chegado a esse ponto. Mas com certeza nos fins de semana.

Porém, antes de tudo, eu precisava terminar os estudos.

Naquele lugar novo, eu era o canadense pálido de língua afiada, e, por algum motivo, os adolescentes adoram um forasteiro — nós parecemos exóticos, especialmente quando temos sotaque canadense e conseguimos recitar os nomes de todos os jogadores do Toronto Maple Leafs. Além disso, meu pai era o cara do Old Spice; fazia anos que meus colegas de classe ligavam suas televisões e encontravam meu pai vestido de marinheiro em um dia de folga — com sua jaquetinha e um gorro preto — jogando aquela garrafa branca icônica para figurantes sem barba enquanto os incentivava: "Arrume sua vida com Old Spice!" Não era Shakespeare, mas ele era famoso o suficiente, era alto, bonito e muito engraçado, e era meu pai.

Meu pai também bebia. Toda noite, ele chegava de algum set, ou de *nenhum* set, se servia de um copo generoso de vodca-tônica e anunciava: "Esta foi a melhor coisa que me aconteceu hoje."

Ele dizia isso se referindo a um drinque. Sentado ao lado do filho, em um sofá em Los Angeles. Então tomava mais uns quatro copos e levava o quinto para a cama.

Meu pai também me ensinou muitas coisas boas. Mas com certeza me ensinou a beber. Não é por acaso que minha bebida favorita era uma vodca com tônica dupla, que sempre me fazia pensar *Esta foi a melhor coisa que me aconteceu hoje.*

Só que havia uma diferença bem grande. Na manhã seguinte, sem exceção, meu pai acordava às sete, bem-disposto; ele tomava banho e passava seu pós-barba (que nunca era Old Spice) e saía para ir ao banco, para encontrar o seu agente ou para o set — ele nunca perdia um compromisso. Meu pai era o melhor exemplo de um beberrão funcional. Eu, por outro lado, já tinha dificuldade para acordar e sussurros entre as pessoas que bebiam perto de mim surgiam.

Eu via meu pai tomando seis drinques de vodca com tônica e tendo uma vida perfeitamente funcional, então achava que isso era possível. Achava que seria capaz de fazer a mesma coisa. Mas havia algo à espreita nas minhas sombras e nos meus genes, como uma fera escondida em um lugar escuro, algo que eu tinha, e meu pai, não. Levaria uma década para descobrirmos o que era. Alcoolismo, dependência química — pode usar o nome que quiser, mas eu prefiro usar Aquela Coisa Terrível.

Mas eu também era George Gibbs.

Não lembro o que meus colegas de classe acharam daquele novato que tinha aparecido com sua palidez e seu sotaque canadense, mas não fazia diferença para mim. O site SparkNotes descreve Gibbs como "um típico garoto norte-americano. Astro local do beisebol e presidente da sua turma de último ano do ensino médio. Ele também é inocente e ingênuo. É um bom filho... [mas é] difícil para George conter suas emoções, talvez impossível".

Encaixava direitinho.

Em casa, porém, meu pai estocava vodca por todo canto. Em uma tarde, ele e Debbie saíram, e eu resolvi beber. Conforme a ardência quente da bebida descia pela minha garganta e minhas entranhas, senti aquele bem-estar, aquela tranquilidade, aquela sensação de que tudo ficaria bem, vi as nuvens do meu quintal em Ottawa e resolvi dar uma volta por Los Angeles, caminhar naquela alegria, naquele paraíso de 22 ºC, a estrela da peça da escola vagando feito um Odisseu bêbado por ruas lotadas de astros. Clancy Sigal, escrevendo para o *Observer* de Londres sobre os Jogos Olímpicos de 1984 em Los Angeles, comentou que, sempre que visitava a cidade, sentia estar "atravessando um invólucro discreto que separa Los Angeles do restante do mundo, sofrido e real". Lá estava eu, também atravessando aquele invólucro discreto, amenizado pela vodca, entrando em um lugar onde não havia sofrimento, onde o mundo era real, ao mesmo tempo que não era... e, ainda assim, quando virei uma esquina, me deparei com questionamentos que nunca tinham me ocorrido antes — a morte, o medo da morte, perguntas como "Por que estamos aqui?", "Qual é o sentido de tudo isso?", "Que diferença faz?", "Como chegamos neste ponto?", "O que são os seres humanos", "O que é o ar?". Tudo isso acertou meu cérebro como uma onda.

Eu só estava virando a porra de uma esquina!

A bebida e aquela caminhada abriram em mim um abismo que existe até hoje. Eu era tão problemático; era um cara extremamente perturbado. As perguntas desciam em cascata, como o álcool enchendo um copo; eu só tinha feito a mesma coisa que Sigal — cheguei em Los Angeles, junto com ginastas, maratonistas, cavalos, escritores, atores, novatos, fracassados, atores de comerciais de Old Spice, e agora um grande vazio havia sido aberto sob mim. Eu estava na beira de uma cratera cheia de fogo, como a "Porta para o Inferno" no deserto de Caracum, no meio do Turcomenistão. A bebida e aquela caminhada criaram alguém que está à procura, mas sem qualquer ideia zen-budista — na borda de um buraco profundo, tomado pelas chamas, assombrado pela ausência de respostas, por estar *desacompanhado*, por desejar amor, mas ter pavor de abandono, por querer entusiasmo, mas ser incapaz de apreciá-lo, por um pau que não funcionava. Eu estava frente a frente com as quatro coisas derradeiras: morte, julgamento, paraíso e inferno. Um garoto de 15 anos diante da escatologia, tão perto que conseguia sentir o cheiro da vodca no próprio hálito.

Anos depois, meu pai também faria sua própria caminhada reflexiva: depois de beber demais em uma noite, ele caiu no meio de uns arbustos ou coisa parecida. No dia seguinte, quando conversou com Debbie, ela perguntou: "É assim que você quer viver?" E ele respondeu que não. Então saiu para dar uma caminhada, parou de beber e nunca mais tocou em uma gota de álcool.

Como é que é? Você sai para dar uma caminhada e consegue parar de beber? Gastei mais de sete milhões de dólares tentando ficar sóbrio. Fui a seis mil reuniões do A.A. (não é exagero, mas um palpite aproximado). Já estive quinze vezes em clínicas de reabilitação. Fui internado em um hospital psiquiátrico, passei trinta anos fazendo terapia duas vezes por semana, cheguei perto da morte. E você saiu para uma merda de caminhada e decidiu parar?

Vou dizer onde você pode enfiar a sua caminhada.

Mas meu pai não é capaz de escrever uma peça, estrelar *Friends*, ajudar os desamparados. E não tem sete milhões de dólares para gastar em nada. A vida tem suas compensações, acho.

Isso me leva à pergunta: eu trocaria de lugar com ele?

Por que não falamos disso mais tarde?

Na jukebox, eu colocava algumas moedas para tocar "Don't Give Up", de Peter Gabriel e Kate Bush, repetidas vezes; às vezes acrescentava "Mainstreet", de Bob Seger, ou "Here Comes the Sun", dos Beatles. Um dos motivos para amarmos o 101 Coffee Shop era porque eles mantinham a jukebox atualizada; além disso, o lugar tinha um clima de velha Hollywood, com cabines estofadas em couro caramelo e a sensação de que alguém superfamoso poderia aparecer a qualquer momento, fingindo que a fama não muda nada, sabe?

Em 1986, eu tinha certeza de que a fama mudaria tudo, e ansiava por ela mais do que qualquer outra pessoa na face da Terra. Eu *precisava* dela. Era a única coisa que daria um jeito em mim. Eu tinha certeza. Morar em Los Angeles significava esbarrar em celebridades de vez em quando, ou você poderia assistir a Billy Crystal no Improv, perceber que Nicolas Cage estava na mesa ao lado, e eu sabia que eles não tinham problemas — na verdade, todos os seus problemas tinham desaparecido. Eles eram famosos.

Eu fazia testes regularmente e tinha até conseguido um ou outro papel — o mais importante deles na primeira temporada de *Charles in Charge*. Eu interpretava Ed, um almofadinha chato que usava suéteres com estampa xadrez e gravatas e entoava seu chavão cheio de confiança: "Meu pai é formado em Princeton e é cirurgião. Quero ser igual a ele!" Mas era um trabalho, na televisão, e, quando dei por mim, estava matando aula para passar tempo em lanchonetes com garotas que gostavam do meu sotaque, da minha tagarelice, da minha carreira promissora na TV e da minha capacidade de prestar atenção ao que elas diziam. Graças aos anos de treinamento no Canadá, eu sabia que era um bom ouvinte e que conseguia ajudar as mulheres em momentos de crise (se você for mulher, estiver em apuros e quiser desabafar, vou ouvi-la por todo o tempo que precisar). Então, lá estava eu, no 101 Coffee Shop, sendo bajulado por um grupinho de garotas, falando gracinhas, sorrindo e ouvindo; eu tinha me livrado do visual pomposo de *Charles in Charge* assim que saí do estúdio da Universal na Studio City e usava o look de todos os adolescentes maneiros no meio da década de 1980: jaqueta jeans por cima de uma camisa xadrez, ou talvez uma camisa do Kinks, apesar de gostar de ouvir Air Supply quando chegava em casa.

Quando você tem quase 16 anos, os dias parecem intermináveis, especialmente quando está com um monte de garotas bonitas em uma lanchonete barata de Hollywood. Eu devia estar com a corda toda naquele dia, porque, enquanto fazia piadas, um cara de meia-idade passou pela nossa cabine, colocou um bilhete na minha frente, em cima da mesa, e foi direto para a porta. As garotas pararam de falar;

olhei para as costas do cara enquanto ele se afastava, então fiz um protótipo da olhada dupla de surpresa de Chandler, recebendo ainda mais risadas.

— Anda logo, lê o bilhete! — disse uma das garotas.

Peguei o papel com cuidado, como se estivesse coberto de veneno, e o abri devagar. Em um garrancho dizia:

Quero que você participe do meu próximo filme. Por favor, ligue para este número... William Richert.

— O que está escrito? — perguntou outra menina.
— Ele escreveu: "Será que você podia *ser* mais lindo e talentoso?" — respondi, sério.
— Não — disse a primeira garota —, *não* é isso!

O tom de descrença dela causou outra rodada de risadas enquanto eu dizia:

— Ah, *muito* obrigado. — Mas, quando os risos desapareceram, continuei: — Ele escreveu: "Quero que você participe do meu próximo filme. Por favor, ligue para este número. William Richert."

Uma das garotas respondeu:
— Bom, *isso* parece verdade.
— Não é? — falei. — Esse filme vai ser gravado dentro de uma van sem janelas.

Naquela noite, em casa, perguntei ao meu pai o que fazer. Ele estava no terceiro drinque — ainda havia convicção suficiente nele para me dar uma resposta útil. Na época, ele estava começando a ficar frustrado com o fato de que a minha carreira ganhava força; não era ciúme, apenas a noção de que eu era mais novo, que os caminhos estavam abertos para mim e que, se eu tomasse as decisões certas, poderia ter uma carreira melhor que a dele. Dito isso, ele sempre me apoiou — não havia nada de *O grande Santini* entre nós. Meu pai era meu herói, e estava orgulhoso de mim.

— Bom, Matty — disse ele —, não faria mal ligar.

Independentemente do que meu pai dissesse, eu sabia que ligaria. Eu sabia disso desde o momento em que li o bilhete. Afinal, nós estávamos em Hollywood — as coisas aconteciam desse jeito mesmo, não era?

No fim das contas, William Richert não queria fazer um filme dentro de uma van.

Richert assistiu à minha apresentação para as garotas naquele dia na cafeteria e gostou o suficiente do *Show do Matthew Perry* para querer me dar um papel no filme baseado em seu romance, *Uma noite na vida de Jimmy Reardon*. O livro e o filme se passam em Chicago no começo da década de 1960; Reardon é um adolescente obrigado a estudar Administração, quando tudo o que deseja é juntar dinheiro para comprar uma passagem para o Havaí, onde sua namorada mora. Eu interpretaria o melhor amigo de Reardon, Fred Roberts, que, assim como Ed em *Charles in Charge*, era riquinho e um pouco metido, além de sofrer de virgindade crônica (eu me identificava). Deixei o visual almofadinha de lado de novo, já que Fred usaria uma boina de feltro cinza e uma jaqueta de couro por cima de camisa social e gravata, ah, e luvas de couro preto. No filme, o personagem de Reardon transa com a minha namorada, mas estava tudo bem, porque seria um privilégio levar um chifre do cara que o interpretaria.

A lista de prodígios que estavam à frente do seu tempo é longa demais para mencionar aqui, mas basta dizer que o nome do meu colega de cena em *Uma noite na vida de Jimmy Reardon*, River Phoenix, deveria aparecer quase no topo de todas essas listas. Aquele filme era o meu primeiro emprego, e tenho plena consciência de que a história seria mais interessante se ele tivesse feito sucesso, mas tudo que importa é que aprendi a fazer um filme e conheci River, que era a personificação da beleza em todos os sentidos. Havia uma aura em volta daquele cara. Mas você se sentia tão confortável na sua presença que nem dava para sentir inveja dele. *Conta comigo* havia acabado de ser lançado — com uma atuação *maravilhosa* dele —, e seu carisma era tamanho que, na sua presença, você imediatamente se tornava parte da mobília.

O filme foi gravado em Chicago, então lá estava eu, com meus 17 anos recém-completados, viajando para outra cidade, sem pais ou responsáveis, novamente um menor desacompanhado, mas desta vez aquilo era libertador, como uma coisa que eu tinha nascido para fazer. Nunca me senti tão empolgado na vida. Foi em Chicago, fazendo esse filme, com River Phoenix, que me apaixonei profundamente por atuar — e a cereja do bolo dessa época tão mágica foi que River e eu nos tornamos muito amigos. Nós dois bebíamos cerveja e jogávamos sinuca na North Rush Street (*A cor do dinheiro* tinha acabado de ser lançado, e sinuca estava na moda). Nós éramos pagos todo dia; saíamos para paquerar, apesar de as coisas ficarem por isso mesmo no meu caso, porque, bom, você sabe.

River era um homem lindo, por dentro e por fora. Lindo demais para este mundo, no fim das contas. Parece que os caras muito talentosos sempre se ferram. Por que será que pensadores criativos como River Phoenix e Heath Ledger morrem, mas Keanu Reeves continua entre nós? River era um ator melhor do que eu; eu era mais engraçado. Mas eu com certeza fiz a minha parte nas nossas cenas — um feito e tanto, quando olho para trás depois de décadas. Porém, mais importante, River simplesmente enxergava o mundo de um jeito diferente do restante de nós, e isso o tornava fascinante, carismático e, sim, lindo, não no sentido de modelo da Gap (apesar de ele também ser bonito desse jeito), mas no sentido de não-existe-ninguém-igual-a-ele-no-mundo. Sem mencionar que ele trilhava em disparada o caminho do estrelato, apesar de nunca agir como se as pessoas precisassem saber disso.

E, em algum momento durante toda essa mágica, River Phoenix e eu conseguimos gravar um filme juntos.

Mais tarde, River diria que não ficou satisfeito com seu desempenho em *Jimmy Reardon*, alegando que não era a pessoa certa para o papel. Para mim, ele era a pessoa certa para todos os papéis. Ele conseguia fazer tudo. Lembro de assisti-lo em *Quebra de sigilo* — ele fazia escolhas que ninguém mais tinha coragem de fazer. Sem mencionar que atuou de igual para igual com lendas como Robert Redford e o maravilhoso Sidney Poitier (se você nunca assistiu a esse filme, deveria — é muito divertido).

O filme que *nós* fizemos acabaria sendo um fracasso de bilheteria, mas isso não importava. Estávamos em um lugar lindo e mágico, mesmo que fosse só a North Rush Street da gélida Chicago. Foi a melhor experiência da minha vida e eu sabia disso. Meu trabalho acabou em cerca de três semanas, mas o pessoal do filme (provavelmente River, na verdade) gostou tanto de mim que me manteve lá até o fim das gravações. Melhor, impossível.

Uma noite, sozinho no meu quarto minúsculo no hotel Tremont, enquanto a produção se encerrava, ajoelhei no chão e falei com o universo:

— Não se atreva a se esquecer disso.

E eu nunca esqueci.

No entanto, a mágica não dura para sempre; as lacunas que você preenche voltam a se abrir. (É quase como um jogo.) Talvez fosse porque eu sempre tentava preencher um vazio espiritual com alguma coisa material... Não sei. De toda forma, quando o último dia de filmagens chegou, sentei na cama do meu quarto de hotel em Chicago e chorei. Chorei e chorei, porque, mesmo naquela época, eu sabia que nunca mais teria uma experiência igual — meu primeiro filme, longe de casa, livre para paquerar, beber e me divertir ao lado de um cara brilhante como River Phoenix.

Eu choraria de novo no Halloween de 1993, quando River morreu na frente do Viper Room, em West Hollywood. (Ouvi os gritos do meu apartamento; voltei para a cama; acordei com a notícia.) Após a morte dele, sua mãe escreveu, se referindo ao uso de drogas, que "o espírito da geração [de River] está se deteriorando", e naquela época eu já bebia toda noite. Mas eu levaria anos para compreender exatamente o que ela quis dizer.

Deixando *Jimmy Reardon* para trás, peguei um voo de Chicago para Los Angeles e voltei para o planeta Terra, na forma da escola. Eu ainda fazia testes para várias coisas, mas não via muitos resultados. No geral, eu conseguia ser escalado para papéis de comédia, e acabei fazendo participações em quase tudo. Mas minhas notas continuavam péssimas. Acabei me formando com a nota mínima. Tudo que eu pedi como presente de formatura foi que minha mãe e meu pai estivessem lá, e eles tiveram a bondade de fazer isso. O jantar incrivelmente desconfortável que veio depois só serviu para destacar o fato de que o filho que eles compartilhavam estava destinado a se sentir constrangido para sempre, apesar de geralmente ser a pessoa mais engraçada da roda em qualquer lugar. Naquela noite, porém, no jantar, eu era apenas o terceiro mais engraçado, e o terceiro mais bonito. Pelo menos meu sonho de infância de os dois se reunirem se tornou realidade, mesmo que por uma noite, e, ainda assim, com nada além de silêncios constrangedores e críticas passadas de um lado para o outro feito um baseado cósmico raivoso.

Sou grato aos meus pais por terem comparecido àquele jantar — foi extremamente generoso e completamente benevolente da parte deles. Mas o evento me fez chegar a uma conclusão bem nítida, ainda que inesperada. O fato de eles não estarem juntos era a coisa *certa*. Os dois não tinham sido feitos um para o outro. Não deviam ser um casal. Com o tempo, ambos encontraram a pessoa ideal para cada um. E eu fico muito feliz pelos dois. Matty não precisava mais desejar que seus pais ficassem juntos.

Levaria décadas para os dois voltarem a ocupar o mesmo ambiente. E por um motivo bem diferente.

Os trabalhos como ator, a mente e a língua afiadas, a amizade com River e a jaqueta jeans por cima da camisa xadrez se uniram para me ajudar a arranjar uma linda namorada chamada Tricia Fisher (filha de Eddie Fisher e Connie Stevens. Isso mesmo, a meia-irmã de Carrie Fisher. Essa garota conhecia o charme de perto).

A poesia rimada do seu nome já bastaria para torná-la irresistível — além disso, eu já estava com 18 anos e tinha certeza de que todas as minhas partes funcionavam, a menos que estivesse na companhia de outro ser humano. Eu carregava a impotência como um grande segredo nada bonito, da mesma forma que carregava todo o resto. Assim, conforme a minha relação com Tricia Fisher foi se intensificando, foi natural que nossos pensamentos se voltassem para uma consumação física, mas anunciei confiantemente que era católico apostólico romano e queria esperar — poucos garotos de 18 anos dizem uma coisa dessas, e nem deveriam. Isso, é óbvio, a surpreendeu. Quando fui pressionado quanto aos meus motivos, falei qualquer coisa sobre "compromisso" ou "o futuro", ou "a situação do planeta", "minha carreira", qualquer coisa para não dizer que, na hora do vamos ver, eu ficava mais mole que o estofado das mesas do 101 Coffee Shop. E eu não podia chegar à hora do vamos ver, ou meu segredo seria revelado.

Minha firmeza, pelo menos quando se tratava da convicção para esperar, durou dois meses. Mas represas estouraram, e os amassos que não davam em nada começaram a deixar nós dois com a respiração acelerada. Tricia Fisher tomou uma decisão.

— Matty — disse ela —, já cansei disso. Vamos lá.

Ela pegou minha mão e me guiou para a cama na minha quitinete minúscula em Westwood.

Fiquei horrorizado, e também empolgado, apesar de continuar assombrado pelo diálogo interno do medo:

— *Quem sabe desta vez, com alguém de quem eu gosto muito, os problemas do passado sumam...* Sumir é uma palavra ruim.

— *Será que eu devia beber alguma coisa mais forte antes?* Bom, a gente está precisando mesmo de força, meu amigo.

— *Talvez não seja tão duro assim.* Talvez não seja tão duro? Matty, para com isso...

Antes de esse diálogo rápido se transformar em uma ópera barata, Tricia tirou nossas roupas e nos levou para a cama. Lembro muito bem que chegar aos pés da montanha do sexo era pura alegria, mas, como um alpinista novato, eu tinha medo de não ter fôlego para conseguir subir muito alto. E foi isso mesmo que aconteceu. Como explicar? Eu não conseguia fazer aquele negócio funcionar do jeito certo. Eu pensava em tudo, bolando imagens complexas e eróticas no meu cérebro confuso, esperando encontrar alguma coisa — *basta uma coisa, é só disso que eu preciso!* — que firmasse o meu comprometimento com a alegria futura. Nada funcionou. Nada. Mais uma vez horrorizado, abandonei os braços carinhosos de Tricia Fisher e levei meu corpo magro e nu para uma cadeira no apartamento. (Se você quisesse, conseguiria me partir em dois.) Fiquei sentado lá, flácido e triste, minhas duas mãos sobre o colo como uma freira durante a missa, me esforçando para esconder a vergonha e, talvez, uma ou duas lágrimas.

Mais uma vez, Tricia Fisher não desistiu.

— Matty! — disse ela. — O que está acontecendo? Você não me acha bonita?

— Ah, não, é óbvio que te acho bonita! — respondi.

Os problemas físicos já eram ruins o suficiente, mas o pior era que eu detectava uma sensação de abandono cada vez maior entrando pelas janelas daquele quarto. E se Tricia me largasse? E se eu não fosse o suficiente, como nunca fui? E se eu estivesse destinado a ficar desacompanhado de novo?

Eu estava desesperado; gostava de Tricia de verdade e realmente queria acreditar que o amor me salvaria.

Só havia uma coisa a fazer. Eu precisava contar tudo para ela.

— Tricia — falei —, em Ottawa, eu fiquei tão nervoso antes de ir para a cama com uma garota que tomei seis cervejas...

Não omiti nenhum detalhe; contei toda a história vergonhosa para ela e acabei admitindo que era impotente, que sempre seria, e que era impossível, não havia o que ser feito, que meu desejo por ela era incomparável, inenarrável. E que eu estava desesperado para que ela não me abandonasse também, então faria de tudo para ficar com ela, era só pedir, e assim por diante, uma matraca que nunca fechava.

Tricia Fisher era uma querida — ela me deixou tagarelar sem parar, e me esforcei ao máximo para convencê-la de que, apesar de toda a sua beleza, nada faria diferença: eu estava destinado a repetir aquela noite em Ottawa pelo resto dos meus dias.

Com o tempo, me acalmei e respirei fundo. Tricia, com muita calma, disse apenas:

— Venha comigo. Isso nunca mais vai acontecer.

Então ela veio até mim, pegou minha mão, me levou de volta para a cama, me deitou, e dito e feito... puro êxtase, por dois minutos inteiros! Naquela noite, pela graça de um universo milagroso e o auxílio de uma moça linda que merecia coisa melhor, eu finalmente me livrei da minha virgindade, e depois a perdi por completo, e a palavra impotência deixou de fazer parte do meu vocabulário, do jeito que ela havia prometido. Tudo em mim funciona direito — pelo menos no sentido físico.

E como foi, Sr. Perry, que você recompensou esse favor, esse favor imenso para a mulher que salvou a sua vida de uma das formas mais significativas possível?

Ora, gentil leitor, recompensei o favor de Tricia transando com quase todas as mulheres do sul da Califórnia.

Em um desses encontros na época, com uma garota que também tinha 18 anos, em determinado momento ela interrompeu o jantar e disse:

— Vamos pra sua casa transar.

Como sexo ainda era algo relativamente novo para mim, concordei na mesma hora. Fomos para o meu apartamento e, assim que passamos pela porta, ela me interrompeu e disse:

— Espera, espera, espera! Não posso fazer isso! Você precisa me levar pra casa.

E é lógico que fiz isso.

No dia seguinte, me sentindo incomodado com o que havia acontecido, e porque eu já estava lá mesmo, contei a história na terapia. "Vou contar uma coisa que vai ajudar você", disse ele. "Quando uma mulher for para a sua casa e tirar os sapatos, você vai transar. Se ela continuar com eles, não."

Eu tinha 18 anos na época; hoje, já passei dos cinquenta anos; e ele estava certo em cem por cento dos casos. Houve dias em que trapaceei um pouco e deixei um par de sapatos na porta como se indicasse que ali era o lugar deles. Mas a teoria desse terapeuta sempre se provou correta — se uma mulher não tira os sapatos, é só um amasso, na melhor das hipóteses.

Anos depois, Tricia e eu namoraríamos de novo, no auge de *Friends*. Ela não me abandonou, mas os antigos medos voltaram à tona, e terminei a relação. Eu só queria sentir de verdade, queria acreditar de verdade, que ela não me abandonou. Talvez as coisas se saíssem melhores. Talvez a vodca com tônica não se tornasse minha bebida favorita.

Talvez tudo fosse diferente. Ou talvez não.

Mas agradeço a Tricia e a todas que vieram depois. E, a todas as mulheres que abandonei simplesmente por medo de que elas me abandonassem, peço perdão do fundo do meu coração. Se eu soubesse na época tudo que sei agora...

INTERLÚDIO

Matman

— Vou contar a ideia — anunciei. — Pronto?

Adam respondeu:

— Lógico! Pode falar!

Dei um trago demorado no meu Marlboro, apertei o telefone contra a bochecha, soltei uma baforada longa de alcatrão, nicotina e sofrimento e comecei a venda.

— Tudo bem — falei. — É sobre um cara. Você o reconheceria. Ele se chama Matt e tem uns 50 anos. E ele é muito, muito famoso, porque fez um programa de televisão superadorado alguns anos atrás. Mas, agora, quando o filme começa, nós o vemos e ele está com uma barriga enorme, há pilhas de caixas de pizza vazias pelo apartamento, empilhadas como aquele totem de *Contatos imediatos do terceiro grau*, sabe? Aquela que fizeram com purê de batata... enfim, a vida dele é uma bagunça. Ele está perdido. E aí, do nada, um parente distante morre e deixa dois bilhões de dólares de herança. E ele usa o dinheiro para se tornar um super-herói.

— Adorei! — disse Adam. E então: — Você herdou mesmo dois bilhões de dólares?

Adam é um cara engraçado.

— Não, não! — respondi. — É só o personagem que herda o dinheiro. Você se empolgou com a ideia? Porque, se gostou, qual é o nosso próximo passo? Você é o cara.

— Não sou o cara, na verdade — disse Adam, apesar de nós dois sabermos que ele é.

Apreciei sua modéstia, mas modéstia não leva nem a um "vá se foder" em Hollywood.

— Como assim? — perguntei. — É óbvio que você é o cara.

Aquele era, afinal de contas, Adam McKay, o cara que dirigiu *O âncora: a lenda de Ron Burgundy* e *Quase irmãos*, além de vários outros filmes importantes. Na época em que conversávamos, ele estava fazendo *Não olhe para cima*, o filme sobre o asteroide gigante que vem na direção da Terra, sabe? Com estrelas como Leonardo DiCaprio, Jennifer Lawrence, Timothée Chalamet, Mark Rylance, Cate Blanchett, Tyler Perry, Jonah Hill, até Ariana Grande *e* Meryl Streep. Um elenco incrível.

Eu também fiz uma participação em *Não olhe para cima*, e, apesar de estar indo para uma reabilitação na Suíça, fui para Boston gravar minha parte. Lá, dei a ideia de uma fala para Adam, ele adorou e fez dela o auge da cena, e esse sempre é o objetivo esperado (ele acabou não usando a cena — essas merdas acontecem, tudo bem). A questão é que Adam McKay e eu nos demos muito bem, e lá estava ele, adorando a minha ideia.

Na época, eu sentia dor nas cicatrizes das cirurgias, por isso precisava de remédios, mas me viciaria neles, é óbvio, o que só prejudicaria ainda mais o meu corpo... Mesmo assim eu estava me sentindo melhor, feliz por ter recebido um telefonema de Adam. Nós só estávamos conversando, mas em Hollywood não existe isso de só conversar, então fiquei pensando por que diabos ele estava me ligando. E, como parecia que ele não estava com pressa de se explicar, aproveitei a oportunidade e contei minha ideia.

— Enfim, Sr. *O Cara* — falei, ignorando sua falsa modéstia —, o que você achou?

Sabe quando surge uma pausa na conversa que, olhando para trás, você deseja que tivesse durado para sempre, só para não ter que escutar a continuação dela?

— Acho que você está me confundindo com outra pessoa — disse "Adam".

— O quê? Bom, quem está falando? — perguntei.

— Aqui é o Adam McLean. A gente se conheceu há seis anos. Sou vendedor de computadores.

Se você assistiu a *Não olhe para cima*, sabe que no final... bom, digamos apenas que, quando percebi que estava falando com Adam McLean e não Adam McKay, um asteroide grande pra caralho acertou meu cérebro.

Eu faço esse tipo de coisa. Anos antes, Bruce Willis havia vencido o People's Choice Award de Melhor Ator por *O sexto sentido* e me pediu para apresentá-lo. Naquela noite, nos bastidores, conheci Haley Joel Osment e M. Night Shyamalan, e conversei com os dois por uns dez minutos.

Seis meses depois, eu estava com alguns amigos no Sunset Marquis Hotel, e não é que M. Night Shyamalan apareceu?

— Oi, Matthew — disse ele —, há quanto tempo! Posso me sentar?

Ele podia se sentar? O cara tinha acabado de escrever e dirigir *O sexto sentido*. Ele era o próximo Steven Spielberg, é lógico que podia se sentar! Eu já tinha bebido um pouco e estava me divertindo (isso foi na época em que o álcool ainda fazia efeito sozinho).

Depois de um tempo, meus amigos foram embora, e ficamos só eu e M. Night, sentados lá, batendo papo. Lembro de perceber que nem tínhamos tocado no assunto de trabalho, só falando sobre amor, perdas, garotas, Los Angeles e todos os outros assuntos sobre os quais as pessoas conversam em bares. Ele também parecia estar se divertindo — rindo de todas as minhas piadas idiotas —, e comecei a pensar *Olha, esse cara gosta de mim! Ele deve ser muito fã de* Friends *ou alguma coisa assim, porque parece estar muito focado em tudo que eu digo.*

Eu não costumo fazer isso — já me dei mal várias vezes por seguir por esse caminho —, mas comecei a ter fantasias loucas sobre como aquilo poderia mudar minha carreira. Ele me disse que tinham inaugurado um bar do outro lado da cidade e perguntou se eu queria ir para lá. Se eu queria ir? Eu estava com a porra do M. Night Shyamalan! Não havia dúvida de que eu queria ir.

Fomos até o estacionamento, pegamos nossos carros, e eu o segui pela cidade até esse lugar novo, o tempo todo certo de que seria o astro do seu próximo sucesso de bilheteria — sim, haveria um novo filme maravilhoso, cheio de reviravoltas, e o final surpreendente seria eu!

Meu cérebro dava cambalhotas. Não consigo explicar por quê, mas ele parecia me adorar, adorar o meu trabalho, e eu estava bêbado o suficiente para acreditar que aquela seria uma noite que mudaria a minha vida. Quando nos sentamos no lugar novo, me senti confortável (ou seja, bêbado) o suficiente para dizer que deveríamos trabalhar juntos algum dia. De repente, um olhar estranho surgiu no rosto dele, e lembro que me arrependi de ter falado isso. Ele pediu licença para ir ao banheiro, e, na sua ausência, um conhecido veio falar comigo e perguntar como estava a minha noite.

Eu disse:

— Bom, passei a noite toda conversando com M. Night Shyamalan, e vou te contar, o cara me ama.

Meu amigo ficou impressionado... isto é, até M. Night voltar do banheiro.

— Matty — disse meu amigo, olhando bem para M. Night —, posso falar com você em particular?

Aquilo foi esquisito pra caralho, mas a bebida torna quase tudo plausível, então me afastei da minha noite mágica com M. Night por um instante.

— Matty — sussurrou meu amigo —, aquele *não* é o M. Night Shyamalan.

Essa revelação me fez tentar focar meu olhar amenizado pela vodca por um instante, e, na penumbra do bar escuro, prestei bastante atenção em M. Night Shyamalan.

Nada.

A.

Ver.

No fim, "M. Night" era apenas um senhor indiano que se parecia um pouquinho com M. Night Shyamalan (talvez fosse N. Night Shyamalan?) e que era, na verdade, o maître do Mr. Chow Beverly Hills, um restaurante da moda de Los Angeles que eu frequentava... e que não frequento mais, porque falei para o maître de lá que devíamos trabalhar juntos um dia. *Que tipo de noite ele pensou que estava tendo?*, pensei.

3

Bagagem

Eu vivia perpetuamente em um *Feitiço do tempo*. Há um motivo para esse ser meu filme favorito.

Toda noite eu ia com os meus amigos ao Formosa Café, no Santa Monica Boulevard, em West Hollywood. Havia duas placas sobre o bar: uma ficava acima da parede cheia de fotos, e dizia ONDE OS ASTROS VÊM JANTAR. E outra dizia VINHO VENDIDO EM TAÇAS, só que nós não bebíamos taças — bebíamos jarras de meio litro, um litro, três litros... e bebíamos vodca, não vinho.

"Nós" éramos Hank Azaria, David Pressman, Craig Bierko e eu. Formávamos nossa própria trupe de artistas.

Conheci Hank primeiro, quando eu tinha 16 anos. Estávamos no estúdio da CBS fazendo um teste para uma série que seria estrelada por Ellen Greene (de *A pequena loja dos horrores*). Nós dois fomos escalados, e ele interpretou meu tio no episódio. Nós nos demos tão bem que, quando saí de casa para morar sozinho, fui para uma quitinete no prédio dele. Ele era um cara muito engraçado e, quando nos conhecemos, já trabalhava bastante com dublagem. Com o tempo, isso o tornaria incrivelmente rico, mas, no começo, tudo que queríamos era fama. Fama, fama, fama, só pensávamos nisso. E garotas, e, bem, mais fama. Essa era a única coisa que importava, porque, pelo menos para mim, ser famoso preencheria o grande vazio que só crescia dentro do meu peito.

No entanto, na época pré-fama, esse vazio era preenchido pela bebida.

Eu bebia o tempo todo — passei meus anos de faculdade bebendo no Formosa. Na verdade, gabaritei minha prova de bebedeira e entrei para a fraternidade Alkoól Beta Kappa. O amor pelo álcool, de fato, norteava a minha vida, mas acho que não percebi o controle que isso exercia sobre mim até uma noite em que eu estava com minha namorada da época, Gaby. Gaby acabaria virando roteirista de *Veep* e de várias outras coisas legais, e é minha amiga até hoje, mas, naquela noite, fomos com um grupo de amigos assistir a um show de mágica no Universal City. Lembro que pedi um drinque da casa, bem forte, e fiquei bebericando enquanto o cara tirava coelhos de cartolas, ou qualquer coisa assim, mas as cordas intermináveis de echarpes de seda amarradas saindo de mangas de camisa acabaram enchendo o saco, e todos fomos para o apartamento de Gaby. Não havia nada para beber lá, o que era totalmente aceitável, obviamente, mas isso fez com que eu, aos 21 anos, sentisse uma coisa esquisita pela primeira vez. Meu sangue fervilhava por mais bebida; eu queria muito beber, e não conseguia pensar em nada além daquilo.

Foi nessa noite que senti pela primeira vez a *obsessão* pelo álcool. Notei que ninguém mais parecia incomodado com a falta de bebida na casa de Gaby — mas eu tinha aquela ânsia dominante, como se ela fosse um grande ímã, e eu, pedacinhos de metal. Fiquei nervoso, especialmente porque notei que era o único com esse problema. Então resolvi não procurar nada para beber naquela noite... mas não consegui dormir, fiquei desconfortável, revirando na cama, sem conseguir parar de pensar nisso. Inquieto, irritado, insatisfeito até o sol finalmente raiar.

O que estava acontecendo? O que havia de errado comigo? Por que eu era o único louco por mais um drinque? Eu não podia contar para ninguém o que estava acontecendo, porque nem eu mesmo entendia o que estava sentindo. Acho que meu vício permaneceu em segredo para as pessoas por muitos anos — bom, pelo menos a intensidade dele. Com certeza naquela época ninguém percebia. Eu era um cara jovem, que devia estar na faculdade, mas que preferia desperdiçar o tempo com bebidas, mulheres, contando piadas para os amigos, e para as mulheres. O que haveria para admitir?

Mas ninguém sabia que eu bebia sozinho — isso continuou sendo um segredo. O quanto eu bebia sozinho dependia do ano. Com o tempo, comecei a tomar um galão inteiro por conta própria — matava tudo em dois dias. Porém, na noite do show de mágica, fiquei assustado. O que estava acontecendo? Eu nunca tinha sentido nada parecido na vida. Por que não conseguia pensar em porra nenhuma além de beber? Quando você está em um bar, simplesmente pede outra rodada... Mas, no meio da madrugada, ninguém fica deitado na cama desejando estar com um copo na mão. Aquilo era novo. Aquilo era diferente. Aquilo era assustador. E era um segredo.

Dez anos depois, li as seguintes palavras em O Grande Livro, dos Alcoólicos Anônimos: "Os dependentes do álcool acreditam que bebem para fugir, mas a realidade é que estão tentando se curar de um transtorno mental que eles desconhecem ter."

Eureca! Alguém me entende. Mas ler isso foi maravilhoso e horrível ao mesmo tempo. Significava que eu não estava sozinho, que havia outras pessoas iguais a mim, mas também que eu era um alcoólatra e teria que parar de beber um dia de cada vez, pelo resto da vida.

Como eu ia conseguir me divertir?

* * *

Não consigo decidir se gosto mesmo de pessoas.

As pessoas têm necessidades, mentem, traem, roubam, e até fazem coisa pior: querem falar sobre elas mesmas. O álcool era meu melhor amigo, porque ele nunca queria falar de si mesmo. Ele simplesmente estava lá, sempre, como um cachorro mudo aos meus pés, me encarando, pronto para dar um passeio. Beber amenizava demais o meu sofrimento, além do fato de eu me sentir solitário quando estava sozinho, mas também quando estava cercado de pessoas. O álcool fazia os filmes ficarem melhores, as músicas soarem melhores, fazia *eu* me tornar melhor. Ele me deixava confortável comigo mesmo, sem me fazer desejar estar em outro lugar — qualquer lugar. Me fazia ficar satisfeito por estar com a mulher que estava na minha frente, em vez de ficar me perguntando se a vida seria melhor se eu saísse com outra pessoa. Eliminava a sensação de que eu era excluído na minha própria família. Derrubava as barreiras ao meu redor, com exceção de uma, ainda que temporariamente. Beber me ajudava a controlar meus sentimentos e, portanto, a controlar meu mundo. Como um amigo, o álcool me dava apoio. E tenho quase certeza de que enlouqueceria sem ele.

Esta última afirmação é verdade, por sinal. Eu teria enlouquecido sem ele.

Eu me tornava outra pessoa quando bebia. Parar parecia impossível. Me pedir para aprender a viver sem a bebida seria como pedir para uma pessoa passar o dia sem respirar. Por isso, sempre vou ser grato a ela. Foi por culpa da bebida que finalmente alcancei um estado racional.

De acordo com Malcom Gladwell, se você fizer qualquer coisa por dez mil horas, vai se tornar um especialista nela. Então eu era especialista em duas coisas: em tênis na década de 1980 e em beber. Só uma delas é importante o suficiente para salvar uma vida.

Vou deixar você adivinhar qual.

No entanto, quando eu queria me sentir menos solitário na companhia de outras pessoas, minha escolha sempre era Hank Azaria, David Pressman e, com o tempo, Craig Bierko.

Por mais estranho que pareça, interpretei um personagem com o sobrenome Azarian em *Barrados no baile*. Conseguir uma ponta no 19º episódio da primeira temporada foi tirar a sorte grande. *Barrados no baile* ainda não era um fenômeno cultural quando interpretei Roger Azarian, o astro do tênis da Beverly Hills High e filho de um empresário exigente e distante — mas os temas do episódio (depressão entre adolescentes, suicídio e dificuldade de aprendizagem) mostraram que a série não tinha medo de tocar em assuntos pesados, apesar da ambientação privilegiada.

O episódio, que pegou o título emprestado justamente de T. S. Eliot ("Abril é o mês mais cruel"), começa comigo lançando algumas bolas de tênis, exibindo minha habilidade federada no Canadá, meus *forehands* fortes e os *backhands* agressivos que me rendiam vitórias, mostrando que eu realmente sabia jogar. Eu até usava uma raquete Donnay antiga de madeira, com a cabeça pequena, à la Björn Borg, que consegui quebrar na cena por bater com força demais. Jason Priestley, no papel de Brandon Walsh, notando minha raiva quase nada velada, me pergunta quantas raquetes uso por semana e eu, em um momento a vida imita a arte, respondo: "Depende de quem é a cara que eu vejo na bola."

Eu não conseguia fugir das escadas, mesmo quando interpretava personagens fictícios em uma série de televisão. No fim do episódio, eu já tinha compartilhado um roteiro com Brandon, ficado bêbado, apontado uma arma para o meu rosto, e acabei internado em uma clínica psiquiátrica — só a parte da arma foi atuação; usei o Método Stanislavski para o restante.

Eu não tinha nem 22 anos. Fazia pontas na televisão havia um tempo, sendo escalado para uma série aqui, outra ali, em participações especiais.

A questão era que eu tinha trabalho. Meu primeiro papel mais ou menos grande veio quando fui escalado para *Second Chance*, apesar de isso ter sido ofuscado por quem *não* foi escalado.

Ainda acho que *Second Chance* tinha bastante potencial: um cara de 40 anos chamado Charles Russell morre em um acidente de aerobarco (porque isso acontece *o tempo todo*) e vai encontrar São Pedro na sala dele. Se a luz ficar dourada quando Charles for julgado, ele vai para o céu; se ficar vermelha, ele vai para o inferno — porém, se ficar azul, como acontece com o Sr. Russell, ele se tornaria um Iluminado Azul, o que significava que não sabiam onde colocá-lo. Então, São Pedro decide enviá-lo de volta para a Terra, para encontrar sua versão de 15 anos e guiá-la para tomar decisões melhores ao longo da vida. Assim, quando ele se enfiar novamente em um aerobarco aos 40 anos, morrendo pela segunda vez depois de ter se tornado uma pessoa melhor, a luz vai mudar do azul-incógnita para um dourado-bem-vindo-à-eternidade. Dá para pensar em uma ideia mais perfeita para uma dupla de atores que eram pai e filho? Eu e meu pai fizemos testes. Então veio o desastre — fui aprovado para me tornar o filho de um Iluminado Azul, enquanto meu pai ficou de fora.

— Eles querem você. Não eu — disse meu pai quando recebeu a notícia. Acho que devo tê-lo encarado com um olhar esquisito; afinal, eu tinha conseguido um papel imenso, embora ele não tivesse, então imagino que meu rosto misturasse tristeza por ele e alegria por mim. Tanto que ele continuou: — Preciso *repetir*? Eles querem *você*. Não *eu*.

Apesar da mágoa do meu pai, eu tinha sido escalado para a minha primeira série de televisão. Com 17 anos, eu ganhava cinco mil por semana. Meu ego estava nas alturas; eu me achava foda, mas era uma pena que ninguém compartilhasse dessa opinião sobre *Second Chance*. A série ficou em 93º lugar entre as 93 séries da temporada. Nos últimos nove episódios depois dos 13 iniciais, toda aquela história de São Pedro/Iluminado Azul foi esquecida, e a série simplesmente seguia a mim e meus amigos em várias aventuras. Então, não importava que o seriado permanecesse em 93º lugar em uma lista com 93 opções — alguém importante tinha gostado o suficiente de mim para construir uma série ao meu redor, mesmo que só para aumentar meu ego em proporções épicas. E talvez isso me ajudasse a fazer sucesso depois.

A maneira como meu pai lidou com a notícia foi não indo a nenhuma gravação, com exceção da última. Ele teve seus motivos, eu imagino.

Assim, ganhei várias participações especiais em séries depois disso, e consegui outra série dois anos depois, desta vez com Valerie Bertinelli. O seriado, que se chamava *Sydney*, seguia as aventuras de Valerie como uma detetive(!), e eu interpretava seu irmão tagarela — e é só isso que você precisa saber sobre esses 13 episódios (*Sydney* foi cancelada depois de meia temporada). O fato é que, apesar de não conseguir conquistar o público, nunca vou esquecer duas coisas a respeito de *Sydney*.

Primeiro, o advogado/interesse amoroso de Valerie na série foi interpretado por um ator chamado Craig Bierko. Logo depois de conhecer Craig no set, liguei para Hank Azaria e disse "Ele fala igual a gente!", o que era o maior elogio que eu poderia fazer a alguém. Mas, antes de eu conseguir captar o quanto Craig era engraçado, vem a segunda coisa que preciso contar sobre *Sydney*: durante as filmagens, me apaixonei perdidamente por Valerie Bertinelli, que parecia viver um casamento problemático e estava adorando o fato de dois dos caras mais engraçados do mundo a idolatrarem e a encherem de atenção.

Valerie Bertinelli. Essas sete sílabas abalavam minha alma e outras partes de mim.

No começo da década de 1990, nenhuma mulher era mais bonita que Valerie. Ela não apenas era linda e divertida como tinha uma risada maravilhosa, retumbante e fofa, que Craig e eu passávamos o dia todo desejando escutar. Agora que ele e eu havíamos sido escalados, parecia que Valerie tinha dois novos palhaços com quem brincar, e nós nos jogamos nesses papéis sem nem pensar duas vezes. Éramos um trio que se dava muito bem.

Só que, para mim, participar de *Sydney* e fazer papel de bobo para Valerie era mais do que diversão — era uma coisa séria pra caralho. No trabalho eu precisava esconder meu amor por ela (não seria a última vez que isso aconteceria), o que era desesperadoramente difícil. Minha paixonite estava fadada ao fracasso; ela era areia demais para o meu caminhãozinho, e além disso era casada com um dos roqueiros mais famosos do mundo, Eddie Van Halen. Na época em que filmávamos *Sydney*, o Van Halen estava no meio de uma sucessão de quatro álbuns, um atrás do outro, no topo das paradas — era indiscutível que era a maior banda do planeta no fim da década de 1980 e início de 1990, assim como era indiscutível que Eddie era o maior guitarrista de rock do planeta na época.

Quanto a mim, eu sempre conquistava as mulheres porque as fazia rir, mas sabia que os músicos ficavam na frente dos caras engraçados. (Também existe uma hierarquia no mundo da música — na minha opinião, os baixistas tendem a chamar a atenção das mulheres primeiro, porque são indiferentes e descolados e seus dedos fazem movimentos suaves, mas poderosos [tirando Paul McCartney; ele nunca chamava a atenção das mulheres primeiro]; os bateristas vêm em seguida, porque são pura força e determinação; e então os guitarristas, porque eles têm os solos rebuscados; e, por último, por mais estranho que pareça, o vocalista, porque, apesar de ele ser o porta-voz, o visual de jogar a cabeça para trás e exibir os molares para alcançar uma nota aguda nunca é muito sexy.) Independentemente de qual fosse a ordem correta, eu sabia que não estava no mesmo patamar de Eddie Van Halen. Além de ser músico, o que significava que conquistava garotas com mais facilidade que um cara engraçado, ele já era casado com a mulher dos meus sonhos.

É importante pontuar que meus sentimentos por Valerie eram verdadeiros. Eu era obcecado por ela e me perdia em fantasias elaboradas nas quais ela abandonava Eddie Van Halen e vivia para sempre comigo. Eu tinha 19 anos e morava em um apartamento de um cômodo na esquina da Laurel Canyon com a Burbank (que se chamava Club California, inclusive). Mas fantasias e primeiros amores não levam em conta o mercado imobiliário, não levam *nada* em conta.

Eu não tinha chance nenhuma. Porra, é óbvio que não.

Dito isso, uma noite eu estava na casa de Valerie e Eddie, só batendo papo e olhando para Valerie, tentando fazê-la rir. Quando você a fazia rir, se sentia um gigante. Conforme a noite foi passando, ficou evidente que Eddie tinha abusado um pouco dos frutos da videira, de novo, e acabou apagando; ele estava a menos de três metros de nós, mas mesmo assim. Aquela era a minha chance! Se você achou que na verdade eu não tinha chance nenhuma, se enganou, querido leitor — Valerie e eu demos uns amassos demorados, elaborados. Estava *acontecendo* — talvez ela sentisse o mesmo que eu. Contei para ela que havia muito tempo que eu queria fazer aquilo, e ela respondeu que se sentia do mesmo jeito. Com o tempo, o "paraíso" acabou, eu entrei no meu Honda CRX preto e voltei para Club California com uma ereção que poderia ter escorado a Torre de Pisa, e uma cabeça de 19 anos inundada com sonhos de passar a vida com a mulher pela qual eu estava obcecado.

No dia seguinte, contei para Craig Bierko o que tinha acontecido, e ele me ofereceu um conselho desesperadamente necessário e uma dose de realidade, apesar de eu não estar pronto para aceitar nada daquilo.

— Tome cuidado — disse ele.

Isso é inveja, pensei enquanto me preparava para o próximo dia de trabalho, agora com Valerie sendo minha nova namorada.

O dia seguinte no set não foi como eu esperava. Valerie não fez qualquer menção ao que tinha acontecido e se comportou como se aquela fosse apenas uma manhã normal — como deveria. Eu entendi o recado e interpretei o papel que me cabia, mas, por dentro, fiquei arrasado. Depois de muitas noites chorosas e de passar boa parte dos meus dias dormindo no meu trailer minúsculo para curar as ressacas — sem mencionar horas e horas observando Craig ganhar cada vez mais espaço com seu papel de interesse romântico de Valerie na série —, me tornei um adolescente desiludido e muito triste. A série foi um fracasso, e fiquei feliz demais por *Sydney* ser cancelada quatro semanas depois daquela fatídica noite e eu não precisar mais encontrar Valerie.

Ela, obviamente, não fez nada de errado, mas precisar vê-la todo dia e fingir que nada me incomodava me lembrava demais da rotina que tive com minha mãe em Ottawa.

Passei a vida me sentindo atraído por mulheres inalcançáveis. Ninguém precisa ter um diploma em psicologia para entender que isso devia ter alguma coisa a ver com o meu relacionamento com a minha mãe. Ela chamava atenção em todo lugar em que entrava. Tenho uma lembrança vívida de estar em um salão de baile chique quando eu tinha uns 6 anos, e, quando minha mãe entrou, todos os olhos se voltaram para ela. Eu queria que ela se virasse e olhasse para mim, mas ela estava trabalhando e não podia. Só levei 37 anos para entender isso.

Desde então, sou viciado na "virada". Quando a virada acontecia, eu começava a fazer uma mulher rir e me desejar sexualmente. Depois que o sexo acabava e a realidade batia, eu percebia que não sabia nada sobre aquelas mulheres. O fato de elas agora estarem disponíveis me fazia deixar de desejá-las. Eu tinha que voltar à estaca zero e convencê-las a se virar para me olhar. Era por isso que eu dormia com tantas garotas. Era uma tentativa de recriar minha infância e vencer.

Eu não sabia de nada disso na época, evidentemente, e só achava que alguma coisa na relação havia dado errado. Mas que surpresa, pessoal: o jovem ator canadense tinha traumas não resolvidos com a mãe.

Mas eu tinha 19 anos, e a vida logo seguiu em frente para todo mundo. Um ano depois, o Van Halen lançou um álbum apropriadamente intitulado *For Unlawful Carnal Knowledge*, FUCK [Para conhecimento carnal indevido], e eu voltei a dar em cima de mulheres no Formosa. E a tentar recriar "a virada" sempre que possível.

Às vezes dava certo, mas eu sempre ia embora à uma e quarenta da madrugada, corria para a loja de bebidas mais próxima e comprava mais vodca para continuar bebendo. Esvaziando a garrafa (com o tempo, o galão), eu sentava para assistir *A garota do adeus* ou até mesmo aquele filme com Michael Keaton, *Marcas de um passado* (em inglês *Clean and Sober*, vai entender), até fazer exatamente como Eddie Van Halen e apagar. E um pensamento incômodo tinha começado a surgir no meu cérebro — não era imenso, mas estava lá: *Você está bebendo toda noite*. Mas esse pensamento logo era levado embora pelo próximo copo.

No dia seguinte, eu dava um jeito de me arrastar para almoçar com Craig Bierko, que até hoje é a mente cômica mais rápida que já vi. Apesar de a minha ser rápida, a de Craig Bierko é mais. Hank Azaria se tornaria o mais rico do grupo, porque ele dublava um personagem de *Os Simpsons* desde 1955. Eu me tornaria o mais famoso, e David Pressman se tornaria um bom ator que fazia de tudo, assim como seu pai, Laurence Pressman, além de ser o mais doido entre nós. David adorava fazer coisas como correr pelado por um supermercado gritando "Estou com problemas horríveis, alguém me depila!", e então ir embora (ele fez isso até os quarenta e muitos anos; participei dessas aventuras peladas em público algumas vezes, mas parei aos trinta e poucos, porque sou mais maduro).

Até hoje, ninguém me fez rir tanto quanto Craig Bierko. Ser mais engraçado do que eu, Hank e David juntos era quase impossível, mas Craig conseguia. Ser mais engraçado do que eu e Hank sem David também era inédito, mas Craig também conseguia. Nós saíamos para almoçar e Craig fazia um comentário tão engraçado que, quinze minutos depois de o almoço terminar, eu precisava parar o carro no acostamento na volta para casa porque continuava rindo, e Craig passava, me via gargalhando e entendia por quê. Ninguém era mais engraçado que Craig. Ninguém.

A outra coisa que impulsionava nossa amizade, além de tentarmos ser os mais rápidos e os mais engraçados era a fama. Estávamos totalmente desesperados para ficar famosos. Hank, por dublar *Os Simpsons*, tinha o trabalho mais lucrativo, mas essa não era a carreira de Al Pacino que ele desejava. Quanto a mim, bom, eu tinha feito muitas participações na TV, mas nada que me levasse para perto da fama. E fama, fama, fama, isso era tudo que nos interessava. Nos intervalos entre as risadas — e depois de compartilharmos as últimas histórias de testes que deram errado ou de roteiros que tínhamos lido e odiado —, os momentos mais tranquilos eram preenchidos por uma preocupação profunda, por uma ânsia silenciosa, pelo medo de que nunca encontrássemos o sucesso, de que a fama fosse inalcançável. Nós tínhamos quatro egos fortes, quatro homens engraçados, as piadas voando feito balas, mas a batalha nunca terminava: a batalha pela *fama*.

Eu permanecia apegado à crença de que ela preencheria aquele vazio de menor desacompanhado dentro de mim, aquele vazio que Valerie costumava preencher. Mas agora erámos apenas eu e a vodca tentando realizar essa tarefa quase impossível, e fracassando. Quando a fama finalmente veio, bom... vamos chegar lá.

Uma vez acabei dando uns amassos em David Pressman, ou tentei, apesar de não ter sido essa a minha intenção.

Quando tínhamos vinte e poucos anos, nós dois e outros caras fomos para Las Vegas, fazer o que as pessoas fazem em Las Vegas. Fomos praticamente sem dinheiro, mas isso nunca impediu quatro idiotas de irem para Vegas. Acho que eu tinha uns duzentos dólares no bolso; nós quatro reservamos um hotel barato perto da rua principal, com duas camas. Dividi a minha com David; no meio da madrugada, acho que sonhei com Gaby, minha ex, e fui chegando cada vez mais perto de David, dizendo coisas tipo "Nossa, gata", "Você está tão cheirosa" e "Prometo que vai ser rápido". Por sorte, ele também estava dormindo, mas seu subconsciente pelo menos teve o bom senso de ficar dizendo "NÃO!", "Sai daqui!" e "Me deixa em paz, porra!". Com o tempo, comecei a beijar sua nuca, e isso acordou nós dois — quando vi o olhar horrorizado no rosto dele, falei "Hum, esquece" e voltei para o meu canto da cama.

Dava para ver que todos nós precisávamos liberar a tensão.

De algum jeito, na primeira noite em que fomos aos cassinos, dei a sorte de ganhar 2.600 dólares no blackjack — mais dinheiro do que qualquer um de nós tinha.

Estava na hora de gastar tudo aquilo sem um pingo de bom senso.

Ergui os braços e, feito um rei, exclamei: "Vou pagar pra todo mundo transar!"

Um taxista nos levou para o Dominions, um lugar fora da cidade que ele prometeu que saciaria nossas necessidades (imagino que ele recebesse uma porcentagem a cada grupo de caras idiotas que levava ao Dominions, no meio do deserto). Um homem nos informou que, para entrar naquele digníssimo estabelecimento, precisávamos gastar pelo menos mil pratas e, como eu tinha tido sorte no cassino, esse privilégio coube a mim. Na verdade, acabei gastando 1.600 dólares em uma única garrafa de champanhe, e então cada um de nós foi levado para um quarto quadrado individual, onde uma moça aguardava.

Achei que os 1.600 que já tinha gastado bancariam tudo que eu imaginava que estava prestes a acontecer, mas me decepcionei. Na verdade, nada aconteceria se eu não pagasse mais trezentos, o que eu fiz. Só que, antes de eu conseguir passar para o propósito da visita, David e os outros dois caras apareceram na minha porta, pedindo sua mesada de trezentos dólares. Depois de satisfazer as necessidades financeiras deles, voltei para o assunto que importava. (Não me ocorreu de fazer a conta, mas aqui vai ela, caso você queira saber: comecei com duzentos dólares, ganhei 2.600, gastei 1.600 no champanhe e paguei mais trezentos para cada um, totalizando 2.800 — tudo que eu tinha.)

Depois de resolver a parte financeira, a moça começou a dançar para mim, do outro lado do quarto, e, apesar de ela rebolar de um jeito perfeitamente aceitável, mesmo que meio duro, eu estava pronto para que o nosso relacionamento evoluísse.

— Que diabos está acontecendo? — perguntei, sem ir direto ao ponto.

— Como assim? — disse ela.

— Como assim? A gente devia estar transando! — exclamei. — Gastei uma fortuna aqui!

Então, por algum motivo, ela me explicou que eu poderia ajeitar as almofadas como quisesse.

— Isso é bem legal, e fiquei empolgado com essa coisa das almofadas, de verdade, mas a gente não devia estar fazendo outra coisa agora? — perguntei/implorei.

— Você é policial? — perguntou ela.

— Não! — falei, apesar de estar começando a me perguntar se devia fazer uma denúncia por fraude. — Eu te paguei aquele monte de dinheiro. Nós temos um acordo...

— Ah! — disse ela, me interrompendo. — O dinheiro foi só pela dança...

Naquele momento, uma batida à porta me alertou para o fato de que cada um dos meus amigos tinha encontrado o mesmo destino decepcionante. No entanto, como estávamos basicamente duros (em mais de um sentido), com lágrimas nos olhos, os quatro idiotas saíram para a escuridão total do Mojave e começaram a longa caminhada de volta para o hotel.

Um dos meus amigos, Nick, levou a garota dele para assistir a *Jovens demais para morrer* no dia seguinte, então já foi alguma coisa. E havia muitas perguntas sem resposta no primeiro filme da série, *Os jovens pistoleiros.*

Em 1994, Craig Bierko era o queridinho da temporada de gravações de pilotos. Todos nós estávamos fazendo um monte de testes para a nova leva de sitcoms e dramas, mas todo mundo queria Craig. E havia o fato de ele pensar bem mais rápido do que eu. Ele também era muito mais bonito, mas não vamos seguir por esse caminho — não queremos que o autor deste livro comece a chorar. Eu devia odiá-lo, mas ser engraçado sempre ganha, então resolvi amar o cara.

Eu tinha 24 anos e já perdia metade dos meus testes. Minha carreira de ator estava saindo dos trilhos. A bebida estava lentamente vencendo a guerra contra os testes, e, no fim das contas, ninguém estava interessado em mim. Eu não conseguia papéis em filmes, e os da televisão não eram nada impressionantes. Metade do tempo eu estava de ressaca; na outra metade, estava a caminho do almoço ou do Formosa. Meu agente conversou comigo um dia e me disse que meus ídolos — Michael Keaton, Tom Hanks — tinham a atitude que eu almejava. Mas os dois também tinham uma aparência ótima, e o feedback que ele recebia todos os dias de diretores de elenco e produtores era que eu estava com uma cara péssima.

Hank também começava a ficar preocupado por estar jogando sua vida fora, e parou de ir ao Formosa e aos almoços engraçados. Ele sempre levou o corpo e a carreira muito a sério.

Eu não devia ter me surpreendido, mas, mais ou menos nessa época, recebi um telefonema do meu contador.

— Matthew, você não tem mais dinheiro.

— Você não podia ter me avisado antes? — perguntei, morrendo de medo. — Não teria sido uma boa ideia me alertar alguns meses atrás? Sabe, pegar o telefone para me dizer "Ei, *Matthew*, suas economias estão um pouco *anêmicas*", em vez de esperar até eu gastar tudo?

O outro lado da linha ficou em silêncio, como se acompanhar os rendimentos de uma pessoa *antes* de ela ficar zerada fosse um conceito completamente novo para um contador.

Por sorte, eu ainda tive a capacidade de conseguir um papel em uma série nova que era horrível. Depois de encerrar a conversa com o homem que agora era meu ex-contador, liguei para meus agentes e falei que eu não tinha mais dinheiro e precisava de um trabalho, de alguma coisa, de qualquer coisa, e que tinha que ser rápido.

Se, querido leitor, você estiver achando que foi assim que consegui chegar em *Friends*, ledo engano. Esse telefonema me levou à série que quase me *impediu* de conseguir o papel em *Friends*.

L.A.X. 2194 era uma "comédia sci-fi" sobre carregadores de malas no Aeroporto Internacional de Los Angeles. Daria para ficar nisso, só que tem mais, e os números no título dão a dica da reviravolta: ele se passava duzentos anos no futuro e os viajantes eram alienígenas. A série teria Ryan Stiles como estrela principal, no papel de um gerente robótico com um sotaque esquisito (sério, Ryan é um ator hilário, mas o que era aquele sotaque?), e eu como o pobre coitado que precisava ser o protagonista dessa bagunça e resolver problemas com as bagagens dos alienígenas, que seriam interpretados por pessoas com nanismo usando perucas ridículas.

Se tudo isso parece pouco impressionante, saiba que era ainda pior. Para começo de conversa, eu teria que usar um figurino futurista. Apesar das minhas dúvidas (repetindo, era uma "comédia" sobre carregadores de malas ambientada duzentos anos no futuro, em que os alienígenas eram interpretados por pessoas com nanismo), o episódio piloto me pagou 22.500 dólares, então daria para bancar bebidas e comida no Formosa por um tempo. Mas também teve outro efeito: como eu estava comprometido com *L.A.X. 2194*, não poderia participar de nenhuma outra série.

Então veio a tragédia, e não estou falando que *L.A.X. 2194* foi aprovada para filmar uma temporada inteira — isso nunca aconteceu, graças a Deus. A questão foi que o roteiro para uma série nova, chamada *Friends Like Us*, virou a febre da temporada de testes. Todo mundo que lia o roteiro sabia que seria ótimo; eu li e imediatamente liguei para os mesmos agentes que conseguiram *L.A.X. 2194* para mim.

— Vocês precisam me colocar em *Friends Like Us* — falei.

— Impossível — disseram meus agentes. — Você está comprometido com a série dos carregadores de mala. Já tiraram as suas medidas para a roupa futurista e tudo.

Fiquei arrasado. Quando li o roteiro de *Friends Like Us*, parecia que alguém tinha passado um ano me seguindo, roubando as minhas piadas, imitando meus trejeitos, fazendo uma cópia da minha visão pessimista, porém irônica, da vida. Um personagem específico chamava minha atenção: não era que eu achasse que seria capaz de *interpretar* "Chandler"; eu *era* o Chandler.

Mas eu também era o Blaine de *L.A.X. 2194*. *Puta merda, está todo mundo de sacanagem? E eu sou a pessoa mais azarada do mundo?*

Mas ficou pior. Como *Friends Like Us* virou a febre da temporada, todo mundo estava lendo o roteiro, todo mundo estava fazendo testes para a série, e todo mundo, ao que me parecia, tinha resolvido que o papel de Chandler era exatamente igual a mim e vinha ao meu apartamento pedir ajuda com o teste. Alguns até foram bem longe no processo simplesmente seguindo os meus conselhos. Hank Azaria gostou tanto do roteiro que fez o teste duas vezes para o papel de Joey. Isso mesmo — ele fez o teste, foi rejeitado, implorou e implorou para tentar de novo, e foi rejeitado de novo. (Depois, Hank interpretaria o interesse romântico de Phoebe por alguns episódios e ganharia um Emmy por sua performance. Eu fiz 237 episódios e nunca ganhei nada.)

Acabei praticamente decorando o roteiro de *Friends Like Us*, porque ensaiei tanto com meus amigos — na verdade, houve momentos em que eu fazia o papel de Chandler para eles e dizia para copiarem o que eu fazia, completamente certo de que aquela seria a melhor maneira de interpretá-lo. Mesmo assim, eu ligava para os meus agentes a cada três ou quatro dias, implorando por uma chance.

Agora, estamos nos esquecendo de Craig Bierko, o queridinho da cidade. Em uma manhã, Craig me chamou para tomar café, junto com Hank, e nós o encontramos sentados à mesa com dois roteiros abertos na sua frente.

— Pessoal — disse Craig —, me ofereceram duas séries. Jim Burrows, o diretor mais disputado de Hollywood, vai dirigir as duas. Uma se chama *Best Friends*, e a outra...

Espera, não fala, por favor, não fala...

— ... *Friends Like Us*.

Tinham oferecido o papel de Chandler para ele. Minha cabeça explodiu.

— E eu preciso que vocês me digam qual escolher.

Minha primeira vontade foi mandar que ele enfiasse seus trabalhos no rabo. Mas ele era um amigo próximo, então Hank e eu o ajudamos. Naquela manhã, nós três lemos os roteiros, apesar de eu já ter decorado *Friends Like Us*, e era óbvio qual ele deveria aceitar. Meu coração ficou apertado, porque eu sabia que eu era o Chandler, mas eu também não era um babaca. Fiquei arrasado. Nós dois dissemos para Craig aceitar *Friends Like Us*.

(Isso me fez lembrar de um diálogo do meu episódio em *Barrados no baile*:

BRANDON: *E os seus amigos?*
ROGER: *Meus amigos? Meu pai diz que esses são os únicos em quem eu não posso confiar.*
BRANDON: *Você sempre faz o que o que seu pai manda?*
ROGER: *Não.*)

O almoço chegou ao fim, e era hora de Craig contar sua decisão aos seus agentes. Hank se despediu e foi para a academia, porque ele vivia indo para a academia, e eu acompanhei Craig até um telefone público. (Ninguém tinha celular, pessoal; era 1994.) O mais próximo ficava em frente a uma loja Fred Segal (a mesma loja que curiosamente também aparece no meu episódio de *Barrados no baile*). Craig colocou algumas fichas no telefone, discou o número e esperou. Com o tempo, transferiram a sua ligação.

E então, enquanto eu estava a menos de um metro de distância de Craig, ouvi quando ele escolheu A OUTRA SÉRIE! Não dava para acreditar naquela porra. Assim, eu e o novo protagonista de *Best Friends* nos separamos. Voltei correndo para casa e implorei de novo para fazer um teste para *Friends Like Us*.

Algumas semanas depois, fui à gravação do piloto de *Best Friends* — foi engraçado; Craig estava engraçado, e era o protagonista, o que ele realmente queria. Uma série muito boa, legal. Mas o último papel disponível na temporada de pilotos de 1994, o Chandler de *Friends Like Us*, continuava vago. E eu continuava comprometido com aquela merda de série futurística sobre carregadores de mala!

Sabe quando, às vezes, o universo tem planos para você que são difíceis de acreditar, quando o mundo quer uma coisa para a sua vida apesar de você ter feito de tudo para bloquear esse caminho?

Seja bem-vindo ao meu ano de 1994.

Aparentemente, uma noite, na cama, a produtora Jamie Tarses — ah, a doce, mágica, tão saudosa Jamie Tarses —, que trabalhava no desenvolvimento de *Friends Like Us* na NBC, se virou para seu marido na época, Dan McDermott, produtor da Fox TV, e perguntou:

— Escuta, *L.A.X. 2194* vai ser aprovada?

Dan disse:

— Não, aquilo é *horrível*. Para começo de conversa, é sobre carregadores de mala no ano 2194. Eles usam coletes futuristas...

— Então Matthew Perry está disponível? É uma segunda opção segura? — perguntou Jamie. (Na linguagem de Hollywood, ela queria saber se eu estava "livre".)

(Ironicamente, bem depois disso, Jamie e eu acabamos namorando por vários anos, depois do divórcio dela.)

Dois dias depois, recebi o telefonema que mudaria a minha vida inteira. "Marquei um horário para você conversar com Marta Kauffman sobre *Friends Like Us* amanhã."

E não é mentira: naquele momento, eu já sabia o sucesso enorme que tudo viraria.

Marta Kauffman, junto com David Crane, era a maior responsável pela série que se tornaria *Friends*. No dia seguinte, uma quarta-feira, li o papel de Chandler para ela e quebrei todas as regras — para começo de conversa, não segurei o roteiro (em um teste, é esperado que você segure o roteiro, porque assim está mostrando para os escritores que aquele é um trabalho em progresso). É que eu já tinha decorado tudo. E logicamente fui bem. Na quinta, li o papel para a empresa produtora e fui bem; na sexta, li para a emissora. Fui bem de novo. Li as falas de um jeito inesperado, dando ênfase em partes que ninguém tinha dado. Eu estava de volta a Ottawa, com os Murray; arranquei risadas em momentos em que ninguém mais tinha arrancado.

Era como se eu estivesse naqueles momentos em que fazia a minha mãe rir.

E Chandler nasceu. Aquele papel era meu agora, e ninguém conseguiria me segurar.

A temporada de pilotos de 1994 havia escalado seu último ator: Matthew Perry como Chandler Bing.

Aquele telefonema na frente da Fred Segal e o desejo de Craig de ser o ator principal de uma série, e não parte de um grande elenco, salvou a minha vida. Não sei o que teria acontecido comigo se o telefonema tivesse terminado de outro jeito. Não seria impossível que eu tivesse acabado nas ruas do centro de Los Angeles, injetando heroína no braço até uma morte precoce.

Eu teria adorado heroína — seria o auge do meu vício em opioides. Costumo dizer que tomar oxicodona é como trocar seu sangue por mel quente. Mas, com a heroína, imagino que *você* se torne o mel.

Eu adorava a sensação dos opioides, mas algo na palavra "heroína" sempre me assustou. E é por causa desse medo que continuo vivo. Existem dois tipos de dependentes químicos: os que querem aumentar o ritmo e os que querem diminuir. Nunca entendi o pessoal da cocaína — por que alguém iria querer se sentir mais presente, *mais* agitado? Eu fazia parte da turma que gostava de ir devagar, querendo derreter no meu sofá e me sentir maravilhoso enquanto via um filme atrás do outro. Eu era um viciado tranquilo, não um trator que passava por cima de tudo.

Claro, sem *Friends*, eu poderia ter seguido carreira como escritor de sitcoms — eu já tinha escrito um piloto chamado *Maxwell's House* [A casa de Maxwell], mas, apesar de ser interessante, não consegui vendê-lo. Só que seria impossível me tornar um ator que vive de participações especiais. Eu não conseguiria me manter sóbrio por tanto tempo; isso não me afastaria da possibilidade da heroína. *Friends* era um trabalho tão legal e divertido que inibiu tudo por um tempo. Era como se eu fosse um jogador de destaque do New York Yankees. Eu não podia foder com isso. Jamais me perdoaria...

Quando você ganha um milhão de dólares por semana, não pode se dar ao luxo de tomar o 17º drinque.

Cerca de três semanas antes do meu teste para *Friends*, eu estava sozinho no meu apartamento na esquina da Sunset com a Doheny, no décimo andar — ele era minúsculo, mas tinha uma vista incrível, é óbvio —, e li uma notícia no jornal sobre Charlie Sheen. Sheen havia se enfiado em outra encrenca, e me lembro de pensar: *Que diferença faz para ele? O cara é famoso.*

Do nada, me vi ajoelhando no chão, fechando os olhos com força e orando. Eu nunca tinha feito isso antes.

— Deus, pode fazer o que quiser comigo. Mas me torne famoso, por favor.

Três semanas depois, fui escalado para *Friends*. E Deus com certeza cumpriu Sua parte do acordo. Mas o Todo-Poderoso, sendo o Todo-Poderoso, também não se esqueceu da primeira parte da minha oração.

Agora, tantos anos depois, tenho certeza de que fiquei famoso para não desperdiçar minha vida inteira tentando ficar famoso. Você precisa ficar famoso para saber que essa não é a reposta. E ninguém que não seja famoso acredita nisso de verdade.

INTERLÚDIO

Morto

Comprei uma aliança porque estava morrendo de medo de ser abandonado. Eu não queria ficar tão debilitado e sozinho durante a pandemia de covid.

Quando pedi para ela casar comigo, eu estava doidão, com 1.800 miligramas de hidrocodona.

Até pedi a mão dela para a família. Então fiz o pedido, completamente alucinado. Ajoelhei e tudo. E ela sabia. E ela aceitou.

Na época eu estava na Suíça, em outra reabilitação. Esta ficava em um casarão no lago Lemano e tinha um mordomo e um chef de cozinha, o tipo de lugar luxuoso que dá a você a segurança de não encontrar mais ninguém. (Portanto, basicamente acabando com o propósito de todas as reabilitações das quais já ouvi falar.) Porém, apesar da falta de colegas de sofrimento, era fácil conseguir drogas lá, o que, infelizmente, não era diferente de outras reabilitações caras. Se eu processasse esses lugares, ganharia milhões, mas isso só chamaria mais atenção para o problema, e esse não era o meu objetivo.

Usei meu truque de sempre, reclamando de sentir dores fortes na barriga, apesar de estar tudo bem (ainda parecia que eu estava constantemente fazendo abdominais — então me sentia bem desconfortável —, mas não era Dor). Então me deram hidrocodona — tanto quanto eu quisesse, o que acabou sendo 1.800 miligramas por dia. Para colocar essa quantidade em perspectiva, se você quebrar o dedão e encontrar um médico generoso, é provável que ele lhe prescreva cinco comprimidos de meio miligrama.

Isso nem faria cosquinhas neste cara aqui.

Eu também recebia infusões diárias de cetamina. A cetamina era uma droga urbana muito popular na década de 1980. Existe uma forma sintética hoje em dia, que é usada com dois objetivos: amenizar a dor e ajudar com a depressão. É como se ela tivesse sido feita para mim — poderiam muito bem tê-la batizado de "Matty". A sensação que a cetamina me dava era a de soltar o ar por um bom tempo. Eu era levado para um quarto, me sentava, colocava fones para ouvir música, era vendado, e um acesso era colocado no meu braço. Essa era a parte difícil — sempre tenho um pouco de desidratação, porque não bebo muita água (que surpresa), então encontrar uma veia não era fácil. No fim do processo, eu me sentia como uma alfineteira. Eles me davam um pouco de Lorazepam primeiro, e então eu conseguia um suprimento de cetamina por uma hora. Deitado no escuro, ouvindo Bon Iver, eu me desligava da realidade, via coisas — eu fazia terapia havia tanto tempo que isso nem me assustava. *Ah, tem um cavalo ali? Tudo bem. Faz sentido...* Enquanto a música tocava e a droga me preenchia, tudo se resumia ao ego, à morte do ego. E era comum eu achar que estava morrendo naquela hora. *Ah,* eu pensava, *é isso que acontece quando você morre.* Mas eu continuava pedindo por aquilo, porque era uma coisa diferente, e tudo que é diferente é bom (aliás, essa é uma das últimas falas de *Feitiço do tempo*). Tomar cetamina é como levar uma porrada na cabeça com uma pá gigante de alegria. Mas a ressaca era difícil, mais pesada que a pá. Cetamina não era a minha praia.

De volta ao quarto, o mordomo tinha separado mais roupas que eu não vestiria, o chef tinha preparado mais uma refeição saudável que eu não comeria, e eu voltava a passar um tempão olhando para o lago Lemano, doidão pra caralho. Mas não doidão de um jeito legal. Era uma sensação bêbada e confusa que não me agradava.

E, de algum jeito, eu estava noivo.

Em determinado momento, os gênios da reabilitação resolveram que, para melhorar minha "dor" de estômago, eu precisaria de um aparelho médico esquisito nas costas, mas ele só podia ser inserido por meio de uma cirurgia. Então passei a noite toda acordado, tomando 1.800 miligramas de hidrocodona para a cirurgia do dia seguinte. Na sala de operação, me deram propofol, sabe? A droga que matou Michael Jackson. Foi então que eu descobri que Michael Jackson não queria ficar doidão, ele queria apagar. Consciência zero. E mais um talento magistral foi tirado de nós por essa doença terrível.

Recebi a injeção às onze da manhã. Acordei onze horas depois, em um hospital diferente.

Pelo que fiquei sabendo, o propofol fez meu coração parar por cinco minutos. Não foi um ataque cardíaco — eu não morri —, mas nada estava batendo.

Se não se importar, por favor, faça uma pausa na leitura deste livro por cinco minutos — cronometre com o seu celular, começando agora:

[Insira aqui cinco minutos do seu tempo]

É tempo pra caralho, né?

Um suíço musculoso me disse que não queria de jeito nenhum que o cara de *Friends* morresse na sua mesa, então passou os cinco minutos inteiros tentando me reanimar, batendo e esmurrando o meu peito. Se eu não tivesse feito *Friends*, ele teria parado depois de três minutos? Será que *Friends* tinha salvado a minha vida de novo?

Ele pode ter salvado a minha vida, mas também quebrou oito das minhas costelas. Enquanto eu estava deitado lá em agonia, o médico-chefe deu as caras no dia seguinte, todo metido, e anunciou:

— Você não vai conseguir cetamina aqui e, se precisar ir para uma clínica de reabilitação, podemos mandá-lo para uma.

— Eu já estou em uma porra de reabilitação! — gritei e, em uma rara demonstração de raiva física, derrubei a mesa ao meu lado, que estava cheia de suprimentos médicos.

Isso assustou o médico, que imediatamente saiu da sala. Pedi desculpas pela bagunça que fiz e tratei de ir embora.

A reabilitação da qual eu estava falando já tinha feito uma desintoxicação rápida, mas me sedaram nos dois dias errados — os dois primeiros (deviam ter sido o terceiro e o quarto dias). Quando acordei, a desintoxicação estava no auge, e saí de 1.800 miligramas para absolutamente nada. Não havia muito que um mordomo e um chef de cozinha pudessem fazer para resolver isso.

As oito costelas quebradas foram, por sinal, basicamente a mesma lesão que o quarterback do New Orleans Saints, Drew Brees, sofreu em uma partida em novembro de 2021 contra os Tampa Bay Buccaneers. Brees quebraria outras três na semana seguinte e perfuraria o pulmão — só para ganhar de mim, mas depois ele perdeu quatro jogos, então acho que estamos mais ou menos no mesmo patamar. O que me faz sentir durão.

Bem no meio dessa loucura (mas antes do problema nas costelas), tive uma reunião com Adam McKay sobre um filmaço chamado *Não olhe para cima*. Chandler não apareceu nesse dia — eu estava para baixo. Não conseguia me animar. Nós só conversamos por um tempo e, enquanto eu ia embora, falei, com toda a tranquilidade do mundo:

— Bom, eu adoraria ajudar com o projeto de algum jeito.

— Acho que você acabou de fazer isso — disse Adam.

No dia seguinte, recebi uma ligação dizendo que ele tinha me contratado — esse seria o meu maior filme. Ele prometia ser uma pequena calmaria no meio da tempestade. Eu interpretaria um jornalista republicano e teria três cenas com Meryl Streep. Sim, isso mesmo. Fiz uma cena em grupo (com Jonah Hill, entre outros) em Boston, onde o filme foi filmado — eu tinha tomado meus 1.800 miligramas de hidrocodona, mas ninguém percebeu. Mas com as costelas quebradas seria impossível continuar, e acabei não filmando minhas cenas com Meryl. Isso foi desolador, mas eu estava sentindo muita dor. Deus é testemunha de que Brees continuou jogando, mas você não consegue fazer uma cena com Meryl Streep com as costelas quebradas. E não dava para sorrir, porque doía pra caralho.

A participação em *Não olhe para cima* não deu certo porque a minha vida estava pegando fogo, mas aprendi uma lição importante: eu podia ser contratado para um projeto grande sem precisar dar um show. Naquela reunião, Adam e eu éramos apenas dois homens conversando. Dou valor àquele momento, àquele dia, àquele homem. Que cara legal. Eu sinceramente torço para nossos caminhos se cruzarem de novo (vou fazer questão de ter certeza de que é ele mesmo da próxima vez).

Quando chegou a hora de ir embora da Suíça, eu continuava tomando 1.800 miligramas de oxicodona todo santo dia. Fui informado de que, em Los Angeles, eu continuaria com a mesma dosagem — e eu precisava dela, só para me manter funcionando. Como sempre, não se tratava de ficar doidão; era manutenção simplesmente, para que eu não sofresse. Voltei em um jatinho particular — seria impossível pegar um voo comercial, já que o mundo inteiro reconheceria a porcaria do meu rosto —, e isso me custou a bagatela de 175 mil dólares. De volta a Los Angeles, fui ao consultório da minha médica.

— Preciso de 1.800 miligramas por dia — falei. Fazer rodeios estava fora de cogitação.

— Ah, não — disse ela —, não vamos te dar tanto assim. Pacientes em tratamento para câncer só recebem cem miligramas.

Isso só aumentou a minha gratidão por não ter câncer.

— Mas o médico na Suíça me disse que essa seria a minha dosagem quando eu voltasse.

— Ah, eles vão te auxiliar no processo — disse ela —, mas a decisão final é minha agora. Aqui está uma receita para trinta miligramas.

Aquilo não seria suficiente. Eu ficaria muito mal.

Só havia uma solução: naquela mesma noite, reservei outro jatinho particular de 175 mil dólares e voltei para a Suíça.

— Preciso que você misture minha dose da manhã e da noite.

— *Ich verstehe kein Englisch* — respondeu a enfermeira suíça, dizendo que não entendia inglês.

Aquilo seria um problema. Minha necessidade premente de mudar as regras contra o desconhecimento de inglês da mulher. Todo diálogo acontecia em um jogo de adivinhações esquisito em alemão e inglês.

Não preciso de uma dose às seis da manhã. Preciso dela quando as coisas ficam assustadoras à noite. Não consigo encontrar um motivo para o medo — ele é generalizado. E também não consigo dormir, então negocio comigo mesmo toda noite. Minha mente vaga. As ideias surgem tão rápido. Também tenho alucinações auditivas — ouço vozes, conversas, e até respondo de vez em quando. Às vezes penso que alguém quer me entregar alguma coisa, e estico a mão para receber nada de ninguém. Sóbrio ou não, isso me preocupava um pouco. Além de tudo, será que eu estava louco? Não é esquizofrenia, só um monte de vozes. Elas, segundo me disseram, não me tornam louco. São chamadas de alucinações auditivas e podem acontecer com todo mundo.

Não há cura para as vozes. É óbvio que não. Na verdade, eu consigo pensar em uma cura, e ela se chama "ser outra pessoa".

De qualquer forma, eu precisava daqueles comprimidos em uma única dose, à noite, sem guardar nenhum para a manhã seguinte.

— Manhã. Noite. Juntas — falei, fazendo mímica para oito comprimidos na minha mão, não um.

— *Nee, keine Ahnung* [Não, não faço ideia] — respondeu ela.

— Amanhã de manhã. Remédio nenhum. Só agora — falei, muito devagar.

— *Ich habe keine Ahnung, was Sie brauchen.* [Eu não faço ideia do que você precisa.]

Nem você nem ninguém. Ninguém sabe do que eu preciso.

De volta a Los Angeles de novo, tentando ficar sóbrio, penso: *Espera... como foi que eu fiquei noivo? Tem cachorros morando na minha casa. Como foi que isso aconteceu?*

Pedi a mão dela para os pais, implorei para que ela se casasse comigo enquanto eu estava doidão, e aceitei até os cachorros. Esse era o nível do meu medo de ser abandonado.

4

Parece que já estive aqui antes

Era tudo tão especial que parecia que tínhamos estado juntos em uma vida passada, ou coisa assim. Ou em uma vida futura, mas com certeza não nesta. Aquele foi um dia sério. Mas um dia digno de sonhos.

Por muito tempo eu não quis falar sobre *Friends*. Em parte, porque já fiz muitas outras coisas e mesmo assim todo mundo só me perguntava sobre Chandler — é como James Taylor falando sobre "Fire and Rain" (uma historinha pavorosa, se você sabe do que a música fala). É como se uma banda escrevesse um novo álbum brilhante, mas todo mundo só quisesse ouvir os sucessos antigos nos shows deles. Sempre admirei Kurt Cobain por se recusar a tocar "Smells Like Teen Spirit", ou Led Zeppelin por não tocar "Stairway to Heaven". O *New York Times* certa vez disse que "*Friends*... grudou [em mim] como uma camiseta suada". O que eles disseram não era verdade — de fato, aquilo foi cruel para cacete —, mas outras pessoas pensavam assim. Eu trabalhei bem, mas me penalizaram por isso. Eu deixava sangue, suor e lágrimas no palco todas as noites de sexta — todos nós deixávamos. E isso deveria ser algo positivo, não um sinal de que só conseguimos ser bons em *uma* coisa.

Não estou reclamando. Se você vai ser escalado sempre para o mesmo papel, esse é o melhor jeito de conquistar isso.

Porém, nos últimos anos, comecei a entender a importância de *Friends* para as pessoas. E desde o começo sabíamos que a série seria muito, muito especial.

Fui o último ator a ser escalado na temporada de pilotos de 1994. Na verdade, consegui o emprego no último dia da temporada.

Depois de dar a sorte de poder deixar *L.A.X. 2194* para trás, eu estava livre para me tornar Chandler Bing. A segunda-feira seguinte após a sexta em que me contrataram foi o primeiro dia da minha nova vida — aquilo seria um sucesso, e acho que todos nós sentíamos isso, porque chegamos pontualmente ao estúdio. Bom, Matt LeBlanc foi o primeiro, como em todos os outros dias; Aniston foi a última, como em todos os outros dias. Os carros foram se tornando mais caros, mas a ordem nunca mudou.

Nos sentamos à mesa e nos conhecemos. Isto é, tirando eu e Jennifer Aniston.

Três anos antes, Jennifer e eu tínhamos sido apresentados por amigos em comum. Eu me encantei (como poderia ser diferente?), gostei dela, e fiquei com a impressão de que ela também tinha se interessado. Talvez aquilo virasse *mesmo* alguma coisa. Na época, consegui dois trabalhos em um dia — o primeiro em *Haywire*, um programa tipo *Videocassetadas*, e o outro em uma sitcom. Então liguei para Jennifer e falei:

— Você era a primeira pessoa para quem eu queria contar!

Péssima ideia. Dava para sentir o gelo se formando pelo telefone. Relembrando, estava nítido que isso passou a impressão de que eu gostava demais dela, ou que gostava dela do jeito errado... e só piorei tudo quando a chamei para sair. Ela recusou (o que tornava ainda mais difícil sair com ela), mas disse que adoraria ser minha amiga, e eu piorei o erro piorado quando respondi:

— Nós não podemos ser *amigos*!

Naquele momento, alguns anos depois, ironicamente, nós *éramos* amigos. Por sorte, apesar de eu ainda me sentir atraído por ela e a achar maravilhosa, fomos capazes de ignorar o passado naquele primeiro dia e de nos concentrar no fato de que conseguimos o melhor trabalho que Hollywood tinha para oferecer.

Todos os outros eram novidade para mim.

Courteney Cox estava com um vestido amarelo e era incrivelmente linda. Eu tinha ouvido falar de Lisa Kudrow por um amigo em comum, e ela era tão linda, engraçada e inteligente quanto meu amigo tinha dito. Mattie LeBlanc era legal e tranquilo, e David Schwimmer estava com o cabelo bem curto (ele estava interpretando Pôncio Pilatos com seu grupo de teatro em Chicago) sobre aquela cara de cachorro abandonado e foi muito engraçado logo de cara; caloroso, inteligente e criativo. Depois de mim, era ele quem mais dava ideias de piadas — eu provavelmente tinha dez ideias por dia, e duas entravam no roteiro. As piadas não eram só para mim; eu tinha ideias para todo mundo. Eu me virava para Lisa e dizia "Sabe, seria engraçado se você dissesse tal coisa...", e ela tentava.

O diretor, Jimmy Burrows, também era o melhor do mercado — ele havia dirigido *Taxi* e *Cheers*. Por instinto, ele sabia que a maior prioridade era que nós nos conhecêssemos e tivéssemos química.

Logo de cara, havia eletricidade no ar.

Eu sempre queria ser o único engraçado. Mas agora, no auge dos meus 24 anos, logo percebi que seria melhor se todo mundo fosse engraçado. Eu já entendia que aquilo seria um sucesso; soube disso desde o começo, mas não falei nada em voz alta. Em parte, porque era comum que alguns atores se dessem tão mal na leitura inicial do roteiro que fossem educadamente convidados a se retirar antes de as gravações começarem. Mas esse era um problema para o dia seguinte — naquele primeiro encontro, Jimmy levou nós seis para o cenário do apartamento de Monica e pediu que conversássemos. E foi isso que fizemos — conversamos e fizemos piadas sobre relacionamentos, nossa carreira, nossos amores, nossas perdas. E começamos a criar a conexão que Jimmy sabia ser fundamental.

Fomos almoçar juntos, lá fora, em um lindo dia de primavera. Enquanto comíamos, Courteney, a única com uma carreira estável na época, disse:

— Não temos estrelas aqui. Essa é uma série coletiva. Todos nós precisamos interpretar amigos.

Considerando o seu nível — depois de participar de *Caras e caretas* e *Ace Ventura,* fazer uma ponta em *Seinfeld* e dançar com Bruce Springsteen no clipe de "Dancing in the Dark" —, ela poderia muito bem se achar; seria fácil dizer "A estrela sou eu". Nossa, ela poderia ter ido almoçar em outro lugar e ninguém teria dito nada. Em vez disso, ela sugeriu, simplesmente:

— Vamos tentar nos conhecer melhor.

Ela havia notado que era assim que as coisas funcionavam em *Seinfeld,* e queria que o mesmo acontecesse em *Friends.*

Então, seguimos a sugestão dela. Desde aquela primeira manhã, nos tornamos inseparáveis. Fazíamos todas as refeições juntos, jogávamos pôquer... No começo eu era o piadista em tempo integral, fazendo gracinhas como se fosse uma máquina de comédia sempre que aparecia a oportunidade (provavelmente enchendo o saco de todo mundo), tentando conquistar os outros ao mostrar como eu era engraçado.

Afinal, por qual outro motivo alguém gostaria de mim? Eu levaria quinze anos para entender que não precisava ser uma metralhadora de piadas.

Naquela primeira tarde, conhecemos nossos camarins, que acabaram não fazendo muita diferença, porque nunca ficávamos neles. Nós vivíamos juntos. Quando fomos para nossos carros e nos despedimos na primeira noite, me lembro de ter pensado: *Estou feliz.*

Não era uma emoção que eu sentia o tempo todo.

Quando cheguei em casa, liguei para os meus amigos (menos para Craig Bierko, levando em consideração o que tinha acontecido) e contei sobre o meu dia fantástico. Depois fui para a "faculdade" (o Formosa), como de praxe. Eu me lembro de dizer que aquela série era tão boa que eu jamais teria sonhado escrever algo parecido. Meus amigos ficaram superfelizes por mim, mas senti uma mudança.

Talvez eu estivesse cansando do negócio no Formosa? Eu tinha que — porra, eu *queria,* desesperadamente — aparecer de manhã cedo em um emprego que mudaria a minha vida, então bebi menos do que de costume. Havia uma bicicleta ergonômica nos fundos do meu apartamento, e eu a usei todos os dias; perdi cinco quilos de gordura/álcool entre o piloto e o primeiro episódio.

Naquela noite, fui dormir pensando: *Não vejo a hora de voltar para o trabalho amanhã.* No dia seguinte, enquanto me deslocava da esquina da Sunset com a Doheny, em Cahuenga Pass, para o estúdio da Warner Bros. em Burbank, me dei conta de que eu estava dirigindo inclinado na direção do para-brisa. Eu queria estar naquele lugar.

Isso continuaria sendo verdade ao longo dos dez anos seguintes.

O segundo dia foi um acontecimento. Seguimos para um prédio novo — o Prédio 40 — para a primeira leitura do roteiro em grupo. Eu estava nervoso e empolgado, mas também confiante. Sempre me saí bem nas primeiras leituras. Mas a ideia de que qualquer um poderia ser demitido e substituído ainda pairava no ar (Lisa Kudrow, por exemplo, tinha sido originalmente selecionada para interpretar Roz em *Frasier*, mas foi demitida durante a fase de ensaios por ninguém menos que... o diretor de *Friends*, Jimmy Burrows). Se não acertássemos o tom das piadas ou se algo desse errado, bom, qualquer um de nós poderia ser substituído antes mesmo de aprender o caminho até o camarim.

Mas eu *conhecia* Chandler. Eu seria capaz de trocar um aperto de mão com Chandler. Eu *era* Chandler.

(E nós também éramos a cara um do outro.)

Naquele dia, a sala estava lotada — na verdade, não restava mais nenhum lugar para sentar. Havia roteiristas, executivos, o pessoal da emissora. Umas cem pessoas deviam estar ali dentro, mas eu era um cara teatral e adorava aquele tipo de ambiente. Reencontramos Marta Kauffman, David Crane e Kevin Bright — os responsáveis pela série, que tinham nos contratado —, e quase imediatamente sentimos que eles eram nossas figuras parentais.

Antes de começarmos a leitura do roteiro, demos uma volta na sala para nos apresentarmos para todo mundo e dizer quem seríamos na série. Então chegou a hora de ler. O que aconteceria? A química que tínhamos acabado de desenvolver ficaria aparente, ou nós não passávamos de seis jovens aspirantes da indústria torcendo para aquele ser o nosso passaporte para o sucesso?

Ninguém precisava ter se preocupado — nós estávamos prontos, o universo estava pronto. Éramos profissionais — as falas fluíam da nossa boca. Ninguém errou em nada. Todas as piadas acertaram o tom. Terminamos ao som de aplausos estrondosos.

Todo mundo ali sentia o cheiro do dinheiro.

O elenco sentia o cheiro da fama.

Depois da leitura, nós seis entramos em uma van e fomos para o set de verdade, no Estúdio 24, para começar a ensaiar. Mas foi a leitura do início ao fim do roteiro, no fim do dia, que acabou sendo decisiva — as piadas, a química, o roteiro, a direção, tudo era mágico. Os elementos pareciam se fundir em uma coisa hilária, convincente, poderosa. E todos nós sabíamos disso.

Aquela série daria certo, e ela mudaria nossas vidas para sempre. Juro que havia um som de algo estourando no ar; se você prestasse bastante atenção, escutaria. Era o som que os sonhos fazem quando se realizam.

Aquilo era tudo que eu queria. *Friends Like Us* preencheria o vazio dentro de mim. Dane-se Charlie Sheen. Eu me tornaria tão famoso que todo o sofrimento que carregava comigo derreteria como neve sob a luz do sol; e quaisquer novas ameaças desviariam de mim, como se aquela série fosse um campo de força para me proteger.

No show business havia uma regra implícita: para ser engraçado, você precisava ter uma *aparência* engraçada ou ser mais velho. Mas lá estávamos nós, seis pessoas bonitas, todos com vinte e poucos anos, todos acertando o ritmo de cada uma das piadas.

Naquela noite, voltei para casa nas nuvens. Não havia trânsito; todos os semáforos estavam verdes; uma viagem que devia ter durado meia hora acabou levando quinze minutos. A atenção de que sempre senti falta estava prestes a inundar todos os cantos da minha vida, como uma sala iluminada pelo brilho de um trovão. A partir de agora, as pessoas iriam gostar de mim. Eu seria suficiente. Eu era importante. Não era carente demais. Eu era um astro.

Nada nos seguraria. Ninguém que entrasse em um salão de festas teria que se virar para notar minha presença. Eu seria o foco de todos os olhares, não a moça bonita andando a um metro na minha frente.

Passamos o resto da semana ensaiando, e então começamos a perceber outra coisa. Sou ator desde 1985, e aquilo nunca tinha acontecido antes e nunca mais aconteceu. E era lindo: os chefes não demonstravam um pingo de tirania. Na verdade, o set tinha um clima criativo de verdade. Podíamos sugerir piadas, e a melhor vencia, não importava de onde viesse. A moça do lanche disse uma coisa engraçada? Pode colocar no roteiro, não tem problema. Então, não apenas eu estava lá como ator como toda a minha criatividade fluía.

Os criadores levaram cada um de nós para almoçar, para nos conhecer e incorporar alguns aspectos da nossa personalidade na série. No meu almoço, eu disse duas coisas: a primeira foi que, apesar de não me considerar feio, eu tinha um azar absurdo com as mulheres e que meus relacionamentos tendiam a ser desastrosos; e a segunda, que eu não me sentia nada confortável com qualquer tipo de silêncio — sempre preciso interromper esses momentos com uma piada. E isso se tornou uma desculpa para Chandler Bing ser engraçado — perfeito para uma sitcom —, além de ele também não ter muito jeito com as mulheres (como quando ele grita para Janice enquanto ela vai embora do seu apartamento: "Eu assustei você; falei demais; sou esquisito, e perdido, e desesperado por amor!").

Mas não havia personagem melhor para uma sitcom: alguém que detesta o silêncio e precisa quebrá-lo com piadas.

Tudo isso era verdade, tanto para Chandler quanto para mim. Logo no começo da produção de *Friends*, percebi que estava muito a fim de Jennifer Aniston. Nossos cumprimentos se tornaram desconfortáveis. E então eu ficava me perguntando: *Por quanto tempo posso olhar para ela? Três segundos é muito?*

Mas essa sombra desapareceu sob o brilho quente da série (e também pelo desinteresse gritante dela).

Nas noites de gravação, ninguém errava. Tínhamos que regravar cenas quando as piadas não ficavam tão engraçadas — todos os roteiristas se juntavam para reescrever essas partes —, mas erros? Simplesmente não aconteciam. Muitas séries exibem segmentos com erros de gravação, mas de *Friends* não existem tantos assim. Desde o piloto até... na verdade, ninguém errou nada no piloto. Nós éramos os New York Yankees: competentes, profissionais, fazendo o melhor trabalho possível desde o começo. Estávamos prontos.

E eu falava de um jeito que ninguém nunca tinha falado antes em sitcoms, dando ênfase em trechos estranhos, escolhendo palavras que ninguém pensaria em destacar, usando a Cadência Murray-Perry. Eu ainda não sabia, mas meu jeito de falar se infiltraria na cultura pelas décadas seguintes — naquele momento, meu único objetivo era encontrar maneiras interessantes de apresentar falas que já eram engraçadas, tentando fazê-las decolar de verdade. (Mais tarde, Marta Kauffman diria que os roteiristas sublinhavam as palavras que não costumavam receber ênfase só para ver o que eu faria com elas.)

Mesmo quando havia problemas com os personagens, nós conseguíamos trabalhar neles de um jeito que as soluções acabavam se tornando momentos icônicos.

Quando li o roteiro pela primeira vez, soube que era um texto diferente, por ser tão inteligente e centrado nos personagens. Mas no começo, Matt LeBlanc ficou preocupado, porque, por ser o cara maneiro, machão e pegador do roteiro, Rachel, Monica e Phoebe não seriam amigas dele, não gostariam tanto assim dele, e isso tornaria seu personagem menos verossímil.

O fato de Matt ser muito bonito não ajudava — ele tinha a beleza de um protagonista, chegando ao ponto de eu sentir um pouco de inveja quando o vi pela primeira vez. Mas ele era tão legal e engraçado que qualquer inveja logo desapareceu — mesmo assim, ele não conseguia achar o caminho certo para seu personagem. Joey era o único que não tinha uma definição completa — ele era descrito como um ator descolado, com ar de Al Pacino e desempregado, então era assim que

Matt o interpretava, só que não estava dando certo. Em determinado momento na escolha do figurino, ele chegou a vestir uma calça de couro marrom, que, por sorte, foi vetada por todo mundo, especialmente por Marta, que estava no comando.

Então, no começo da série, ele tem uma conversa com Courteney sobre uma mulher com quem estava saindo, mas o sexo não encaixava. Courteney pergunta se ele cogitou dar mais atenção aos desejos sexuais da moça, e Joey simplesmente não entende o conceito. Foi então que o personagem deixou de ser um mulherengo e se tornou um bebê fofo, inútil e burro. Ele enfatizava isso com a piada recorrente de pedir para as pessoas repetirem as coisas e de não entender o que era dito. Sua posição na série, como um irmão mais velho e idiota de Rachel, Monica e Phoebe, estava evidente agora. Todo mundo havia encontrado o seu lugar.

De vez em quando, mais na primeira temporada, Matt ia até o meu camarim para me perguntar como deveria dizer suas falas. Eu o aconselhava, ele descia e acertava a cena em cheio... Mas ele recebe o prêmio de Ator que Mais Evoluiu porque, quando chegamos à décima temporada, era *eu* quem ia ao camarim *dele* pedir conselhos sobre como dizer algumas das minhas falas.

Tudo isso ainda estava por vir. Por enquanto, filmávamos os episódios para a data de estreia no outono de 1994. E ninguém sabia que nós existíamos.

Depois que a primeira temporada da série ficou pronta, só restava encontrar o horário certo. A NBC sabia que tinha algo especial, então nos colocaram no intervalo entre *Mad About You* e *Seinfeld*. Era o lugar perfeito; promissor. Os serviços de streaming ainda não existiam, então o horário de exibição de uma série fazia toda a diferença do mundo.

Ainda era a época da televisão programada, quando o pessoal voltava correndo para casa para assistir ao programa das oito ou das nove. E as pessoas organizavam suas vidas de acordo com as séries que acompanhavam, não o contrário. Então, sermos exibidos nas quintas-feiras, às oito e meia da noite, entre duas séries de muito sucesso, era uma vantagem incrível.

Pegamos o jatinho da Warner Bros. para assistir às "prévias" em Nova York. Prévias são quando as séries são apresentadas para as emissoras afiliadas. Foi nessa viagem que nos contaram que o nome da série agora seria *Friends* (achei essa ideia péssima — nunca disse que era um cara esperto), e *Friends* foi um sucesso com as afiliadas — tudo estava se alinhando. Em Nova York, comemoramos, enchemos a cara, nos divertimos; depois seguimos para Chicago para novas prévias, novas festas.

Depois disso, passamos o verão inteiro esperando pela data da estreia. Preenchi esse tempo com três coisas que merecem destaque: apostas em Las Vegas a mando de Jimmy Burrows; uma viagem sozinho para o México; e amassos em um armário com Gwyneth Paltrow.

Conheci Gwyneth em Williamstown, em Massachusetts. Ela estava fazendo uma peça lá e eu fui visitar meu avô. Em uma festa qualquer, acabamos dando uns amassos em um armário de vassouras. Como ainda éramos desconhecidos o suficiente, a história não foi parar na capa dos tabloides, mas, com isso em mente, coube a Jimmy Burrows me dar um choque de realidade.

Depois das prévias, era inegável que a série se tornaria um sucesso, então Jimmy nos levou para Las Vegas de jatinho — assistimos ao piloto de *Friends* no voo — e, chegando lá, deu cem dólares para cada um de nós e nos disse para fazermos apostas e nos divertirmos, porque aquela seria nossa última oportunidade de fazer isso antes que a série fosse ao ar. "A vida de vocês vai mudar completamente", disse Jimmy, "então aproveitem para fazer coisas em público agora. Depois que ficarem famosos do jeito que estão prestes a ficar, nunca mais vão poder fazer isso."

E nós obedecemos; nós, seis novos amigos, tomamos um porre, fizemos apostas e vagamos pelos cassinos, seis jovens que ninguém conhecia, em uma viagem de fim de semana, ignorados por todos, sem que ninguém pedisse autógrafos ou fotos, sem que nenhum de nós fosse perseguido por paparazzi, absurdamente distantes de tudo que estava prestes a acontecer, quando cada segundo das nossas vidas seria registrado pela eternidade para o público.

Eu continuava desejando a fama, mas já conseguia sentir um gosto estranho e louco no ar — será que ela, aquela amante esquiva, realmente preencheria o vazio dentro de mim? Como seria não poder apostar vinte dólares na roleta, com um copo de vodca com tônica na mão, sem ninguém gritar: "Matthew Perry acabou de apostar vinte dólares na roleta, galera. Venham ver!" Esse foi o último verão da minha vida em que pude dar uns amassos em uma moça bonita chamada Gwyneth sem que ninguém além de mim e Gwyneth se importasse.

Será que os ganhos valeriam a pena? Desistir de uma vida "normal" valeria o preço pago, de pessoas revirando meu lixo, usando lentes teleobjetivas para tirar fotos dos meus piores momentos, ou dos melhores, ou de tudo que acontecesse nos intervalos entre os dois?

Será que algum dia eu conseguiria repetir anonimamente minha festa de aniversário de 21 anos, quando, no Sofitel do outro lado do Beverly Center, tomei sete drinques de uísque com Sprite, servi uma garrafa inteira de vinho em um copo de conhaque gigantesco — sabe aqueles que usam para colocar gorjetas para os pianistas? —, pedi um táxi, entrei no carro com o copo, ainda bebendo o vinho, tentei passar meu endereço apesar de só conseguir pronunciar a letra *L*, só para ouvir o motorista berrar "Que porra é essa?", porque ele não era um taxista — eu tinha entrado em um carro aleatório?

Mais importante, o vazio dentro de mim seria preenchido? Eu iria querer trocar de lugar com David Pressman ou Craig Bierko, ou eles iriam querer trocar comigo? O que eu diria para eles no futuro, quando meu nome se tornasse uma expressão para comediantes de stand-up e apresentadores de talk shows, uma expressão que significava "dependente químico"? O que eu diria para eles quando completos desconhecidos me odiassem, me amassem, ou sentissem qualquer coisa entre esses dois extremos?

O que eu *diria* para eles?

E o que eu diria para Deus quando ele me lembrasse da minha oração, daquela que sussurrei três semanas antes de conseguir o papel em *Friends*?

Deus, pode fazer o que quiser comigo. Mas me torne famoso, por favor.

Ele estava prestes a cumprir a sua parte do combinado — mas isso também significava que poderia fazer o que quisesse comigo, segundo minhas próprias palavras. Eu estava completamente à mercê de um Deus que podia ser misericordioso, mas que também achava perfeitamente aceitável colocar o próprio filho na porra de uma cruz.

Que caminho Ele escolheria para mim? Qual deles São Pedro escolheria? O dourado, o vermelho ou o azul?

Eu estava prestes a descobrir.

Com as palavras de Jimmy Burrows sobre a fama iminente ainda ecoando em meus ouvidos, achei que seria uma boa ideia fazer uma última viagem como um cara anônimo.

No fim do verão de 1994, fui sozinho para o México. Fazia pouco tempo que eu tinha terminado com minha namorada, Gaby, e decidi sair sozinho em um cruzeiro para beber. Zanzei por Cabo, enchendo a cara e ligando para garotas em Los Angeles. Então, toda noite no cruzeiro eu ia para alguma festa esquisita em que todo mundo parecia desconfortável até começarem a servir jarras de bebida para dar uma injeção de ânimo. Eu me sentia solitário; não transei; Cabo era quente, mas por dentro eu só sentia frio. Dava para sentir que Deus me observava, que esperava algo. A parte mais desconcertante era que eu sabia que Deus era onisciente, o que significava que Ele já sabia o que tinha reservado para mim.

Friends estreou em uma quinta-feira, no dia 22 de setembro de 1994. A série ficou no décimo sétimo lugar da audiência, o que era muito bom para uma estreia. As críticas, no geral, também foram ótimas.

"*Friends*... promete ser... empolgante e sedutor... O elenco é interessante, o diálogo é puro 1994... Como uma série nova, *Friends* chega perto de ter tudo."

— *The New York Times*

"*Friends* tem momentos tão bons que não há nada de que desgostar. É tão leve e bobo que, depois de cada episódio, talvez você não consiga se lembrar exatamente de tudo que aconteceu além do fato de ter rido demais."

— *Los Angeles Times*

"Um elenco afiado entrega um bombardeio de piadas com um acanhamento inteligente que passa a impressão de que fazem parte de uma peça de Neil Simon da Geração X."

— *People*

"Se os fãs de *Mad About You* e *Seinfeld* conseguirem lidar com a diferença de idade, vão se sentir em casa com esse sexteto que aprende a lidar com a vida, o amor, relacionamentos, empregos e uns com os outros."

— *The Baltimore Sun*

Alguns críticos odiaram:

"Um dos personagens diz que sonhou ter um telefone no lugar do pênis e que, quando o aparelho tocou, 'era minha mãe'. E isso acontece nos primeiros cinco minutos. [É uma] criação pavorosa... muito ruim... As estrelas incluem a bela Courteney Cox e os antes engraçados David Schwimmer, Lisa Kudrow, Matt LeBlanc e Matthew Perry. Todos são bonitos, mas é triste ver como estão se degradando."

— *The Washington Post*

"Anêmico e desmerecedor de ter um horário nas quintas-feiras."
— *Hartford Courant*

Por outro lado, um caça-talentos da gravadora Decca chamado Dick Rowe, ao dispensar os Beatles, disse para Brian Epstein em 1961 que "as bandas de rock estão nas últimas". Fico me perguntando como aqueles críticos se sentem hoje em dia, depois de desmerecerem a série mais amada de todos os tempos. Eles realmente pesaram a mão. Será que também detestaram *Seinfeld*? *M*A*S*H*? *Cheers*? *St. Elsewhere*?

Nós não estávamos nas últimas. Éramos a definição de horário nobre, quando o horário nobre ainda valia de algo. A era de ouro da televisão. Ainda mais importante do que as ótimas críticas, perdemos apenas vinte por cento da audiência de *Mad About You*, um desempenho extremamente promissor para uma série nova. Quando chegamos ao sexto episódio, já estávamos ultrapassando *Mad About You*, o que significava que éramos um sucesso absoluto. Não demoraria muito para chegarmos ao top dez, depois ao top cinco, e não sairíamos do topo por uma década. Até hoje, esse continua sendo um feito inédito.

Então, lá estava ela — a *fama*. Do jeito como previmos, *Friends* explodiu, e eu não podia arriscar isso. Eu amava meus colegas, amava os roteiros, amava tudo na série... mas também estava lutando contra os meus vícios, o que só aumentava minha vergonha. Eu tinha um segredo que ninguém podia descobrir. E até mesmo filmar os episódios era difícil. Como admiti no especial que fizemos em 2020, "parecia que eu ia morrer [se a plateia ao vivo] não risse. E isso com certeza não é saudável. Às vezes, porém, eu dizia uma fala, eles não riam, e eu começava a suar — e, tipo, a entrar em convulsão. Se eu não arrancasse a risada que queria, ficava enlouquecido. Toda noite era a mesma coisa."

A pressão me deixava em uma posição ruim; e eu também sabia que, entre as seis pessoas que faziam a série, apenas uma estava doente. Mas a fama que eu desejava havia chegado — em Londres, era como se nós fôssemos *mesmo* os Beatles, com pessoas berrando do lado de fora do hotel —, e a série acabou fazendo sucesso no mundo todo.

No fim de outubro de 1995 — entre a exibição do quinto e do sexto episódios da segunda temporada —, fiz minha primeira aparição no *Late Night*, em Nova York, quando ser entrevistado por David Letterman era o auge da fama na cultura pop. Usei um terno escuro e, em certo momento, Letterman apontaria para a minha lapela e a descreveria como "um estilo mod, fim da década de 1960, meio invasão britânica". "Senhoras e senhores, este homem é um dos astros da série mais assistida dos Estados Unidos. Deem as boas-vindas para Matthew Perry."

Entrei com o gingado de um astro. Eu tinha conseguido. Mas estava tão nervoso que mal conseguia me manter de pé, então fiquei bem feliz quando me sentei.

Troquei um aperto de mão com o Sr. Letterman e me joguei na minha rotina bem ensaiada, uma história demorada, digna de um episódio de *A ilha dos birutas*. De algum jeito, consegui contar a mesma história para Yasser Arafat, que estava hospedado no meu hotel. (A ONU estava fazendo cinquenta anos, e o mundo inteiro estava na cidade.) Era só uma história bizarra e prolixa, do jeito que Letterman adorava. Arranquei risadas — até mesmo Dave soltou algumas —, e meu medo avassalador permaneceu oculto.

Tudo estava indo bem. Tudo estava ótimo. Eu tinha acabado de completar 25 anos. Tinha um papel na maior sitcom do mundo; estava hospedado em um hotel em Nova York, vendo líderes mundiais ladeados por seguranças entrarem em elevadores, usando um terno de mil dólares para fazer piadas com Dave Letterman.

Aquilo era a fama. E logo além do resplendor da cidade, além dos edifícios e do brilho fraco das estrelas no céu, Deus me observava, apenas esperando. Ele tinha todo o tempo do mundo. Porra, foi Ele que inventou o tempo.

Ele não esqueceria. Algo estava vindo. Eu desconfiava do que seria, mas não tinha certeza. Algo relacionado a beber toda noite... mas a que ponto as coisas chegariam?

O rolo compressor ainda estava ganhando força. A série era um marco cultural; as pessoas nos cercavam aonde quer que fôssemos (mais tarde, David Schwimmer contaria a história de quando foi encurralado na rua por um grupo de garotas que fisicamente empurraram sua namorada para longe tentando chegar perto dele). No fim de 1995, mais ou menos na época da minha participação no Letterman, eu também tinha uma nova namorada muito famosa. Porém, antes de chegarmos aí, havia algumas pendências a resolver com o "outro" Chandler.

* * *

Depois que consegui o papel de Chandler, passei dois anos sem ter notícias de Craig Bierko — ele se mudou para Nova York, e nós perdemos contato.

Best Friends, a série que ele escolheu fazer em vez de *Friends Like Us*, não deu em nada. (Mais tarde, Warren Littlefield, ex-presidente da NBC, escreveu em seu livro de memórias sobre Craig ter dispensado *Friends*: "Graças a Deus! Craig Bierko tinha um ar meio vilanesco. Ele parecia ter muita raiva guardada. É raro encontrar um protagonista bonito que seja capaz de fazer comédia e que as pessoas consigam amar.") Ele trabalhava bastante — com o tempo, acabaria estrelando *Vendedor de ilusões*, na Broadway, e *Despertar de um pesadelo*, com Geena Davis e Sam Jackson, entre muitas outras coisas bem legais —, mas a divergência entre nossas sortes acabou com a amizade.

Eu sentia falta dele. Craig continuava sendo a mente comediante mais rápida que eu já conhecera, e eu adorava isso — e várias outras coisas sobre ele. E não podia mais encontrar meus amigos no Formosa; também sentia falta dessa vida. Comecei a beber sozinho no meu apartamento, porque era mais seguro. A doença piorava, mas eu não enxergava isso, não naquela época. Se as pessoas vissem o quanto eu bebia, talvez se preocupassem e me pedissem para parar. E parar, obviamente, era impossível.

Um dia, porém, Craig Bierko me ligou do nada. Ele queria me encontrar. Fiquei felicíssimo, mas nervoso. Sabe aquela sensação de quando você acaba namorando alguém de quem seu melhor amigo gostava? Eu me sentia assim; tinha ficado com o papel que ele podia e deveria ter aceitado, e tudo estava indo às mil maravilhas para mim, depois às bilhões de maravilhas, e depois algum outro número ainda maior do que esse de maravilhas.

Eu nem imaginava como seria o reencontro com meu ex-amigo. Mais tarde, Marta Kauffman comentaria: "Nós cogitamos vários atores [para Chandler], só que as coisas aconteceram como tinham que acontecer." Mas eu não podia falar nada desse tipo para Craig, porque a coisa que deveria acontecer — o milagre — tinha acontecido comigo, não com ele. (Apesar de a decisão ter sido dele, não minha.)

Quando ele apareceu no meu apartamento, a tensão estava nas alturas. Craig falou primeiro.

— Quero pedir desculpas por ter passado dois anos sem falar com você — disse ele. — Não consegui lidar com o fato de que você ficou rico e famoso com um trabalho que eu recusei. Nós dois éramos bons o suficiente para conseguir o papel, e é isso, eu não consegui lidar com a situação...

Ouvi o que ele tinha a dizer; o silêncio tomou conta da sala. O trânsito na Sunset estava parado até a loja Fred Segal da La Cienega.

Achei melhor não falar da Fred Segal.

Eu odiava o que estava prestes a dizer *de verdade*, mas aquilo precisava ser dito.

Falei:

— Quer saber, Craig? A fama não faz aquela diferença toda que nós pensávamos que faria. Ela não resolve nada.

(Que pensamento lúcido para um cara de 26 anos que só desejava fama e tinha acabado de perceber que ela não preenchia nenhum vazio Não, quem preenchia meus vazios era a vodca.)

Craig ficou me encarando; acho que não acreditou em mim; acho que ele *ainda* não acredita em mim. Acho que você precisa realizar todos os seus sonhos para entender que se tratavam dos sonhos errados.

Mais tarde, na época em que eu estava dando entrevistas para promover *Studio 60 on the Sunset Strip*, falei para o *The Guardian*: "Eu trabalhei na série menos assistida da história da televisão [*Second Chance*, em 1987] e na mais assistida [*Friends*], e nenhuma delas fez a diferença que eu esperava na minha vida."

Levando tudo em conta, eu certamente trocaria de lugar com Craig, com David Pressman ou com o frentista do posto da esquina — eu trocaria de lugar com eles em um piscar de olhos, para sempre, se isso mudasse quem sou, o jeito como sou, preso a esta roda de fogo. Eles não têm um cérebro que quer matá-los. Eles dormem bem à noite. Acho que isso não faria nenhum deles se sentir melhor a respeito das decisões que tomaram, do caminho que suas vidas seguiram.

Eu daria tudo para não me sentir assim. Penso nisso o tempo todo; não estou falando por falar, é um fato. Aquela oração faustiana que fiz foi uma coisa ridícula, a oração de uma criança. Ela não se baseava em nada real.

Mas se tornou real.

O dinheiro, o reconhecimento e as experiências de quase morte comprovam isso.

INTERLÚDIO

Zoom

Finalmente fui embora da Suíça para Los Angeles. Estávamos em plena pandemia de Covid-19. Tudo, em todo o lugar, estava fechado. As pessoas se trancavam em espaços apertados, com medo de morrer. Mas a minha cabeça estava voltando para o lugar, e novamente eu embarcava na batalha pela sobriedade.

Para mim, foi um pouquinho mais fácil lidar com a pandemia por dois motivos. (1) Ela estava acontecendo fora da minha cabeça. E (2), ela me dava uma ótima desculpa para me esconder no meu apartamento de 960 metros quadrados que ocupava todo o 14º andar do Century Building, em Century City.

Pelo menos as costelas começavam a doer menos, e eu estava ficando sóbrio. Isso significava lentamente me dar conta de que eu estava noivo, morando com uma mulher e dois cachorros. Nem preciso dizer que eu não estava pronto para nada disso. Você mora comigo? Nós moramos juntos? Já escolhemos os nomes dos nossos filhos. E agora, meu amor? Por sinal, esse é o título de um filme que eu fiz.

Você ajoelhou para fazer o pedido, e a sua barriga doeu bastante, lembra?
Eu não lembrava — não é difícil imaginar por que terminamos.

5

Nada de quarta parede

Sabe como, durante a pandemia de Covid-19, algumas pessoas sentiam como se estivessem repetindo o mesmo dia todos os dias?

Aqui vai o dia que eu queria repetir (é o *Feitiço do tempo* do meu *Feitiço do tempo*). Na verdade, eu queria poder revivê-lo todos os dias, pelo resto da vida. Mas não posso. Então a única forma de superar isso é contar como se fosse uma história, para ver se me sinto melhor.

(É lógico que isso não vai trazer nada de volta.)

Era o último dia de 1995, em Taos, no Novo México. Passamos a tarde inteira jogando futebol americano na neve. Eu, minha namorada, Julia Roberts, e um monte de amigos. Ela era a maior estrela do cinema mundial, e eu estava na série mais assistida da televisão.

No começo, nosso romance foi conduzido via fax. Em algum lugar por aí, existe uma pilha de meio metro de papel — um romance de meio metro, cheio de poemas, sonhos nada práticos e dois astros muito famosos se apaixonando e se conectando de um jeito lindo e poético.

Na época, eu andava nas nuvens. Eu era o centro de tudo, e nada seria capaz de me abalar. Ainda controlava o fogo da fama e ficava passando a mão por ele, sem me queimar, tocando seu cerne. A compreensão de que a fama não preencheria meu vazio ainda estava por vir, mas, naquele momento, ela parecia fazer isso com perfeição.

A primeira temporada de *Friends* tinha sido um sucesso absoluto, e eu basicamente fui saltitando para a segunda. Participei do Letterman, tinha uma aparição marcada no programa do Jay Leno. Nós estampávamos capas da *People* e da *Rolling Stone* quando isso era algo importantíssimo. As ofertas de filmes começaram a chegar. Por que não chegariam? Eu estava realizando meus sonhos. Uma oferta de um filme milionário aqui, uma oferta de filme milionário ali. Eu não era uma Julia Roberts, mas ela era única.

Então aconteceu o tipo de coisa que só acontece com gente famosa. Marta Kauffman veio me dizer que seria de bom tom se eu mandasse flores para Julia Roberts.

A Julia Roberts que é a maior estrela do universo?

— Com certeza, beleza. Mas por quê? — perguntei.

Tinham oferecido uma participação especial para Julia na segunda temporada de *Friends*, no episódio depois do Super Bowl, e ela disse que só aceitaria se contracenasse comigo. Vou repetir — ela só participaria da série se pudesse contracenar *comigo*. (Me diga se esse não foi um bom ano.) Mas primeiro eu precisava conquistá-la.

Pensei bastante sobre o que escrever no cartão. Eu queria usar um tom profissional, de astro para astro (bem, de astro para estrela gigantesca). Mas também queria dar um leve toque de flerte, no mesmo patamar do que ela havia feito. Ainda tenho orgulho do que escolhi. Enviei três dúzias de rosas-vermelhas para ela, com um cartão que dizia:

A única coisa mais empolgante do que a possibilidade de você participar da série é finalmente ter uma desculpa para lhe enviar flores.

Nada mal, não? Eu tinha medo de dormir à noite, mas conseguia ser charmoso quando necessário. Só que meu trabalho estava longe de terminar. Ela respondeu que, se eu conseguisse lhe explicar física quântica de um jeito compreensível, concordaria em participar da série. Nossa. Para começar, estou falando com uma mulher *para quem um batom foi inventado*, e agora, ainda por cima, preciso estudar.

No dia seguinte, mandei para ela um trabalho sobre a dualidade onda-partícula e o princípio da incerteza e do emaranhamento quântico, e apenas parte disso era metafórico. Alexa Junge, uma das roteiristas da série, diria ao *Hollywood Reporter*, muitos anos depois: "[Julia] se interessou por [Matthew] a distância, porque ele é charmoso demais. Houve muita paquera via fax. Ela mandava perguntas, do tipo 'Por que eu deveria sair com você?'. E todo mundo na sala dos roteiristas o ajudava a explicar o motivo. Ele se saía bem sem a gente, mas não havia dúvida de que estávamos no Time Matthew e tentando fazer aquilo dar certo para ele."

No fim das contas, todos os nossos esforços compensaram. Julia não só aceitou participar da série como me mandou um presente: bagels, muitos e muitos bagels. Sim, por que não? Ela era a Julia Roberts, porra.

Assim começou uma rotina diária de flerte pelos três meses seguintes, via fax. Isso foi antes da internet, antes dos celulares — todas as nossas interações aconteciam por fax. E houve muitas; centenas. No começo estávamos no limite do romance: eu mandava poemas e perguntava se ela sabia o nome dos três maiores jogadores de hóquei do Los Angeles Kings, esse tipo de coisa. E não era como se não tivéssemos mais nada para fazer — eu estava gravando a série mais popular do planeta, e ela estava em um filme de Woody Allen, *Todos dizem eu te amo*, na França (claro que estava). Mas três ou quatro vezes por dia eu sentava ao lado da minha máquina de fax e observava o papel lentamente revelando a próxima mensagem dela. Ficava tão empolgado que, em algumas noites, enquanto estava em uma festa qualquer, tendo uma conversa insinuante com uma mulher bonita, acabava cortando o papo só para voltar correndo para casa e ver se havia um novo fax. E, em nove a cada dez vezes, havia. Eles eram tão inteligentes — o jeito como ela juntava as frases, o jeito como enxergava o mundo, o jeito como articulava seus pensamentos diferentes, tudo era tão cativante. Eu lia cada mensagem três, quatro, de vez em quando cinco vezes, sorrindo para o papel feito um idiota. Era como se a missão dela na Terra fosse fazer o mundo sorrir, e agora, em especial, me fazer sorrir. Eu sorria feito um garoto de 15 anos flertando pela primeira vez.

E a gente nunca nem tinha se falado ao vivo, muito menos se conhecido.

Então, no começo de uma manhã, alguma coisa mudou. O fax de Julia ganhou tons românticos. Liguei para um amigo e disse:

— Estou perdido. Você precisa vir aqui agora. Para me dizer se estou lendo errado.

Quando ele chegou, leu a mensagem e disse:

— Aham, é isso mesmo. Você com certeza está perdido.

— O que eu respondo?

— Bom, como você se *sente*?

— Ah, vai se foder — respondi —, só me diz o que falar.

Então eu e "Cyrano" escrevemos e enviamos uma mensagem que também tinha tons românticos. E ficamos parados ali, do lado da máquina de fax, nos encarando. Dois homens, simplesmente encarando uma máquina.

Depois de uns dez minutos, o som estridente — cheio de apitos e zumbidos e chiados do espaço sideral — preencheu o meu apartamento. Ela tinha enviado uma resposta.

"Me liga", dizia o papel, revelando o número dela.

Peguei o telefone e liguei para Julia Roberts. Eu estava nervoso pra cacete, tão nervoso quanto fiquei na minha primeira participação no programa do David Letterman. Mas a conversa foi fácil — eu a fiz rir, e, cara, que *risada*... Ela era extremamente inteligente, uma grande intelectual. E era uma das três melhores contadoras de histórias que já conheci. Na verdade, suas histórias eram tão boas que, em determinado momento, perguntei se ela havia escrito tudo antes de falar comigo.

Cinco horas e meia depois, quando desligamos, eu me dei conta de que o nervosismo havia desaparecido. Depois disso, nada mais nos segurou — conversas de cinco horas aqui, conversas de quatro horas acolá. Nós estávamos nos apaixonando; eu não sabia no que aquilo daria, mas estávamos nos apaixonando.

Dava para perceber que tínhamos encontrado uma conexão inesperada.

Em uma quinta-feira, meu telefone tocou de novo.

— Vou estar na sua casa às duas da tarde no sábado.

Clique.

Bem assim.

Como ela sabia onde eu morava? E se ela não gostasse de mim? E se os faxes e os telefonemas fossem fofos e tal, mas na vida real ela não quisesse nada comigo?

Por que não consigo parar de *beber*?

Como combinado, às duas da tarde daquele sábado, bateram à minha porta. *Respire fundo, Matty.* Quando abri, lá estava ela, lá estava uma Julia Roberts sorridente.

Acho que eu falei algo parecido com:

— Ah, é *essa* Julia Roberts.

Mesmo em momentos como aquele, as piadas fluíam. Craig teria feito esse comentário mais rápido, só que ele não estava ali. Ela soltou aquela risada de Julia Roberts, a que tinha a força para mover mil navios. E toda a tensão foi embora.

Ela perguntou como eu estava.

— Estou me sentindo o cara mais sortudo do mundo. Como *você* está?

— Acho que você devia me convidar para entrar.

Eu fiz isso, tanto no sentido figurado quanto no literal, e uma relação se iniciou. Quando começamos as filmagens do episódio de *Friends* do Super Bowl, já estávamos namorando.

Porém, antes das gravações, veio o Ano-Novo em Taos. O ano de 1996 estava prestes a começar. Eu era o namorado de Julia Roberts. Até conheci a família dela. Ela me buscou em seu Beetle laranja, depois de fretar um jatinho para mim. E eu me achava rico. *Ela* era rica.

Passamos o dia todo jogando futebol americano na neve. Mais tarde, Julia me encarou, olhou para o relógio — eram onze e quarenta e cinco da noite —, pegou minha mão e disse:

— Vem comigo.

Entramos em uma picape azul enorme e subimos por uma montanha, a neve pairando ao redor. Eu não tinha a menor ideia do nosso destino. Parecíamos estar seguindo para as estrelas. Com o tempo, chegamos ao topo, e o céu ficou limpo por um instante, liberando para nós a visão do Novo México e além, até o Canadá. Quando estávamos sentados ali, ela me fez sentir o rei do mundo. Nevava um pouco e, assim, 1996 começou.

Em fevereiro, Julia foi ao Letterman, e ele insistiu para saber se estávamos juntos. Ela havia acabado de participar de *Friends*, no episódio duplo "Aquele depois do Super Bowl". Esse episódio — cheio de participações especiais de atores como Julia, Jean-Claude Van Damme, Brooke Shields e Chris Isaak, entre outros — foi assistido por 52,9 milhões de pessoas, batendo o recorde de série mais assistida depois de um Super Bowl. Só a renda dos comerciais foi chocante — mais de meio milhão de dólares por trinta segundos no ar. Agora a série era inegavelmente a maior fonte de grana da NBC.

(Mesmo assim, ainda lembro de me pegar pensando em algumas noites: *Bem que eu queria estar em* Plantão Médico *em vez de* Friends. Era impossível para mim receber atenção suficiente. O problema continuava ali, como impressões digitais ou a cor dos meus olhos.)

Gravamos a parte de Julia no episódio duplo alguns dias depois do Ano-Novo — entre 6 e 8 de janeiro. Recebi falas como: "Naquela época eu usava o humor como um mecanismo de defesa — ainda bem que não faço mais isso" e "Conheci a mulher perfeita". Nosso beijo no sofá foi tão real que as pessoas acharam que *era* real.

Foi mesmo. Ela foi maravilhosa na série, e nossa química pareceu transbordar da TV para os lares de todo o país.

Ao responder ao Letterman, Julia novamente se mostrou inteligente, tirando uma da cara de todo mundo: "Sim, estou saindo com Matthew Perry, e, por algum motivo, talvez por causa da minha participação no episódio do Super Bowl, todo mundo acha que é o Matthew Perry de *Friends*. Mas na verdade é um dono de armarinho que conheci em Hoboken. Mas o Matthew Perry de *Friends* também é legal, então não fiquei chateada com a confusão que as pessoas fizeram."

Ela também disse que eu era "extremamente sagaz, engraçado e bonito".

Tudo naquela época era um sim.

Depois que finalizamos as gravações da segunda temporada, fui fazer meu primeiro grande filme em Las Vegas, em abril. Eu receberia um milhão de dólares para estrelar *E agora, meu amor?*, com Salma Hayek. Até hoje esse deve ter sido meu melhor filme.

Se eu fosse gravar um filme nos dias de hoje, viajaria com três pessoas, principalmente porque morro de medo de ficar sozinho. Mas na época era só eu. O medo não me dominava como hoje em dia. Acho que é por isso que costumam mandar os jovens para a guerra. Eles são *jovens* — não sentem medo; são invencíveis.

Não me leve a mal, a ideia de gravar *E agora, meu amor?* me deixava nervoso. Lá estava eu, em Las Vegas, carregando um filme de trinta milhões de dólares nos ombros. No primeiro dia, enquanto eu ia para casa, avisei ao motorista: "Preciso que você pare o carro."

Ele parou, e eu vomitei de medo, bem ali no acostamento.

Em um filme, não apenas o trabalho acontece mais devagar como também só dá certo se você realmente sentir aquilo que deseja transmitir. Pode ser difícil fazer a transição para esse trabalho mais profundo, e eu tive minhas dificuldades, porque a tendência no cinema é filmar as cenas fora da ordem.

Lembro que, no segundo dia de *E agora, meu amor?*, filmamos uma cena no consultório da obstetra, ouvindo o coração do bebê pela primeira vez. Eu não tinha a menor ideia de como transmitir aquela sensação, levando em conta que tinha acabado de conhecer Salma. Depois, lembro de uma cena em que eu precisava chorar. Isso também me deixou apavorado. Passei o dia todo pensando naquilo, me preocupei a noite inteira. Acabei conseguindo, de algum jeito. O truque é fácil — você precisa pensar em uma coisa que lhe cause muita tristeza. Mas é difícil acertar o timing, porque o choro tem que acontecer no momento exato, e é repetido várias vezes.

Passei aquele dia inteiro chorando no set de *E agora, meu amor?*. Fui até Andy Tennant, o diretor, e falei:

— Cara, já faz dez horas que estamos nessa. Não sobrou mais nada.

Andy respondeu:

— Precisamos de mais duas tomadas, amigão.

Só de pensar nisso, me debulhei em lágrimas. Nós dois rimos e concordamos que ainda tinha alguma coisa no tanque. (Na verdade, tenho mais facilidade com atuações dramáticas do que com comédia. Olho para uma cena e penso: *Não preciso ser engraçado? Moleza.* Até hoje fui indicado a quatro Emmys. Um por comédia, três por drama.)

Mas eu começava a criar algumas estratégias divertidas para acessar meus sentimentos de verdade e me tornar mais um protagonista do que um ator engraçado de sitcoms. No Stratosphere Hotel de Las Vegas há um grande show de fogos de artifício ao meio-dia — falei para Salma olhar para o hotel, porque era assim que o *meu* personagem tinha se sentido quando conheceu a personagem *dela*.

Salma também se esforçou bastante — no começo das gravações, ela entrou no meu trailer e disse:

— Vamos deitar um pouco de conchinha.

Fiz minha melhor imitação de Chandler — olhando duas vezes para ela com uma expressão sarcástica — e falei:

— Ah, *tudo bem*! Vamos deitar *um pouco* de conchinha!

Salma sempre tinha ideias muito elaboradas e extensivas sobre como fazer as cenas, mas seus conceitos intricados nem sempre me ajudavam. Há uma cena em que declaro meu amor por ela. Ela sugeriu que não olhássemos um para o outro — ou melhor, que olhássemos para nosso futuro juntos. Depois de passar uns vinte minutos ouvindo essa insanidade, finalmente falei:

— Escuta, Salma. Esta é a cena em que eu digo que te amo. Você pode olhar para onde quiser, mas eu vou olhar para *você*.

Durante a produção do filme, eu lia o roteiro e fazia sugestões de piadas para Andy Tennant, que era um cara muito inteligente e legal. Ele se sentou comigo — eu estava aos pulos, fazendo minhas estripulias de sempre, e ele me puxou para um canto e disse:

— Você não precisa fazer nada disso. Você é interessante o suficiente de assistir sem nenhum desses recursos.

Esse raciocínio permitiu que ele arrancasse de mim uma das melhores performances da minha carreira. Seria essa uma forma diferente de dizer *Matty, você é suficiente*, as palavras que passei a vida inteira desejando ouvir? (Andy dirigiria dezenas de outros filmes, incluindo *Hitch: conselheiro amoroso*, com Will Smith. Pelo visto, caras legais conseguem se dar bem.)

Andy também estava aberto a sugestões para o roteiro. Um dia, meu amigo Andrew Hill Newman foi me visitar no set e pensou na fala "Você é tudo que eu nunca soube que sempre quis". Eu a anotei e a entreguei para Andy Tennant, que a adorou, e essa se tornou a fala mais famosa do longa. E, no quesito filmes, provavelmente foi a melhor fala que eu já tive.

Um dia, durante as gravações, havia um monte de gente andando de jet ski no lago Mead, no fundo das nossas cenas, e perguntei se eu podia fazer a mesma coisa no intervalo do almoço. Mas estávamos no começo do filme, e me disseram que seria muito perigoso.

A questão é que, naquela época, todo mundo dizia sim para mim... então eu simplesmente respondi: "Hum, você tem que falar que 'sim'."

Assim, segui para o lago Mead. O sol estava a pino; a água azul crepitava como uma chama. Enquanto eu disparava no jet ski, conseguia ver a represa Hoover ao longe, lugar onde o clímax do filme seria gravado, e o monte Wilson se agigantava sobre tudo, como se me fizesse um alerta. Só que tudo na minha vida era perfeito. A mulher mais linda e famosa do mundo era minha namorada; eu fazia parte da série mais assistida dos Estados Unidos, estava ganhando muito dinheiro gravando um filme que certamente seria um sucesso estrondoso. Acelerei bem o jet ski, sentindo a conexão tênue com a água, virando de um lado para o outro, as ondas me fazendo pular no banco, minha mão direita girando, girando, girando, forçando a máquina a chegar ao limite.

E então fiz uma curva repentina para a direita, mas meu corpo foi em frente. Eu voei, e então parei de voar. Quando voltei à tona, olhei para o lugar de onde eu tinha saído, e havia umas quarenta pessoas na praia, a equipe inteira, me assistindo colocar o filme inteiro em risco e agora mergulhando no lago Mead para me salvar.

Quando cheguei à praia, eu sabia que tinha me machucado. Naquela noite, filmaríamos uma cena importante — a cena do nascimento do bebê, o momento-chave —, e eu precisava estar bem. Mas tudo doía; meu pescoço estava especialmente fodido. A equipe sabia que eu estava mal, então um médico foi chamado e entrou no meu trailer, me entregando um único comprimido em uma embalagem plástica.

— Tome isto depois que terminar de gravar — disse o médico. — Vai ficar tudo bem.

Guardei o comprimido no bolso, e juro por Deus que acredito que, se eu nunca o tivesse tomado, as três décadas seguintes da minha vida não teriam acontecido do jeito que aconteceram. Vai saber. Só sei que foi tudo bem ruim.

Meu personagem em *E agora, meu amor?* é dono de uma construtora e dirige um Mustang vermelho. A cena noturna durou uma eternidade, e terminamos de gravar pouco antes do amanhecer. Dava para sentir o sol se aproximando do horizonte.

— Ei, será que eu posso ir dirigindo o Mustang de volta para Vegas? — perguntei.

Foi surpreendente terem me deixado fazer qualquer coisa depois do incidente com o jet ski. Mas deixaram.

A primeira luz daquele dia em Nevada espreitava por trás do monte Wilson quando saí do set. Baixei a capota do Mustang e tomei o comprimido. Pensei em Julia; pensei no meu voo sobre o lago Mead, sem me preocupar com nada. Pensei na minha infância, mas não doeu, não naquele momento. Enquanto o remédio começava a fazer efeito, senti um estalo dentro de mim. E esse é o estalo que passei o resto da vida tentando sentir de novo. Pensei na fama e em Craig Bierko e nos irmãos Murray e em *Friends*. O verão se aproximava, com suas nuvens cirrus cor-de-rosa e o ar suave e desértico. Aquele era o meu céu cor-de-rosa. Eu me sentia tão bem que, se um trem me acertasse, simplesmente me viraria para o maquinista e diria "Acontece, irmão". Eu estava deitado na grama do meu quintal no Canadá, novamente cercado pelo vômito dos Murray. Era inacreditável como aquela sensação era boa; eu sentia uma euforia completa e pura. O remédio havia substituído meu sangue por mel quente. Eu era o maioral. Nunca me senti tão bem. Nada poderia dar errado. Enquanto eu dirigia o Mustang conversível vermelho para minha casa alugada em Las Vegas, lembro de pensar: *Se isso não me matar, vou repetir a dose.* Essa é uma lembrança ruim, evidentemente, por causa de tudo que aconteceria depois, mas também é uma lembrança boa. Naquela manhã, eu estava perto de Deus. Eu senti o paraíso — a maioria das pessoas não tem essa oportunidade. Naquela manhã, troquei um aperto de mão com Ele.

Foi mesmo Deus, ou era outro ser?

A primeira coisa que fiz quando cheguei em casa naquela manhã foi ligar para o médico e dizer que o remédio tinha melhorado a dor (decidi não tocar no assunto de Deus). Fui dormir e, quando acordei, mais quarenta comprimidos haviam sido entregues. *Eureca!*

Cuidado, Matty, uma coisa que faz você se sentir tão bem deve ter consequências. Hoje em dia eu sei, e como sei, quais são as consequências. Mas na época eu não sabia. Eu queria não ter mais nada para contar sobre *E agora, meu amor?*. Só histórias divertidas dos bastidores, sobre como os filmes são feitos. Odeio acabar com a onda do complexo industrial das celebridades, mas também há vidas de verdade por trás do glamour, dos copos de martíni e das câmeras. No entanto, o que ninguém imaginava era que a vida de alguém, provavelmente do candidato mais improvável, estava prestes a atravessar os portões do inferno.

Um ano e meio depois, eu tomava 55 daqueles comprimidos por dia. Quando dei entrada na casa de reabilitação Hazelden, em Minnesota, eu pesava 58 quilos, e minha vida ia de mal a pior. Tudo o que eu sentia era medo, e tinha certeza de que iria morrer, sem entender o que tinha acontecido comigo. Eu não estava tentando morrer; só queria me sentir melhor.

É óbvio que "Matthew Perry na reabilitação" se tornou notícia em todos os jornais. Eu não tive privacidade nem para resolver meus problemas. Todo mundo sabia. Fui capa de todas as revistas — não tive direito nem ao sigilo de identidade que geralmente é reservado às pessoas nesse tipo de situação. Eu estava apavorado. Mas também era jovem, e me recuperei rápido. Em 28 dias estava de volta à ativa, com uma aparência saudável.

Isso também foi notícia, mas com menos estardalhaço.

Fazer cinema é completamente diferente de fazer televisão. Em *Friends*, se o seu personagem estivesse triste por algum motivo, você dava um gás naquilo, como se fosse a pessoa mais triste do mundo — basicamente, para o pessoal na última fileira da plateia do estúdio conseguir notar. Também há um certo clima de parceria com o público enquanto você atua, como se dissesse "Ei, pessoal, vejam isso, vocês vão gostar". Em uma sitcom, é como se você encenasse uma peça de um ato toda semana. Há trezentas pessoas assistindo, e precisamos nos abrir para elas.

O trabalho nos filmes é muito, muito mais lento — há uma *master shot* (quando gravamos a cena inteira, do início ao fim), depois um primeiro plano, depois um *primeiríssimo* plano. E, se o seu personagem estava triste, você o interpretava triste. Não havia parceria. Aquilo ali era coisa de profissionais. Mas em *Friends* até os ensaios eram rápidos. Lembro que Alec Baldwin fez uma participação especial certa vez e disse: "O ritmo de vocês é muito acelerado!"

Havia muitas participações especiais, o que significava que precisávamos ter jogo de cintura. Sean Penn foi um dos meus favoritos — ele participou de dois episódios da oitava temporada e foi ótimo. Por causa da sua trama, precisei usar uma fantasia de coelhinho cor-de-rosa (era Halloween), então, quando terminamos a leitura do roteiro, falei:

— Sempre sonhei em trabalhar com Sean Penn, mas nunca achei que teria que usar uma fantasia de coelho cor-de-rosa para isso.

Apesar de não existir uma quarta parede real no apartamento, *Friends* também não quebrava a quarta parede metafórica. O mais perto que chegamos disso foi com Sean — sugeri uma *tag* (a cena rápida no fim do episódio, depois que a história principal acaba) comigo nos bastidores, vestido de coelho. Sean passaria por mim, e eu diria:

— Sean, posso falar com você rapidinho?

— Claro, Matthew, o que foi?

— Bom, ando pensando muito em uma coisa. E acho que você é uma boa pessoa para conversar comigo sobre isso. — Eu estaria fumando enquanto falasse, e, enquanto apagasse o cigarro com meu pé de coelho gigante, continuaria: — Quero começar a fazer mais trabalhos dramáticos.

Sean me olharia de cima a baixo por uns cinco segundos e diria simplesmente:

— Boa sorte.

Arranquei gargalhadas na mesa. Mas aquilo quebraria uma regra que nunca quebramos em dez anos. Nem mesmo um cara tão poderoso quanto Sean Penn, e eu usando uma fantasia ridícula de coelho cor-de-rosa, seríamos suficientes para quebrar a quarta parede. Ela permaneceu no seu devido lugar. Como deveria ser.

Todos nós tivemos anos específicos em *Friends* em que o mundo inteiro falava sobre nossos personagens. Na primeira temporada, foi David Schwimmer; na segunda, foi a vez de Lisa; na quinta e na sexta, fomos Courteney e eu; Jen foi o destaque da sétima e da oitava; e Matt (o Amigo que Mais Evoluiu) ficou com a nona e a décima. Alguns ganharam Emmys por essas temporadas, e todos nós deveríamos ter ganhado mais do que ganhamos, mas acho que existe uma espécie de preconceito contra pessoas ricas e bonitas com um apartamento grande demais para a realidade de Nova York... além do fato de que, como eu sempre disse, não havia quarta parede.

Naquele primeiro ano — o ano de David —, um dia ele apareceu no meu camarim. Ele tinha dado ao seu personagem aquela cara de cachorrinho perdido que era tão engraçada. Ele também foi o primeiro de nós a gravar um comercial, a aparecer no talk show *The Tonight Show*, a comprar uma casa, a conseguir estrelar um filme. No primeiro ano ele foi o astro, e com razão. Ele era hilário.

Naquele dia no camarim, ele se sentou na minha frente e foi direto ao ponto. "Matty", disse ele. "Andei pensando. Quando nós renegociarmos nossos contratos, devemos fazer isso como um grupo. Todo mundo devia receber a mesma coisa."

Ele era, de longe, a pessoa que mais tinha poder de negociação. Eu não conseguia acreditar no que estava ouvindo. Nem preciso dizer que aquilo me empolgou. Não achei nem um pouco ruim me aproveitar da generosidade dele.

Essa decisão se mostraria extremamente lucrativa ao longo dos anos. David com certeza poderia ter pedido mais dinheiro, e não fez isso. Gosto de pensar que eu teria agido da mesma forma, mas, do alto da ganância dos meus 25 anos, não sei se esse teria sido o caso. Porém, a decisão dele fez com que tomássemos conta uns dos outros durante uma série de negociações estressantes com a emissora, e nos deu um poder incrível. Na oitava temporada, ganhávamos um milhão de dólares por episódio; na décima, recebíamos ainda mais. Nosso contrato passou a ser de 1.100.040 dólares por episódio, e nós pedimos uma temporada *menor*. Que idiotas. Foi graças à bondade de David, e à sua perspicácia para os negócios, que recebemos essas ofertas. Estou lhe devendo uns trinta milhões, David. (Mesmo assim, nós fomos idiotas.)

Participar de *Friends* era uma dessas situações mágicas em que só recebíamos notícias boas. No entanto, fora das telas, as coisas não iam tão bem assim. No fim de abril de 1996, fui ao programa do Jay Leno e admiti que estava solteiro. Namorar Julia Roberts tinha sido demais para mim. Eu passava os dias tendo certeza absoluta de que ela terminaria comigo — e por que não faria isso? Eu não era suficiente; eu jamais poderia ser suficiente; eu estava destruído, avariado, não merecia amor. Então, em vez de encarar a agonia inevitável de perdê-la, terminei com a linda e brilhante Julia Roberts. Ela podia ter achado que estava se contentando com pouco ao se envolver com um cara da televisão, e o cara da televisão agora terminava com ela. Nem sei descrever a expressão confusa que estampou seu rosto naquele momento.

Resolvi me divertir em Cape Cod com os irmãos Murray. Não tenho a menor ideia do motivo de ter escolhido Cape Cod nem do motivo de os irmãos Murray terem viajado comigo. Acho que era só mais um lugar para zanzar de bar em bar. Mas foi lá que percebi uma mudança — uma nova dinâmica acontecia. As garotas vinham falar comigo; os dias de ficar nervoso para chegar em mulheres com cantadas medíocres tinham chegado ao fim. Eu simplesmente ficava parado em um canto, segurando um copo de vodca com tônica, e elas vinham até mim.

Só que nenhuma delas era Julia Roberts.

Já passei por mais de 65 desintoxicações ao longo da vida, mas a primeira aconteceu quando eu tinha 26 anos.

Meu vício em Vicodin estava no auge. Se você assistir à terceira temporada de *Friends*, espero que fique horrorizado com a minha magreza nos episódios finais (os opioides acabam com o seu apetite, além de fazerem você vomitar pra caralho). No último, estou usando uma camisa branca e uma calça cáqui, e as duas peças parecem ser três vezes maiores que o meu número. (Compare isso com a diferença da minha aparência no último episódio da sexta temporada e o primeiro da sétima — os do pedido de casamento de Chandler e Monica. Não mudo de roupa entre os dois [eles acontecem na mesma noite], mas devo ter perdido uns vinte quilos entre as gravações. Meu peso variou entre 58 e 102 quilos nos anos de *Friends*.)

Dá para acompanhar a trajetória da minha dependência química pelo meu peso entre as temporadas. Quando estou mais pesado, era álcool; quando estou magro, eram remédios. Quando estou com um *cavanhaque*, eram *muitos* remédios.

Ao fim da terceira temporada, eu dedicava a maior parte do meu tempo a encontrar um jeito de conseguir 55 comprimidos de Vicodin por dia — eu precisava tomar 55 diariamente, ou me sentia muito mal. Era um trabalho em tempo integral: fazendo ligações, indo a consultas médicas, fingindo enxaquecas, encontrando enfermeiros trambiqueiros que me davam o que eu queria.

Demorei um pouco para entender o que estava acontecendo. No começo eu tomava uns 12 comprimidos por dia, depois os cortei de vez e me senti péssimo. *Tem alguma coisa muito errada comigo*, pensei, mas segui em frente. *Vou terminar a temporada e depois procurar tratamento.*

Essa decisão quase me matou. Se a temporada tivesse durado mais um mês, eu não estaria aqui.

Eu nunca trabalhava doidão. Amava aquelas pessoas, sempre quis mostrar meu melhor para elas, e eu era um jogador de elite dos New York Yankees. Mas todo dia a dependência química acorda antes de você, e ela quer dominar você quando está sozinho. O alcoolismo sempre vence. Assim que você levanta a mão e diz "Tenho um problema", o álcool rebate: *Você vai tomar alguma providência? Tudo bem, vou me afastar por um tempo. Mas eu volto.*

Ele nunca vai embora de vez.

Não demorou muito para eu conseguir outro filme, *Os quase heróis*, uma comédia estrelada por Chris Farley e que seria dirigida por Christopher Guest. Recebi dois milhões de dólares pelo trabalho. As filmagens aconteceram em uma parte de merda do norte da Califórnia, perto de Eureka. Farley era tão engraçado quanto você imaginaria, mas seus vícios, junto com os meus, significaram que foi difícil pra caralho terminar de gravar o filme. Eu estava trabalhando em *Friends* e em *Os quase heróis* ao mesmo tempo, e me sentia cansado. Os comprimidos não tinham o mesmo efeito de antes. Eu precisava tomar certa quantidade só para não me sentir mal o tempo todo.

Comer diminuía minha onda, então parei de me alimentar. Além disso, eu vivia tão enjoado que não sentia fome. Vomitava o tempo todo. Uma coisa era fazer isso na privacidade da minha casa, mas a situação muda completamente quando você está no meio de uma floresta, conversando com Christopher Guest. *Você vai vomitar em trinta segundos. É melhor dar um jeito de sair daqui rápido.* Eu vomitava atrás de árvores, atrás de pedras, em banheiros femininos. Já ouvi histórias de pessoas que vasculham o próprio vômito em busca de pedaços de comprimidos para tomá-los de novo, mas nunca cheguei a esse ponto. De toda forma, eu tinha o contato de tantos médicos que raramente passava por esse tipo de necessidade. O fato é que eu sempre tinha duas toalhas ao lado do meu vaso sanitário — uma para limpar o vômito e outra para secar as lágrimas. Eu estava morrendo, mas não podia contar para ninguém.

Então Chris Farley morreu. Sua doença progrediu mais rápido do que a minha. (Além do mais, eu tinha um medo saudável da palavra "heroína", um medo que não era recíproco.) Dei um soco que deixou um buraco na parede do camarim de Jennifer Aniston quando recebi a notícia. *Keanu Reeves continua entre nós.* Tive que promover *Os quase heróis* duas semanas depois da morte dele; acabei precisando debater publicamente sua morte por abuso de álcool e drogas.

E eu estava drogado o tempo todo.

Ninguém sabia — nem minha família, nem meus amigos, ninguém. Eu me sentia absurdamente mal. De vez em quando tentava parar, três dias aqui, quatro dias ali, mas acabava me sentindo mais triste e enjoado, e era impossível continuar daquele jeito.

Uma noite, eu estava em casa, tentando entender tudo aquilo que estava acontecendo comigo, quando uma ex-namorada me ligou.

— Sei que tem alguma coisa errada com você — disse ela. — Vou te levar ao médico.

Desmoronei. Contei tudo para ela. Eu nunca tinha chorado tanto na vida. O segredo havia sido revelado. Outra pessoa sabia.

Fui ao médico no dia seguinte. Ele me recomendou uma estadia em Hazelden.

— Tem um lago grande lá — disse o médico.

E eu pensei: *É em Minnesota, bem perto do Canadá. Pelo menos vou me sentir em casa naquele clima de merda.*

Mas eu estava apavorado. Era uma realidade agora. Eu estava indo para a reabilitação. Com 26 anos.

Fui para Hazelden para me livrar dos comprimidos e não aprendi absolutamente nada.

O plano era passar por uma desintoxicação rápida antes de chegar a Minnesota. Na desintoxicação rápida, você fica apagado por dois ou três dias, se enchendo de antagonistas de opioides. No fim, precisa estar sóbrio (hoje em dia sei que isso não dá certo, apesar de ainda ser um tratamento utilizado).

Então, fiz a desintoxicação rápida e *depois* fui para Hazelden, mas cheguei lá me sentindo a morte em pessoa. Dizem que a desintoxicação de opioides não mata, só faz você desejar morrer (as desintoxicações que *podem* matar são as de álcool e de benzodiazepínicos). Eu me sentia mal pra caralho no meu quarto em Hazelden, e me remexia feito um cachorro. Pernas, braços, me debatendo de puro terror. O tempo todo eu implorava por um alívio, e a única resposta que recebia era "você se desintoxicou, relaxe".

Mas eu não tinha me desintoxicado — simplesmente fui de 55 comprimidos de Vicodin por dia para nenhum, parando do nada. Virei um "abraçador de paredes" — era impossível dar alguns passos sem precisar me segurar na parede mais próxima.

Hoje eu sei que me dariam algo para aliviar a agonia se eu não tivesse passado pela desintoxicação rápida, mas os médicos acreditavam na minha desintoxicação, então não interferiam. Imagino que sair de 55 para nada pelo menos mostre que eu era forte pra caralho, mas aquilo foi a forma mais pura de inferno.

Cerca de dez dias após a minha chegada, eu estava em uma sessão de grupo quando tudo ficou meio confuso. Fiquei sabendo que eu repetia

"Estou bem, estou ótimo", só que eu não estava bem. Meu treinamento da infância — de que eu nunca poderia ser um menino mau — era tão forte que, mesmo durante uma convulsão tônico-clônica, não quis deixar ninguém preocupado.

Quando acordei da convulsão, eu estava no meu quarto e a equipe inteira se aglomerava ali dentro, em pânico. Sem saber o que havia acontecido, e ainda bem confuso, falei:

— Nossa, não acredito que vocês vieram me visitar na Califórnia. Que legal!

— Não estamos na Califórnia — disse alguém —, estamos em Minnesota. Você teve uma convulsão tônico-clônica.

Passei outras duas semanas lá, e no final eu me sentia o dono daquele lugar, o rei. E consegui fazer isso imitando Michael Keaton em *Sombras do passado*.

Eu era jovem, então engordei um pouco, joguei bastante tênis e parei de tomar remédios. Mas, no fundo, sabia que beberia de novo. Quando me senti melhor, voltei para a Califórnia — a vida não havia voltado ao normal, mas eu me sentia bem. Porém, como já disse, não aprendi absolutamente nada sobre o meu problema. Não aprendi sobre o A.A. nem sobre como viver sóbrio; apenas parei com o Vicodin. Para aqueles que estavam assistindo, esse foi o começo da quarta temporada — o auge da minha beleza na série. Eu ainda não era bom o suficiente para Jennifer Aniston, mas estava bem pra caralho.

De volta à California, resisti por 68 dias, e então tomei meu primeiro drinque, seguindo a teoria de que beber não tinha sido o problema que quase me matou. Os opioides quase me mataram; a vodca só preenchia o vazio dentro de mim, e, como o vazio continuava ali, algo precisava preenchê-lo.

Bebi diariamente até 2001.

O ano anterior à minha ida a Hazelden provavelmente foi o melhor da minha vida, melhor do que qualquer pessoa poderia desejar. As alegrias da fama ainda não tinham se dissipado, mas, se eu morresse naquela época, meu túmulo diria AQUI JAZ MATTHEW PERRY — ELE TERMINOU COM JULIA ROBERTS, ou SERÁ QUE EU PODERIA *SER* MAIS BURRO E MORTO?

Em 1999, me apaixonei perdidamente por uma mulher com quem trabalhei em um filme (eu estava começando a ter um histórico de me apaixonar por mulheres famosas, como a minha mãe havia sido no Canadá). Todas as barreiras caíram por terra, e fui eu mesmo... e então ela preferiu se apaixonar por outra pessoa.

Consegui ficar com quase todo mundo que já quis, mas essa ainda dói. O que só mostra que a exceção às vezes é a regra: quando me envolvo com alguém, preciso ir embora antes de a pessoa me abandonar, porque não sou suficiente e a pessoa vai acabar descobrindo isso; porém, quando alguém não me escolhe, isso é uma prova de que não sou suficiente e ela descobriu. Não consigo vencer. De toda forma, até hoje sinto um frio na barriga só de ouvir o nome dela. O medo que impulsionava todos os meus momentos havia se realizado. Ela até mencionou que o fato de eu beber era um problema — outra coisa que o vício tirou de mim. Seria de esperar que isso me levasse à sobriedade, mas só piorou tudo. Acendi velas pela casa inteira, bebi, assisti ao filme que fizemos juntos, me torturando, sozinho, arrasado, tentando superar a perda. Fracassando.

Eu estava inchado e com uma cara horrível, e isso era perigoso.

Lembro que, por volta dos meus 14 anos, em Ottawa, me dei conta de que Michael J. Fox estava no filme mais assistido e na série de televisão mais assistida ao mesmo tempo, e mesmo assim, com aquela idade, fiquei fervilhando de inveja. Anos mais tarde, eu diria para o *New York*

Times: "Você quer a atenção, quer o dinheiro, quer a melhor mesa do restaurante." Então, no intervalo entre a quinta e a sexta temporada de *Friends*, filmei *Meu vizinho mafioso*, e veja só, depois do lançamento do filme, no começo do ano 2000, era eu quem estava na série de televisão mais assistida e no filme mais assistido.

Eu? Eu estava tomando tantos comprimidos que não conseguia nem sair do meu quarto. Em um momento que seria de esperar que Matthew Perry estivesse comemorando e sendo a pessoa mais popular da cidade, eu só interagia com traficantes e vivia em cômodos escuros, atormentado.

No mundo animal, quando um pinguim se machuca, os outros pinguins se juntam ao redor dele e o ajudam. Foi isso que meus companheiros de *Friends* fizeram por mim. Houve dias em que eu aparecia no set com ressacas horrorosas, e Jen e Courteney, sendo devotas de treinos de cardio como a cura para tudo, pediram uma bicicleta ergométrica para os bastidores. Entre ensaios e tomadas, eu ia para lá e pedalava naquele negócio como se o fogo do inferno estivesse me perseguindo — qualquer coisa que fizesse meu cérebro voltar ao normal. Eu era o pinguim machucado, mas estava determinado a não decepcionar aquelas pessoas maravilhosas, nem prejudicar a série.

Mesmo assim, o vício me arrasava — uma vez, em uma cena no Central Perk em que estou de terno, caí no sono bem ali no sofá, e um desastre foi evitado quando Matt LeBlanc me deu um cutucão pouco antes da minha fala; ninguém percebeu, mas foi por pouco.

Mas eu sempre aparecia para trabalhar, sempre sabia minhas falas.

E então, aos 30 anos, tive pancreatite.

Foi durante um intervalo entre as temporadas. Eu estava sozinho, de novo, e não havia nada para fazer — nenhum filme para gravar, nada, só o tempo passando devagar, se arrastando, descendo pelos cânions de Los Angeles rumo ao mar infinito. Passei meses sentado em casa sozinho para poder beber e, obviamente, bebendo sozinho (como eu disse, o alcoolismo quer você sozinho). Eu assistia a *Encontro marcado* sem parar, apesar de o filme ser sobre o personagem da Morte (eu) tentando descobrir o que é o amor. Perfeito. Mas era como se eu fosse o próprio Joe Black, constantemente encarando a pergunta "O que vamos fazer agora?". Eu era como a morte — bebia, assistia ao filme, desmaiava, acordava, bebia, assistia ao filme, desmaiava.

E então, do nada, senti uma pontada no estômago, sem motivo algum. Uma faca imaginária perfurou a pele, girou um pouco, sua serra passando pelas veias, fazendo meu sangue fervilhar. Conforme ela penetrava mais e mais, me ouvi gritando de dor, como um animal sendo estraçalhado nos cânions.

Liguei para a maravilhosa Jamie Tarses, que era mais ou menos minha namorada na época, e consegui dizer:

— Tem alguma coisa *errada*.

Jamie foi um anjo. Ela correu para a minha casa, me colocou no carro e me levou para o hospital mais próximo.

Na emergência, eu berrava:

— Preciso de uma lavagem no estômago! Preciso de uma lavagem no estômago!

O médico me encarou.

— Você não precisa de uma lavagem. Isso não é intoxicação alimentar.

— Então que porra é essa? — gemi.

— Você está com pancreatite — disse ele. — Uma coisa que só acontece quando a pessoa bebe demais.

Na verdade, existem algumas causas para a pancreatite — você pode ter uma doença autoimune, uma infecção, cálculo biliar, mas também pode ser porque você bebeu pra caralho. Pancreatite aos 30 anos era uma raridade. Parabéns para mim! Mais um recorde.

Eu aos 38 anos.

Um bebê alimentando outro bebê.

Mesmo naquela época eu sabia:
sempre comece com um drinque.

(*Página ao lado*) Um garotinho e seu pai. Sempre amei esta foto, sabe? Havia muitas coisas boas também!

Sempre fui ótimo com crianças. Nossa, eu gostaria de ter sido pai.

(*Acima*) Minha infância em uma imagem.

Aqui estou eu, quem sabe pegando alguma coisa.

Nesta foto estou com minha maravilhosa irmã Maria, que se tornou mãe de duas crianças e psiquiatra. Espero que ela tenha se livrado do suéter.

(*Abaixo*) Minha irmã caçula Madeline, meu irmão Will e eu, escondendo meus dentes.

(*Fim da página*) Estas crianças cresceram e salvaram minha vida.

Meu pai ridiculamente bonito e um garoto bem confuso se perguntando por que o pai está se casando com outra mulher. Eu tinha 10 anos. Estava ostentando um corte tigelinha bem legal.

Imagine no que estou pensando nesta foto. Ela foi tirada no casamento da minha mãe com Keith Morrison. (Com meus avós e o menino ao meu lado é o filho de Keith.)

Este sou eu "entregando minha mãe".

Minha mãe com Pierre Trudeau, o primeiro-ministro do Canadá. (*Foto de Boris Spremo/ Toronto Star via Getty Images*)

(*Abaixo*) Para o meu aniversário de 14 anos, meu pai contratou uma dançarina chamada "Polly Darton". Ninguém consegue inventar esse tipo de coisa.

Começa aqui.

Minha irmã, que cresceu rápido demais. Nota ao leitor: se eu tinha um cavanhaque, com certeza estava sob efeito de Vicodin ou qualquer outro opiáceo.

(*Abaixo*) Meu pai e eu no Boston Garden, numa partida de hóquei com as celebridades. Meu pai estava nas nuvens. Eu era fã do Kings, mas não conte isso a ninguém.

(*Acima*) Eu e minha avó maravilhosa. Eu sempre sorria desse jeito para esconder meus dentes da frente, que eram ligeiramente tortos. Você pode vê-los em *E agora, meu amor?*. Depois disso, porém, um estúdio me fez consertá-los para um filme.

No set de *Um caso a três* com minha irmã Madeline, ambos desejando que fosse um filme melhor.

(*Acima*) Madeline e eu nitidamente ficamos confortáveis um com o outro.

Aqui está uma foto em que Madeline não está deitada em cima de mim. (*Steve Granitz/WireImage*)

Viram? Sempre tive pernas de dançarino.

(*Acima, à esquerda*) Em 2002, fui indicado para um Emmy na categoria Melhor Ator em Série de Comédia. Levei minha mãe para a cerimônia de entrega. (*Vince Bucci/Getty Images*)

(*Acima*) Fui indicado em todas as categorias possíveis por *O triunfo*; perdi todas elas para Robert Duvall. Que belo trabalho. (©*TNT/ Cortesia de Everett Collection*)

(*À esquerda*) Meu primeiro programa de TV, *Second Chance*. Não poderia ter sido pior. (*Copyright © 20th Century Fox Licensing/ Merchandising/Everett Collection*)

(*Abaixo*) Este foi o programa que quase me fez perder o papel em *Friends*. (©*YouTube*)

(*Acima*) Com o belo River Phoenix.
(*Cortesia de Everett Collection*)

Eu e minha ex-namorada Rachel.
Minha nossa, é impossível ser mais bonita.
(*Gregg DeGuire/WireImage*)

(*Abaixo*) Esta é a única foto existente de nós dois em que não estou olhando para Rachel.
(*Chris Weeks/WireImage*)

(*Acima*) Eu e a mulher mais engraçada do mundo. (*Foto de Ron Galella, Ltd./ Ron Galella Collection via Getty Images*)

(*Acima, à direita*) Eu com Salma Hayek (e Jon Tenney) em meu primeiro papel como protagonista, no filme *E agora, meu amor?*. (*Foto de Getty Images*)

(*Centro, à direita*) Eu na companhia do cara mais legal do universo. (© *2000 Warner Photo by Pierre Vinet/ MPTVImages.com*)

(*À direita*) O *LA Times* julgou minha performance em *17 outra vez* como uma "atuação preguiçosa". Mas esse era o objetivo — eu realmente deveria parecer cansado. (© *2009 New Line Cinema/Foto de Chuck Zlotnick*)

(*Acima*) Eu e a linda Lauren Graham. (*AP Photo/Dan Steinberg*)

Fingindo não estar apaixonado por Valerie Bertinelli. (*Foto de Jim Smeal/Ron Galella Collection via Getty Images*)

(*Abaixo*) Aproveitando a companhia do meu amigo Bradley Whitford. (*MPTVImages.com*)

O melhor trabalho no mundo inteiro. (*Neil Munns/PA Wire/Press Association Images*)

Minha primeira e última headshots.

— Foda-se — falei. — Não. Eu não bebo demais...

Pode ter sido por vergonha; pode ter sido negação. Tenho dificuldade em diferenciar as duas coisas. Independentemente do motivo, fiz Jamie me levar de volta para casa.

Depois de uma hora lá, entendi que havia alguma coisa muito errada, então fui para um hospital diferente e recebi a mesma resposta.

Por trinta dias e trinta noites, fiquei internado, sendo alimentado por fluidos que entravam por um cateter (o único jeito de tratar a pancreatite é deixar o pâncreas completamente em paz, o que significava que eu teria que passar trinta dias sem comer ou beber); e, em cada uma dessas noites, dormi com Jamie Tarses ao meu lado — ela conseguiu que colocassem uma cama extra no quarto e tudo —, para que eu acordasse e a encontrasse lá. (Ainda acredito que Jamie foi enviada por um Deus benevolente, e que nenhum de nós a merecia. Eu, com certeza, não a mereci.) Nós assistíamos a *The West Wing* sem parar enquanto eu fumava — sim, eu fumava no meu quarto de hospital. Era uma época diferente, ou eu era tão famoso que ninguém reclamava. Em certo momento, me pegaram no flagra e me mandaram parar. Mas, no desespero, me dei alta do hospital, saí para fumar e me internei de novo.

O processo de readmissão levou sete horas. Valeu a pena.

Para amenizar a dor, me prenderam a uma máquina que administrava doses regulares de uma droga chamada hidromorfona. É um opioide que muda a relação do cérebro com a dor — quem dera essa droga existisse na forma humana. Mas eu adorei a hidromorfona. Virou a minha nova droga favorita, e eu ficaria cem dias naquele hospital se continuassem me dando minhas doses. Durante os trinta dias de internação, tive Jamie ao meu lado, e fiquei doidão e feliz. Especialmente feliz quando assinei o contrato para a sexta e a sétima temporadas, o contrato que, graças ao altruísmo e à ideia brilhante de David Schwimmer, nos rendeu cinquenta milhões de dólares. Assinei aquela papelada com um tubo de alimentação no braço e a hidromorfona fluindo pelo meu cérebro.

Mas fui descoberto. Pelo visto, comecei a pedir demais pelo remédio delicioso.

— Você já está bem — disse um médico. — Curamos a pancreatite. Vou te dar alta amanhã.

— Quer dizer que não vou receber hidromorfona *hoje*?

— Não — disse ele —, *não* vai.

De algum jeito eu aguentei aquela noite, mas ninguém sabia o que fazer comigo.

E então meu pai surgiu em cena. Na sua bondade, ele me convidou para morar com a sua família em Ojai, uma cidade no noroeste de Los Angeles.

— Venha ficar com a gente — disse ele —, vá a algumas reuniões do A.A. Coloque sua vida de volta nos trilhos.

Era uma boa opção, e, como eu não tinha nada para fazer, voltei para minha casa em Chelan Way, em Hollywood Hills, para pegar algumas coisas. Eu estava sóbrio, mas tinha passado trinta dias tomando hidromorfona, então continuava um pouco desnorteado. Jamie esperou enquanto eu fazia as malas, depois a segui em meu Porsche verde pelas estradas serpenteantes em meio às colinas. Quando virei a primeira à esquerda para entrar na Chelan Drive, uma van de entregas apareceu no meio da rua, vindo na minha direção, então desviei e pisei no freio, mas o carro entrou em um gramado e seguiu em frente, e eu bati na escada de uma casa, demolindo os degraus e entrando na sala de estar. Por sorte não havia ninguém lá dentro, mas o carro ficou destruído, assim como a escada.

Essas escadas vivem fodendo com tudo.

Fiz a coisa certa e esperei a polícia chegar. Fiquei olhando para o céu, me perguntando quando a próxima bigorna de desenho animado cairia na minha cabeça. Fiquei lá por tempo suficiente para alguém tirar uma foto e vendê-la para a revista *People* — meu carro dentro de uma casa, eu a caminho de ir morar com meu pai em Ojai.

Era como se eu tivesse 15 anos de novo, morando com meu pai na Califórnia. Um carro vinha me buscar todo dia para me levar ao set de *Friends*. Mas não demorou muito para eu voltar a tomar Vicodin, e então comecei a beber pra caralho de novo, e a gostar de novo. Nas palavras do meu psiquiatra, "a realidade é um gosto adquirido", e eu não conseguia adquiri-lo. Na surdina, levei drogas e álcool para dentro da casa do meu pai, e a esposa dele ficou tão irritada que, depois de um tempo, ele veio falar comigo com toda a calma do mundo e me informou que eu teria de ir embora.

Ah, eu vou embora, e vocês dois nunca mais vão ver a cor do meu dinheiro, pensei, mas não disse nada.

Voltei para a próxima temporada de *Friends* completamente entorpecido, e todo mundo sabia que alguma coisa precisava ser feita.

Eu já tinha ouvido falar de metadona, uma droga que prometia acabar com o vício de 55 comprimidos diários de Vicodin em um dia, com um golinho. A única condição era que você precisava tomar aquele golinho todos os dias, ou teria uma crise de abstinência séria. *Parece ótimo*, pensou minha mente desesperada. Consegui o remédio imediatamente e voltei para as gravações de *Friends* no dia seguinte, com a cabeça no lugar.

Fui informado de que a metadona não tinha efeitos colaterais. Isso é mentira. Na verdade, aquele foi o começo do fim.

Fora isso, estava tudo ótimo. *Friends* continuava sendo um sucesso. E então outro companheiro de elenco apareceu no meu trailer. Só que dessa vez não foi David, e a notícia não era boa.

* * *

— Eu sei que você está bebendo.

Fazia tempo que minha paixonite tinha sido superada — desde que ela havia começado a namorar Brad Pitt eu estava ótimo —, e eu já tinha entendido quanto tempo poderia encará-la sem criar um clima chato. Mesmo assim, ser colocado na parede por Jennifer Aniston me deixou arrasado. E confuso.

— Como você sabe? — perguntei. Eu nunca aparecia bêbado no trabalho. — Eu tento esconder...

— Nós sentimos o cheiro — disse ela, de um jeito esquisito, mas amoroso, e o plural do "nós" me acertou como um soco.

— Sei que estou bebendo demais — falei —, mas não sei bem como resolver isso.

Havia dias em que eu não estava bem para dirigir até o set (nunca fui trabalhar bêbado, mas vivia aparecendo de ressaca) e ia de limusine com um motorista — isso faz as pessoas olharem para você com uma cara curiosa. Todo mundo me perguntava se eu estava bem, só que ninguém queria interromper a fonte de dinheiro que era *Friends*, e eu me sentia péssimo por isso. Minha maior alegria também era meu maior pesadelo — e eu estava chegando bem perto de estragar aquele presente.

Com o tempo, contratei um coach de sobriedade para me acompanhar no trabalho, mas não deu muito certo. Um dia, tomei algum remédio depois de beber na noite anterior, e o efeito bateu durante um ensaio, na frente de todo mundo. Só que dessa vez houve uma reviravolta curiosa: eu estava chapado, mas não percebi, então achei que não precisava esconder nada. Eu não sabia que estava doidão, mas falava arrastado. Ninguém conseguia entender nenhuma palavra que saía da minha boca. E eu não me liguei.

De novo, voltei para o meu camarim, e todo mundo da série estava lá.

— O que você vai fazer, Matty? — perguntaram.

— Foi um remédio, vou acertar a dose. Desculpa.

Não bebi naquela noite e apareci para trabalhar no dia seguinte, mas eu estava na corda bamba.

Liguei para o meu agente.

— É — disse ele —, já sacaram tudo.

Os roteiristas, o elenco — porra, *todo mundo* — sabia, então eu falei:

— Você precisa me arrumar um filme. Agora. Me tira daqui.

Mais uma vez, minha ideia era fazer uma mudança. Eu ainda achava que, se me afastasse daquela situação, conseguiria largar todas as drogas e a bebedeira e sair por cima (na verdade, eu só estava triplicando minha carga de trabalho enquanto o uso de drogas e álcool continuava aumentando). Porque, não importa aonde você vá, você estará lá. Isso também me lembrou da época em que implorei por uma série e consegui *L.A.X. 2194*. Na época eu tinha moral suficiente para gravar um piloto e, consequentemente, ter dinheiro suficiente para beber no Formosa. Mas no auge do sucesso, na virada do século, eu tinha moral suficiente para conseguir um filme. *A serviço de Sara* seria filmado em Dallas, e não tenho ideia do motivo de ter achado que lá seria o lugar perfeito para ficar sóbrio...

A serviço de Sara era um filme ruim, mas minha performance o tornou bem pior.

Eu estava em péssima forma e fazendo coisas demais. Quatro dias da semana eram dedicados ao filme, depois eu pegava um jatinho para gravar *Friends* em Los Angeles. No avião, bebericava uma garrafa de água cheia de vodca enquanto decorava minhas falas. (Na verdade, se você estiver acompanhando, eu estava tomando metadona, Xanax, cocaína e um litro de vodca por dia.) Um dia, em Dallas, cheguei para gravar uma cena e me dei conta de que ela havia sido filmada alguns dias antes. As coisas estavam saindo de controle.

Jamie Tarses — a linda, maravilhosa, carinhosa e genial Jamie Tarses — foi para o Texas e basicamente se tornou minha enfermeira, mas eu continuava bebendo, me entupindo de drogas e tentando esconder isso dela. Uma noite, enquanto assistíamos televisão, ela se virou para mim e disse:

— É como se você estivesse desaparecendo.

Uma janela se abriu — foi só uma fresta, mas se abriu.

— Não quero desaparecer — sussurrei. — Chega.

Liguei para o meu agente, liguei para o meu pai, liguei para todo mundo.

— Estou completamente fodido — falei. — Preciso de ajuda. Preciso ir para a reabilitação.

A produção de *A serviço de Sara* foi interrompida, algo que acabaria me custando 650 mil dólares. Um preço pequeno a pagar para salvar minha vida. *Friends* adiou minhas cenas. E eu fui para um centro de desintoxicação em Marina del Rey dessa vez, na zona oeste de Los Angeles. Era como se eu fosse um carro a trezentos por hora e tivesse acabado de acertar um muro de tijolos; um Porsche verde que bate em uma escada. (Essas *porras* de escadas de merda.)

No primeiro dia, me disseram:

— Vá para o seu quarto; você não vai mais usar drogas.

Poderiam muito bem ter dito:

— *Vá para o seu quarto e pare de respirar.*

— *Mas eu preciso respirar para viver.*

— *Não. Outras pessoas já fizeram isso antes. As pessoas vão para o quarto e param de respirar.*

Era exatamente essa a sensação que eu tinha.

Passei um mês naquele lugar. Uma noite, eu estava fumando um cigarro, e chovia, e uma lâmpada balançava no teto do fumódromo. Eu falei em voz alta: "O inferno é exatamente assim. Estou no inferno."

Foi em Marina del Rey que finalmente descobri o Grande Livro dos Alcoólicos Anônimos. Depois de umas trinta páginas, cheguei ao trecho que diz: "Essas pessoas não bebiam para fugir; elas bebiam para superar uma ânsia que vai além do seu controle mental."

Fechei o livro e comecei a chorar. Estou chorando agora, só de pensar naquele momento. Eu não estava sozinho. Havia um grupo inteiro de pessoas que pensavam do mesmo jeito que eu. (E William Silkworth escreveu essa frase no dia 27 de julho de 1938.) Foi um momento fantástico e terrível ao mesmo tempo. Essa frase significava que eu nunca mais estaria sozinho. Mas também significava que eu era alcoólatra e teria que parar de beber e de me drogar imediatamente, e todos os dias, um dia de cada vez, pelo resto da minha vida.

O pessoal de Marina del Rey disse: "Esse cara é *intenso*. Trinta dias aqui não vão resolver o problema. Ele precisa de tratamento de longo prazo." Então me mandaram para uma reabilitação em Malibu, na qual passei os primeiros 12 dias sem dormir absolutamente nada. Minhas enzimas hepáticas estavam nas alturas. Depois de mais ou menos três meses, porém, comecei a melhorar — participei dos grupos e "trabalhei", como eles diziam.

Eu estava morando na reabilitação quando Monica e Chandler se casaram. Foi no dia 17 de maio de 2001.

Dois meses antes, no dia 25 de março de 2001, eu estava me desintoxicando na clínica quando os mandachuvas decidiram dar a todos uma noite de folga para assistir ao Oscar. Lá estava eu, deitado, suando e me contorcendo, cheio de medo, quase sem prestar atenção, quando Kevin Spacey subiu ao palco e anunciou:

— As indicadas para a categoria de melhor atriz são:

Joan Allen, por *A conspiração*;
Juliette Binoche, por *Chocolate*;
Ellen Burstyn, por *Réquiem para um sonho*;
Laura Linney, por *Conte comigo*;

e

Julia Roberts, por *Erin Brockovich: uma mulher de talento*.

Então ele disse:
— E o Oscar vai para... *Julia Roberts*!

Assisti a Julia beijar seu namorado da época, o ator Benjamin Bratt, e subir a escada para receber o prêmio.

— Obrigada, obrigada, muito obrigada — disse ela. — Estou *tão* feliz...

Enquanto ela fazia o discurso, uma voz ressoou por aquela sala da reabilitação, urgente, triste, frágil, raivosa, suplicante, cheia de saudade e lágrimas, brigando com o universo enquanto Deus calmamente batia com sua bengala no mundo duro e frio.

Fiz uma piada: "Eu te aceito de volta", falei. "Eu te aceito de volta."

A sala inteira riu, apesar de aquela não ser uma piada de sitcom. Agora era a vida real. Aquelas pessoas na televisão não eram mais o meu povo. Não, as pessoas que me viam deitado ali, tremendo, soterrado por cobertas, eram o meu povo agora. E eu tinha sorte de tê-las comigo. Elas estavam salvando a minha vida.

Na grande noite de Julia em Hollywood, me arrastei para a cama e fiquei encarando o teto. Não haveria sono para mim naquela noite. Apenas pensamentos girando pela cabeça, como se alguém tivesse dado um tiro dentro de uma lata de metal. *Aquela picape azul, aquela montanha. Todas as picapes azuis, todas as montanhas, desapareceram, se desintegraram no vácuo do medo.* Eu estava tão feliz por ela. E eu? Simplesmente me sentia grato por ter sobrevivido a mais um dia. Quando você chega ao fundo do poço, os dias demoram a passar.

Eu não precisava de um Oscar; eu só precisava de mais um dia.

INTERLÚDIO

Vazios

A dependência química é como o Coringa. Ela só quer ver o mundo inteiro pegar fogo.

6

Bruce Willis

Depois de três longos meses na reabilitação, eu me sentia melhor.

De volta à ativa, eu estava muito empolgado para ter uma vida que fosse menos controlada pelo alcoolismo e pela dependência química. Tinha parado de beber e de usar drogas. E meu desejo ardente pelas duas coisas havia desaparecido. Algo bem, bem maior do que eu estava no controle agora. Milagres acontecem.

A primeira coisa que fiz foi ir à casa de Jamie Tarses.

— Preciso entender minha sobriedade — falei para ela —, e isso vai tomar todo o meu tempo. Sou extremamente grato por todas as coisas maravilhosas que você fez por mim. — O rosto dela empalideceu. — Mas... não estou com cabeça para manter um relacionamento agora.

Então, para não deixar dúvidas: como recompensa pelos dois anos ao longo dos quais a doce e maravilhosa Jamie deixou de lado sua vida muito ocupada e importante para basicamente se tornar minha enfermeira, terminei nosso namoro. Jamie Tarses era uma das pessoas mais mágicas, lindas, inteligentes... ah, tão inteligente. Eu adorava o jeito como sua mente funcionava. E eu terminei com ela. O que só provou que ficar sóbrio não *me* tornou mais inteligente — na verdade, talvez tenha me transformado em um tremendo babaca. Acho que Jamie foi a pessoa mais fantástica que já conheci, e ela me amava. Só que eu não estava pronto para isso.

Tudo que eu disse para ela naquele dia era mentira, é claro. Eu tinha ficado sóbrio, era famosíssimo e queria transar com todas as garotas solteiras no sul da Califórnia.

E fiz isso. [Insira a bigorna de desenho animado caindo na minha cabeça.]

Por ser uma grande estrela, conseguir encontros não era um problema. E era assim que eu começava cada um deles:

— Oi, desculpa o atraso. Você está linda. Eu estava muito ansioso pra te conhecer.

[Pausa para a resposta positiva adequada.]

— Mas eu quero começar do jeito certo — continuava eu. — Vou ser muito sincero. Sou um livro aberto. Você pode me perguntar qualquer coisa, e vou dizer a verdade.

Outros comentários calorosos viriam; em um dia bom, ela ficaria concordando com a cabeça, amando minha sinceridade, meu discurso emocionado, meu tom sério e educado.

E aí eu jogava o balde de água fria.

— Não sei o que você está procurando, mas, se for algum tipo de conexão emocional, não sou o cara certo. — [Pausa para a informação ser absorvida.] — Não vou telefonar todo dia — continuava eu — e não vou ser seu *namorado*. Mas, se você estiver querendo se divertir, Eu. Sou. O. Cara. *Certo*.

No fim das contas, a grande filósofa do século XX Cyndi Lauper tinha razão — as garotas realmente só querem se divertir. Mas, para o caso de a mensagem não ter ficado bem evidente, eu precisava ser mais enfático.

— Sou uma pessoa extremamente passional — dizia eu, meio envergonhado, para o caso de a pessoa achar que estava me fazendo de difícil. — Na verdade, sou meio romântico. Até quando malho, só escuto músicas sobre mulheres passando por momentos difíceis. Mas não quero nenhum tipo de envolvimento emocional, nem estou aberto a isso — repetia, só para o caso de a mensagem não ter sido captada. — Acabei de terminar um namoro longo, e acabei de ficar sóbrio, então não estou em busca de um relacionamento agora.

Então chegava a hora de arrematar.

— Ah, você deu uma olhada no cardápio? — dizia eu. — Fiquei sabendo que a comida daqui é ótima.

Acho fascinante quantas mulheres topavam essa proposta depois disso tudo. Imagino que muitas achavam que poderiam me fazer mudar de ideia. Fazer o quê? Ah, sim, fui largado na mesa algumas vezes, obviamente. Algumas diziam "Bom, não quero nada disso", levantavam e iam embora (não é de surpreender que eu me sentisse interessado *de verdade* por essas).

Mas na maioria das vezes o discurso funcionava.

Uso a palavra "funcionava" de forma bem livre. Porque nem preciso dizer que, quanto a toda essa situação, se, a qualquer momento daqueles diálogos, minha cabeça fosse substituída por um grande traseiro, ninguém veria a diferença. Eu não apenas tinha acabado de terminar com a melhor mulher do mundo como estava propondo uma perda de tempo ridícula pra caralho. Sexo é ótimo e tal, mas acho que eu seria uma pessoa bem mais feliz hoje em dia se tivesse passado todos aqueles anos procurando algo mais.

Em uma vida cheia de erros, talvez esse tenha sido o maior de todos. E erros são difíceis de corrigir.

Durante essa época, conheci pelo menos cinco mulheres com quem eu poderia ter me casado, e ter tido filhos. Se eu tivesse feito isso apenas uma vez, agora não estaria sentado em uma casa imensa, com vista para o mar, sem ninguém com quem compartilhá-la, com exceção do treinador de sobriedade, do enfermeiro e do jardineiro duas vezes por semana — um jardineiro para quem eu costumava dar cem dólares só para desligar a merda do soprador de folhas. (A humanidade conseguiu chegar à Lua, mas não foi capaz de inventar um desses que não faça barulho?)

Natasha Wagner foi uma dessas mulheres. Ela não só é linda, inteligente, carinhosa e sexy como é a filha de Natalie Wood e Richard Gregson (e foi criada por Robert Wagner, e depois Robert Wagner e Jill St. John, após a morte trágica da mãe). Natasha era perfeita! Mas eu não queria perfeição, eu queria *mais*. Mais, mais, mais. Então, como fiz meu discurso para ela e não a tratei como deveria, seguimos caminhos diferentes, e fui em busca de mulheres ainda mais perfeitas, quando a verdade era que eu já as tinha encontrado.

Alguns anos depois, eu estava dirigindo pela Pacific Coast Highway em algum carro chamativo, um carro tão escandaloso que não consigo de jeito nenhum me lembrar qual era. Eu tinha baixado a capota; o sol refletia na ponta das ondas no mar e ganhava tons prateados. Caras em pranchas de surfe esperavam pela onda perfeita, que nunca vinha; eu sabia exatamente como era a sensação.

Então, meu celular tocou. Era Natasha. Ela havia se apaixonado por mim depois de um daqueles encontros, então tivemos que nos afastar — *essa é a regra, Matty, essa é a regra!* —, mas, de algum jeito, apesar de ter sido dispensada, continuava sendo minha amiga.

— Oi, Matty! — disse ela, do seu jeito inimitavelmente animado. Ela era tão radiante quanto o sol batendo no mar, sempre. Às vezes eu precisava afastar o olhar só para conseguir enxergar alguma coisa.

— Oi, Natasha! Tudo bem? — respondi. Era ótimo ter notícias dela. — Como vai a vida?

Se ela estava me ligando, talvez a gente tivesse alguma chance de...?

— Virei mãe! — anunciou ela. — Acabei de ter uma menina. Clover!

— Ah... — falei, e então me recuperei rápido, ou pelo menos achei que sim. — Que notícia ótima, querida. E adorei o nome!

Conversamos um pouco mais e depois desligamos. E aí, do nada, o carro escandaloso começou a seguir para o acostamento — porque *eu* o guiei para lá — e parou na beira da estrada. O sol ainda estava no céu, os surfistas continuavam em suas pranchas, mas eu me sentia completamente tomado pela emoção. A onda gigante pela qual todas aquelas pessoas esperavam tinha atingido a minha cabeça.

— Ela podia ter tido essa filha comigo — falei para ninguém, enquanto chorava feito um recém-nascido.

Eu me sentia tão triste e sozinho. Passei uns 45 minutos chorando, até que, aos poucos, um novo pensamento veio, surgindo como nuvens sobre o mar:

Nossa, mas que reação exagerada...

Isso me levou a refletir sobre o porquê de ter ficado tão arrasado. Continuei sentado ali, pensando, pensando, até que finalmente me dei conta da merda que eu estava fazendo: enquanto buscava uma ou duas horas de diversão com todas as mulheres que já haviam pisado na Terra, eu estava perdendo tantas coisas da vida. Era para isso que eu tinha ficado sóbrio? Para transar? Deus devia ter planos melhores para mim.

Eu precisava descobrir quais eram os planos de Deus, e rápido. A vida de Natasha estava desabrochando, enquanto a minha se mostrava um erro imenso.

* * *

Quando tento entender como minha sobriedade e dependência química funcionam, sempre penso na mesma frase: *Sou capaz de permanecer sóbrio a menos que* alguma coisa *aconteça*.

Em certos dias tranquilos, quando eu estava sóbrio, pensava no passado próximo e me perguntava por que eu recorria a comprimidos ou drogas depois de ficar limpo. Quando estava sóbrio, forte, me sentindo como uma pessoa normal, às vezes eu fantasiava sobre colocar um boné e óculos escuros e ir me misturar às pessoas no La Brea Tar Pits ou parar ao lado da estrela de alguma celebridade na Calçada da Fama, só para ver como seria. Não no sentido de "Eu sou um astro, sou melhor que essa gente"; mas no sentido de "Ah, é assim que é viver sóbrio".

Mas eu continuava sendo um turista nesse mundo da sobriedade. Era tão difícil fincar raízes nela. Por que para mim era tão difícil, quando já tinha visto tantas pessoas ao meu redor fazerem isso com tranquilidade?

Eu literalmente saía com todo mundo em Hollywood, mas tinha conhecido uma mulher em Nova York de quem gostava muito. Eu não era fiel, mas a amava. Havia pouco tempo que eu estava sóbrio, e era famoso, e queria comer todo mundo no condado de Los Angeles; muitas retribuíam esse desejo. Meu discurso ensaiado funcionava mais do que deveria. Mas a mulher que eu amava em Nova York era como uma boa mãe — ela cuidava de mim e era tão linda, então é óbvio que me senti atraído, e é óbvio que estraguei tudo. Mas nem tudo era ruim — em Los Angeles, eu também ajudava outros amigos do Alcoólicos Anônimos a ficarem sóbrios, apadrinhando pessoas, atendendo telefonemas quando necessário, oferecendo conselhos. *Friends* também era uma força da natureza, e eu não precisava ter medo de foder com tudo — eu estava limpo e prestes a ter a *minha* temporada, aquela em que todo mundo falaria sobre Chandler. A nona temporada foi a única que passei totalmente sóbrio. Adivinha qual foi a única em que recebi uma indicação ao Emmy de Melhor Ator em Série de Comédia? Pois é, a nona. Isso diz muita coisa. O que eu fiz de diferente naquele ano? Eu *ouvi*. Não fiquei parado, esperando a minha vez de falar. Às vezes, na atuação, escutar é mais poderoso do que falar. Também tento aplicar essa regra à minha vida. *Saiba mais, fale menos.* É o meu novo mantra.

Dois anos passaram voando; talvez seja assim que pessoas normais se sentem. Talvez eu tivesse achado a minha vocação; além de *Friends*, além de fazer filmes, além de tudo, eu estava aqui para ajudar as pessoas a ficarem e permanecerem sóbrias.

E então uma coisa aconteceu, e *sou capaz de permanecer sóbrio a menos que* alguma coisa *aconteça*.

Uma das mulheres para quem fiz meu discurso se apegou a mim e, como já sabemos, querido leitor, eu preciso pisar no freio quando algo assim acontece.

Então foi isso que eu fiz. Falei: "Eu *não* te amo. Te avisei sobre isso quando a gente se conheceu. Lembra do discurso, quando perguntei se você tinha visto o cardápio?"

Mas era tarde demais. Ela foi tomada por um sofrimento; a culpa era minha. *Foi para isso que eu fiquei sóbrio? Para transar com mulheres? E depois magoá-las? Deus devia ter planos melhores para mim.*

Na época, ela estava hospedada no Beverly Hills Hotel, e fui visitá-la, mas nada a consolava. Ela me lembrou da minha mãe — não importava quanto charme eu usasse, não importava as coisas engraçadas que eu dissesse, não conseguia amenizar seu sofrimento.

Passado algum tempo, ela foi até o banheiro batendo os pés, me deixando sozinho no quarto. Na mesa de cabeceira havia um pote virado de Vicodin. Três comprimidos estavam caídos sob o brilho do abajur. Ela estava trancada no banheiro, gritando; eu não conseguia lidar com aquela situação. E essa foi a *alguma coisa* que aconteceu. Então peguei os três comprimidos, e, de algum jeito, consegui aguentar o restante da noite, mas joguei fora dois anos de sobriedade.

Eu estava na merda de novo. Porque, quando tentamos passar a perna na sobriedade, o fenômeno das ânsias volta, e lá vamos nós de novo.

Era impossível voltar atrás. Logo comecei a comprar meus próprios remédios. Então voltei a beber. Eu estava conscientemente seguindo o caminho do esquecimento. Só que aquilo era maior do que eu — não havia nada que eu pudesse fazer para impedir minha trajetória.

Olhando para trás, eu só precisava ter contado para alguém, mas isso significaria parar. E parar não era uma opção.

Em certo momento de 1999, eu estava sentado sozinho na minha casa grande demais no topo de Carla Ridge, mais uma casa com uma bela vista, desta vez na bacia de Los Angeles. Lá embaixo, em algum lugar, a vida seguia normalmente na cidade. Tar Pits, Calçada da Fama... E, lá em cima, eu apenas esperava, com uma bebida em uma das mãos e um fluxo ritmado de Marlboro Lights na outra. Estávamos na quinta temporada de *Friends*; Ross e Rachel tinham saído cambaleando de uma capela, casando antes de Chandler e Monica. *Friends* era um marco cultural, um sinônimo do novo milênio, a série mais assistida no mundo todo, favorita e unânime.

E aquele jeito de falar! "Será que podia *estar* mais quente?" havia dominado a nação, e agora todo mundo falava do mesmo jeito. Clinton ocupava a Casa Branca; o dia onze de setembro não significava nada especial, a menos que fosse seu aniversário ou a data do seu casamento. Toda a água do mundo fluía em uma cascata até um lago resplandecente, no qual os pássaros mais lindos e desconhecidos flutuavam.

Então um mensageiro surgiu na minha porta, interrompendo meu devaneio. Era como se eu reencenasse o que havia acontecido com o poeta romântico Coleridge, que teve seu barato — causado pelo ópio — interrompido pelo lendário "homem de Porlock".[1] Na época, Coleridge guardava seu poema "Kubla Khan" inteiro na sua mente cheia de ópio, mas o mensageiro que chegou à sua porta naquele dia de 1797 destruiu a lembrança, deixando apenas 54 versos para a posteridade.

Eu não era nenhum Coleridge, mas o meu barato também era impressionante — a vista, a vodca com tônica e a doce queimação do Marlboro criavam um espaço seguro, no qual eu não era mais um homem solitário, no qual, de algum jeito, na casa atrás de mim, uma linda esposa e um bando de crianças maravilhosas brincavam enquanto o papai passava um tempo sozinho em sua sala de cinema (Quer se sentir solitário? Assista a um filme sozinho em uma sala de cinema.) Era em momentos assim, quando o nevoeiro se tornava mais espesso, que eu conseguia imaginar que minha vida não era repleta de vazios, que o campo minado do meu passado havia sido limpo por homens usando macacões de proteção e segurando detectores de metal, ganhando uma segurança benigna e linda.

Mas a campainha tocava agora, acabando com o meu barato, e, como a esposa e as crianças não existiam, cabia a mim abrir a porta. O "homem de Porlock" me entregou um pacote, que guardava um roteiro chamado *Meu vizinho mafioso*. Meu agente havia escrito nele: "Pode render uma grana."

Não era "Kubla Khan", mas eu logo vi que seria um sucesso.

---

1. Conta-se que, certa vez, o poeta Samuel Taylor Coleridge (1772-1834), que morava perto da vila de Porlock, na Inglaterra, consumiu opioides e dormiu por três horas. Durante esse período, teria sonhado com os versos de um novo poema, "Kubla Khan". Assim que acordou, Coleridge se pôs a redigir freneticamente os versos da nova poesia, mas, interrompido por batidas na porta, precisou parar com a escrita e acabou se esquecendo de uma parte da obra. Depois conseguiu se lembrar dos versos finais, mas, sem a parte do meio, o poema acabou ficando incompleto. O visitante dessa história passou a ser chamado de "o homem de Porlock", e não se sabe se realmente existiu ou qual era o assunto que precisava tratar com Coleridge. [*N. da E.*]

Não sou bom para ler roteiros. Naquela época, me ofereciam milhões de dólares para fazer filmes, e eu mal passava das primeiras páginas. Tenho vergonha de admitir isso agora, já que hoje também escrevo roteiros, e é um sacrifício conseguir respostas dos atores. Talvez eles tenham a mesma sensação que eu tinha: que, em uma vida de diversão, fama e dinheiro, ler um roteiro, independentemente do valor associado a ele, é parecido demais com fazer um trabalho de escola.

Mas o universo nos ensina. Passei tantos anos enrolando para ler roteiros, mas em 2021 escrevi um roteiro para mim mesmo e estava tentando colocá-lo em produção, até que me dei conta de que eu era velho demais para aquele papel. A maioria dos caras de 53 anos já está com a vida resolvida, então eu precisava contratar alguém de 30. O sujeito que escolhi levou semanas e mais semanas para responder, e fiquei chocado com a sua falta de educação.

— Eu ainda tenho moral suficiente para conseguir produzir um filme independente? — perguntei ao meu agente, Doug, frustrado.

— Na verdade, não — respondeu Doug.

Em 1999, porém, o meu próprio "homem de Porlock" me entregou um roteiro que mesmo eu consegui ver que tinha potencial, e esse potencial era nada menos que o fato de que Bruce Willis participaria do projeto.

Na virada do século, não havia astro maior que Bruce Willis. Seu currículo contava com *Olha quem está falando* e sua continuação, a franquia *Duro de matar*, *Pulp Fiction: tempo de violência*... Ninguém era mais bem-sucedido naquela época. Sem mencionar que seria uma boa folga de todas as 72 comédias românticas que eu tinha feito. Mitchell Kapner havia escrito um roteiro engraçado, cheio de reviravoltas, fácil de ler: sempre um bom sinal. E o melhor de tudo, Bruce Willis participaria, e eu seria o protagonista. Astros aclamados e bem-sucedidos na televisão sempre são aspirantes frustrados a estrelas de cinema.

E renderia uma grana? Sem dúvida. Mas primeiro eu teria que jantar com o diretor e o irmão do meu futuro colega de elenco.

Na noite seguinte, fui ao Citrus, na Melrose. Na época, esse era *o* restaurante de Hollywood: caro, exclusivo, traje esporte fino, uma fila de paparazzi na porta, tirando fotos loucamente de todo mundo que entrava e saía. Na ocasião, os famosos eram eu; o diretor do filme, Jonathan Lynn, um britânico baixinho e rechonchudo que tinha feito *Meu primo Vinny* e que era primo de Oliver Sacks; e um dos produtores do filme, o irmão de Bruce, David (David herdou o cabelo da família, aliás, e Bruce ficou com o queixo).

Eu estava trajando o indispensável terno preto de astro de cinema e cheguei uns minutinhos atrasado, porque é isso que os astros de cinema fazem. A noite correu muito bem, apesar de ninguém tocar na comida, como é normal em Hollywood. Jonathan era muito inteligente e engraçado — ele tinha aquele humor britânico seco, dizendo coisas aparentemente sérias com um brilho no olhar, apenas o suficiente para você saber que ele estava gozando da sua cara. David era atencioso, inteligente e perspicaz; quanto a mim, bom, eu já tinha decidido que toparia fazer o filme. O roteiro original não tinha nada de pastelão, por isso falei coisas como:

— Acho que essa seria uma ótima oportunidade de fazer um pouco de comédia pastelão, e estou totalmente disposto a cair de um lance de escadas e pular de algumas montanhas para trabalhar com Bruce Willis.

Jonathan e David riram e pareceram aliviados. Com o tempo, o "jantar" acabou. Jonathan disse:

— Bom, você é o nosso cara. Queremos muito que você fique com o papel.

Apertos de mão foram dados, os paparazzi foram ignorados, entrei no meu Porsche verde-floresta e saí cantando pneu.

Vou ser o protagonista de um filme do Bruce Willis, pensei, e, mais uma vez, todos os semáforos da Sunset estavam verdes. De volta à minha casa em Carla Ridge, a lua pairava no céu, solitária, soturna, lançando uma sombra estranha e incômoda sobre a minha vista. Liguei a televisão, me servi de uma vodca com tônica e esperei.

Os planetas e as estrelas estavam se alinhando de novo; será que a escalada de Matthew Perry tinha dado outro salto gigantesco? Era nisso que eu pensava enquanto as estrelas *de verdade* subiam no céu limpo e escuro. Comecei a contá-las, apesar de saber da superstição de que as pessoas que contam cem estrelas acabam morrendo.

Parei na 99ª, só para garantir.

Na manhã seguinte, havia uma mensagem na minha secretária eletrônica.

— Matthew, aqui é o Bruce Willis. Me liga, senão vou tacar fogo na sua casa, quebrar seus dois joelhos e braços, e você vai passar o resto da vida sem os membros.

Clique, sinal de ocupado.

Achei melhor retornar a ligação.

Alguns dias depois, nos encontramos no Ago, outro restaurante italiano chique de Hollywood, em uma sala privada nos fundos, a que é reservada para pessoas do calibre do Sr. Willis. Novamente, pisei fundo no meu Porsche, mal parando o carro antes de entregar minhas chaves para o manobrista.

Só que desta vez cheguei na hora.

Bruce Willis não decepcionou — ele *exalava* estrelato. Não era como se ele dominasse o lugar. Ele *era* o lugar. Na verdade, eu soube que ele era um astro de cinema de verdade quando a primeira coisa que fez foi ensinar ao barman como fazer uma vodca-tônica perfeita.

— Sirva a dose por três segundos — disse ele para o homem apavorado.

Bruce tinha 44 anos, era solteiro (separado de Demi Moore na época em que nos conhecemos) e sabia a receita exata do melhor drinque. O cara era pura diversão; estar na sua presença era revigorante. Mais tarde, nossa salinha privada foi visitada por Joe Pesci, que Jonathan Lynn havia dirigido em *Meu primo Vinny*, assim como por várias mulheres bonitas. Bruce riu de todas as minhas piadas idiotas — ele parecia gostar do espetáculo de um cara mais novo e engraçado o idolatrando e acompanhando seu ritmo para beber (ah, se ele soubesse). Eu me sentia empolgado por estar na sua companhia, porque aquele era um cara que sabia aproveitar a vida.

O jantar novamente ficou intacto, e os dois novos melhores amigos seguiram para a mansão dele em Mulholland — Bruce também parecia gostar de uma bela vista. A noite terminou com Bruce Willis e Matthew Perry, drinques em punho, dando tacadas em bolas de golfe na direção do vale de São Fernando, lá embaixo.

Essas bolas vão aterrissar em algum lugar, pensei, e, antes de conseguir imaginar o estrago que uma tacada bem dada poderia causar, ou até a natureza metafórica das nossas ações, parei de pensar por completo e bebi mais um pouco.

— Bem-vindo à liga dos profissionais — disse Bruce em certo momento, se referindo à vida de um astro de cinema, não ao golfe, imagino eu.

Nós tínhamos começado uma amizade, bebendo juntos, rindo e elogiando as tacadas um do outro.

Depois de algum tempo, como sempre acontece, o sol nasceu e trocamos despedidas cansadas. Enquanto eu voltava para casa, lembro de ter pensado: *Presta atenção nesse cara. Isso é que é ser feliz.* Nada parecia incomodar Bruce; ninguém dizia não para ele. Aquele era, de fato, o ápice do estrelato.

Por volta da hora do almoço naquele mesmo dia, Bruce ligou para me convidar para voltar à sua casa e assistir ao seu próximo filme, mas eu estava enjoado e de ressaca demais para cogitar essa hipótese. Depois de dar minhas desculpas, perguntei qual era o nome do filme, para assistir depois.

— *O sexto sentido* — disse ele.

Então, eu tinha conseguido o papel em *Meu vizinho mafioso* e embarquei em uma amizade com o astro do cinema mais famoso do mundo, mas até eu sabia que estava bebendo demais para ser convincente no filme. Medidas desesperadas seriam necessárias. Algumas pessoas conseguiam encher a cara direitinho e aparecer no trabalho no dia seguinte — mas elas não eram viciadas como eu.

Para conseguir acompanhar o ritmo das festas, e de Bruce, e não voltar para meu quarto de hotel e continuar bebendo, eu precisava de alguma coisa para baixar a bola e garantir minha presença no set no dia seguinte.

Liguei para um amigo — uso essa palavra no sentido mais vago — que vendia Xanax.

— Quantos você quer comprar? — resmungou ele.

— Me dá cem — respondi.

Quando os comprimidos chegaram, sentei na minha cama e contei cada um deles. *Agora posso beber com Bruce e os outros, e, quando finalmente ficar sozinho, tomo um desses e durmo.* Eu tinha um plano mirabolante, mas também ignorava o fato de que aquela mistura era completamente letal.

Fomos para Montreal no jatinho de Bruce (é lógico que fomos) para filmar *Meu vizinho mafioso*, chegando como heróis conquistadores prontos para tomar conta da cidade. Eu era o filho pródigo canadense, agora de volta, pronto para a festa.

Ficamos no Hotel Intercontinental. Eu tinha um quarto normal; Bruce tinha o último andar inteiro, que ele imediatamente batizou de "Clube Z", sem qualquer motivo aparente. Em poucas horas, ele também conseguiu que instalassem um globo espelhado de discoteca no teto.

O Globe Restaurant se tornou nosso lar honorário. O dinheiro e as bebidas fluíam, e todas as garçonetes eram gostosas.

Meses antes, eu tinha começado a sair com uma mulher chamada Renee. Nós nos conhecemos em um restaurante de Los Angeles chamado Red. Eu estava jantando com o primeiro assistente de direção de *Friends*, meu amigo Ben Weiss, e a garçonete veio até a mesa, se sentou ao meu lado e começou a conversar comigo. Não era o comportamento normal de uma garçonete, na minha opinião. Depois que ela anotou nosso pedido e foi embora, falei para Ben:

— Ela se chama Samantha.

— Não — respondeu ele —, com certeza é Jennifer.

Quando ela voltou com a comida, falei:

— Fizemos uma aposta sobre o seu nome. Eu acho que é Sam, e meu amigo chutou Jen.

— Oi — disse ela. — Eu me chamo Renee.

E, de algum jeito, depois de algumas festas regadas a bebida, eu e ela acabamos ficando juntos.

Basta dizer que Renee substituiu alguém que tinha partido meu coração em um filme que eu tinha feito, o que já a deixava em desvantagem... quando cheguei em Montreal, não estávamos na melhor fase. E, de toda forma (não me orgulho disso), eu seria capaz de trepar com a lama naquela época. E lama canadense, ainda por cima.

* * *

O papel em si era moleza. Eu só precisava demonstrar medo de Bruce — o que era fácil — e parecer apaixonado por Natasha Henstridge, o que era mais fácil ainda. O diretor, Jonathan, que por algum motivo comecei a chamar de "Sammy", mantinha meu clima favorito em um set — de muita criatividade. A melhor piada, independentemente de onde ela viesse, era escolhida, assim como em *Friends*.

Amanda Peet também estava no elenco. Ela era engraçada, inteligente e muito bonita e, apesar de estar namorando, não via mal nenhum em dar em cima de mim e de Bruce, algo que fazia o tempo todo, até chegar ao ponto de Bruce gritar com ela e falar: "*Escolha* um!"

À noite, as festas corriam soltas sob o globo espelhado de Bruce no Clube Z. De alguma forma, todo mundo ainda conseguia aparecer para trabalhar às seis da manhã. Digo "de alguma forma", mas sei como eu conseguia: aqueles cem comprimidos de Xanax funcionavam que era uma beleza, mas, junto com a bebedeira, faziam minha cabeça parecer uma bola de basquete. Enquanto isso, o figurão do Sr. Bruce Willis permanecia com o maxilar tão afiado que seria capaz de abrir um envelope.

Todo dia, enquanto eu enfrentava uma ressaca horrorosa, que conseguia aguentar porque ainda era relativamente jovem, nós nos reuníamos e analisávamos o trabalho que seria feito ao longo do dia. "Nós" éramos eu, Jonathan Lynn, Bruce Willis e o hilário Kevin Pollak, que interpretava Janni Gogolak, outro chefe da máfia. Era quase como uma sala de roteiristas — debatíamos o que seria engraçado, o que poderia acontecer em uma cena, o que poderia mudar. A gente pensava muito em como acrescentar momentos de comédia física para o meu personagem. Eu pulava janelas, dava de cara com portas fechadas. Em certo momento, fiz uma cena em que eu via um criminoso, me virava, dava de cara com outro, era jogado no chão, acertava um abajur e o agarrava como se fosse um escudo. Essas ideias foram todas minhas, e todas deram certo.

Em determinada parte, Kevin tinha a fala: "Ele não merece respirar o ar."

Sugeri que ele acrescentasse uma pausa maior que o normal antes das palavras "o ar". Essa foi praticamente a única vez na minha carreira em que eu não consegui me segurar — a execução de Kevin dessa fala era tão engraçada, com a pausa aumentando mais e mais a cada tomada que filmávamos, que, no fim, precisei ficar em outro cômodo enquanto ele gravava.

Quando o status de ser Bruce Willis era deixado para trás, eu só queria ser amigo daquele cara. Não queria puxar seu saco, como o mundo inteiro fazia. Durante as filmagens de *Meu vizinho mafioso*, tivemos um feriadão de três dias, e fomos eu, Renee, Bruce e sua namorada para a casa dele nas ilhas Turks e Caicos. É um lugar lindo, com uma vista deslumbrante para o mar. Eles até tinham comprado todos os terrenos vizinhos para que os paparazzi não conseguissem tirar fotos. Passamos o feriado inteiro carregando guarda-sóis para nos proteger e não bronzearmos o rosto por causa do filme. Um novo truque de astro de cinema, um dos muitos que aprendi com o Sr. Willis.

Mas havia uma grande diferença entre mim e Bruce. Ele gostava de festas; eu era um viciado. Bruce tem um botão de liga e desliga. Ele consegue se divertir feito louco, depois receber um roteiro como *O sexto sentido*, largar a farra e fazer um bom trabalho sóbrio. Ele não tem o gene, não é um dependente químico. Há vários exemplos de pessoas em Hollywood que conseguem se divertir e se manter funcionais, mas eu não sou uma delas. Na época em que eu bebia e me drogava, se um policial batesse à minha porta e dissesse "Se você beber hoje, será preso amanhã", eu começaria a fazer minhas malas para a prisão, porque, depois que começo, não consigo mais parar. Eu só tinha controle sobre o primeiro drinque. Depois disso, já era. (Algo também conhecido como: *Homem toma a bebida, a bebida toma todo o resto*.) Quando começo a acreditar na mentira de que consigo beber só um drinque, deixo de ser responsável pelos meus atos. Preciso de pessoas, centros de reabilitação, hospitais e enfermeiros para me ajudar.

Eu não conseguia parar. E, se não me controlasse logo, acabaria morrendo. Havia um monstro dentro do meu cérebro, um monstro que queria me deixar sozinho e me convencer a tomar aquele primeiro drinque ou comprimido, para então me dominar.

Apesar de todas as festas, fomos profissionais naquele filme e conseguimos criar um sucesso. As primeiras críticas foram positivas — uma delas, da revista *Variety*, dizia:

> "Bruce Willis atrai o público, mas é Matthew Perry quem chama mais atenção em uma aventura cheia de burradas que pode ser comparada ao trabalho de Tom Hanks de 12/15 anos atrás."

Era um elogio e tanto para alguém que admirava Tom Hanks. Bruce tinha suas dúvidas sobre o filme, mas eu tinha apostado com ele que daria certo — se ele perdesse, teria que fazer uma participação especial em *Friends* (ele participou de três episódios da sexta temporada).

Meu vizinho mafioso foi o filme mais assistido nos Estados Unidos por três semanas seguidas.

Eu tinha conseguido. O sonho que tinha desde os 14 anos finalmente estava se realizando: *Meu vizinho mafioso* não era *De volta para o futuro*, mas Michael J. Fox e eu somos as únicas pessoas a ter estrelado o filme e a série mais assistidos do país ao mesmo tempo.

Eu deveria ter sido o queridinho da cidade, mas, de volta a Los Angeles, ficou evidente, pelo menos para mim, que meu vício havia alcançado níveis perigosos. Eu nem saía mais de casa — as drogas e o álcool estavam completamente no controle. Minha vida era tão dominada pelas drogas e pelas minhas interações com traficantes a ponto de eu não conseguir nem sair do quarto — em vez de um momento grandioso de pura fama, a única coisa que eu fazia era me afundar no vício. Fui à pré-estreia do filme, obviamente, e dei meu show de sempre, mas estava inchado e dominado por um medo inexplicável.

Eu tinha devaneios sobre ir a um talk show e ser sincero.

Jay Leno: *Então, como vão as coisas, Matthew?*
Eu: *Cara, não sei de mais nada. Estou completamente ferrado. Estou arrasado. Não consigo sair da cama.*

Teria sido o momento perfeito para isso.

Quatro anos depois de *Meu vizinho mafioso*, eu, Bruce e Kevin gravamos a sequência (com um diretor diferente). Se *Meu vizinho mafioso* foi o começo do meu estrelato no cinema, seria justo dizer que *Meu vizinho mafioso 2* foi o fim.

Gravamos o segundo filme em Los Angeles — recebemos liberdade demais, e foi péssimo. É raro conseguir recriar uma coisa boa, e esse com certeza foi o caso aqui; as piadas eram fracas, e as festas, mais fracas ainda. Na verdade, foi tão ruim que, um tempo depois, liguei para os meus agentes e perguntei:

— Eu ainda posso *ir* ao cinema, não posso?

Quando *Meu vizinho mafioso* foi lançado, eu estava tão mergulhado no vício que mal conseguia sair do quarto. Minha mente fodida estava presa em uma fossa infernal de desespero e desamparo, lentamente levando meu corpo junto. Faz pouco tempo que a ficha caiu: essa sensação devia ter sido reservada para o lançamento de *Meu vizinho mafioso 2*. Qualquer um com o mínimo de bom senso teria ficado loucamente depressivo depois daquilo.

Às vezes, de madrugada, quando todo mundo já tinha ido embora e a festa havia acabado, quando o sol estava prestes a nascer, Bruce e eu ficávamos conversando. Era nessas horas que eu via o Bruce Willis de verdade — um cara de bom coração, atencioso, altruísta. Um pai maravilhoso. Um ótimo ator. E, mais importante, um cara legal. Se ele quisesse, eu teria sido seu amigo para sempre. Mas, como costuma acontecer na vida, nossos caminhos pouco se cruzaram depois disso.

Eu, obviamente, rezo por ele toda noite hoje em dia.

INTERLÚDIO

O céu desabou

Alguma coisa aconteceu, e tive uma recaída. Como já disse, para eu ter uma recaída basta que alguma coisa — qualquer coisa — aconteça. Seja ela boa ou ruim.

Estraguei outro período de sobriedade. Nem me lembro por quê. Tudo ia às mil maravilhas. Tive dois anos — eu ajudava outras pessoas a ficarem sóbrias —, e arruinei tudo por algo tão banal que nem consigo me lembrar do que foi. Mas me lembro de muita bebida, muitas drogas, muito isolamento. Eu sempre ficava doidão sozinho — meu medo era que alguém visse o quanto eu usava, se assustasse e tentasse me convencer a parar. Eu já tinha começado, então parar não era uma opção.

Frequentemente, minha vida é salva porque eu fico assustado. Quando acho que as coisas saíram muito de controle, entro em pânico, pego o telefone e peço ajuda. Desta vez, um coach de sobriedade e meu maravilhoso pai vieram ao meu resgate. Os dois se mudaram para a minha casa imediatamente; comecei a me desintoxicar no mesmo dia.

Eu me sentia fisicamente arruinado... mas a desintoxicação ia bem. Pelo menos era isso que meu pai e o coach de sobriedade pensavam. Eles não sabiam que eu tinha escondido um frasco de Xanax no quarto.

Ser dependente químico é assim: você faz coisas que normalmente pareceriam estar fora de cogitação. Meu pai largou tudo para ficar comigo, para me dar amor e me apoiar em mais um desastre criado por mim mesmo, e a minha forma de recompensá-lo foi escondendo drogas na mesa de cabeceira.

Uma noite, eu estava desesperado para dormir, para encontrar uma escapatória da desintoxicação brutal que me afligia. O frasco de Xanax me chamava como se fosse iluminado por uma luz malévola na escuridão. Eu pensava nele como um farol, só que, neste caso, virei meu barco na direção das pedras que o afundariam, não para o lado contrário. A tampa com trava de segurança não foi um obstáculo para esta criança; no quarto ao lado, o pai da criança, que antes assistia a reprises da série *Taxi*, pegou no sono, enquanto no meu, cheio de rochedos letais metafóricos, mergulhei naquele frasco de Xanax e tomei quatro comprimidos (um já seria muito. Mas *quatro*?).

Não deu certo. A escapatória não veio — os quatro comprimidos não fizeram nem cócegas nos meus pensamentos incessantes. O sono permaneceu fora do meu alcance. A vergonha, o medo e o intenso ódio por mim mesmo me prendiam. Então qual seria o próximo passo lógico? Bem, para este dependente químico, seria tomar outros quatro. (Não eram *simplesmente* oito comprimidos. Na verdade, essa é uma quantidade com potencial letal.) De algum jeito, a segunda leva de quatro se misturou com a primeira, e acabei dormindo. O sono causado pelo Xanax não é profundo — é um consenso geral que ele é uma bosta para levar à fase do sono profundo —, mas eu não me importava. Só queria que o meu cérebro, aquela coisa que me perseguia, ficasse quieto por algumas horas... para ter um pouco de alívio da desintoxicação extremamente dolorosa.

Tive a sorte de conseguir acordar, mas o Xanax fez algo pior do que prevenir o sono profundo — ele fritou meu cérebro e me deixou maluco. Eu via coisas: tinha visões estranhas e notava cores que nunca tinha visto antes, cores que pareciam impossíveis de existir. As cortinas automáticas cinza do meu quarto ganharam um tom roxo escuro. Era como se os bastonetes e os cones das minhas retinas enviassem novas mensagens espontâneas pelo nervo óptico ao meu tronco encefálico já ferrado. Azuis normais agora eram cerúleo; vermelhos eram magenta; preto era Vantablack, ou Black 3.0, o preto mais preto de todos.

E não era só isso: eu tinha acabado com o frasco de Xanax e, se esse problema não fosse solucionado rápido, eu poderia morrer (Lembra? As desintoxicações de álcool e Xanax são as únicas que podem matar — a de opioides só faz você querer morrer). Mas o efeito estava passando. Minha única opção era conseguir mais comprimidos, porém a configuração da minha casa não permitia essa possibilidade. Com certeza me pegariam. Então eu precisava admitir o que estava fazendo para me desintoxicar do remédio também.

Saí do quarto e entrei no caleidoscópio de cores que era a minha sala. *Será que estou no Céu?*, pensei. *Será que o Xanax me matou ontem, e o Céu é assim?* Com cuidado, expliquei a situação para o meu pai e o coach de sobriedade. Os dois ficaram apavorados da maneira apropriada. O coach entrou em ação e ligou para um médico.

Eu estava totalmente alucinado. Foi então que decidi compartilhar com meu pai um dos meus medos.

— Pai — falei, muito sério. — Sei que isso vai parecer loucura, mas, a qualquer momento uma cobra gigante vai aparecer e me levar embora.

A reação do meu pai?

— Matty, se uma cobra gigante aparecer e levar você embora, vou cagar na calça de tanto medo.

Até hoje fico impressionado com a capacidade do meu pai de acompanhar minha completa loucura.

Nesse momento, o coach de sobriedade voltou para a sala, expressou sua decepção, mas disse que estava disposto a me ajudar. Só que eu precisava ir ao médico imediatamente. Fomos para o consultório. No fim da consulta, pedi desculpas ao médico, apertei sua mão e prometi que aquilo nunca mais se repetiria. E falei sério — eu estava cansado. O médico prescreveu novos medicamentos para desintoxicação e um anticonvulsivante (a desintoxicação de Xanax pode causar convulsões). Voltamos para casa. Minha pobre assistente de longa data, Moira, foi buscar os remédios na farmácia, e ficamos esperando. E esperando. Por algum motivo, ela demorou horas para completar essa nova missão.

Só que o tempo estava passando. Se eu não tomasse os medicamentos logo, poderia me foder muito. Havia a possibilidade de eu ter uma convulsão; havia a possibilidade de eu morrer. Nenhuma dessas opções me interessava. Agora, três homens adultos encaravam a porta da frente, esperando que ela se abrisse, e dois deles também encaravam um Matty assustado.

Depois de um tempo, não aguentei mais toda aquela atenção em cima de mim e fui para um sofá no canto da cozinha. A realidade, aquele gosto adquirido, estava começando a me alcançar, aos poucos, determinada, como uma lente ganhando foco. E eu me sentia péssimo, física e emocionalmente. A vergonha e a culpa me assolavam. Não dava para acreditar que eu tinha feito aquilo de novo. Os homens que eu apadrinhava estavam sóbrios havia mais tempo do que eu. Não é possível oferecer o que não se tem. E eu não tinha nada.

Eu me odiava.

Aquele era um novo fundo do poço; eu achava que não daria para chegar mais fundo do que o meu fundo do poço anterior, mas havia conseguido essa proeza. E tudo isso na frente do meu pai, que obviamente estava apavorado. A natureza sorrateira, desconcertante e poderosa do vício tinha me encontrado de novo.

A porta da frente ainda não se abria. Aquilo era grave. Eu estava desesperado. As drogas estavam fora de controle, a bebedeira também. A situação era tão ruim que eu não conseguia nem chorar. Chorar seria um sinal de que havia pelo menos um resquício de normalidade em algum lugar, mas nada daquilo era natural.

Então, o fundo do poço — o pior momento da minha vida. Esse é um clássico dos dependentes químicos, quando você sente a necessidade de pedir ajuda duradoura... Mas, olha só, o que era aquilo? Enquanto eu estava sentado ali, olhando para a cozinha, notei uma alteração no clima. Talvez uma pessoa que não tivesse chegado ao fundo do poço ignorasse algo assim, mas, para mim, era tão hipnotizante que não consegui desviar o olhar. Parecia uma ondinha no ar. Eu nunca tinha visto algo parecido. Mas era real, verdadeiro, tangível, concreto. É isso que a gente vê no fim? Eu estava morrendo? E então...

Comecei a orar freneticamente, com o desespero de alguém que se afoga. A última vez que eu tinha orado havia sido logo antes de conseguir o papel em *Friends*, quando fiz aquele acordo faustiano com um Deus que simplesmente respirou fundo e ficou esperando. Lá estava eu, mais de uma década depois, juntando as mãos uma segunda vez. "Deus, por favor, me ajude", sussurrei. "Mostre que você está aqui. Deus, por favor, me ajude."

Enquanto eu orava, aquela ondinha no ar se transformou em uma luzinha dourada. Ajoelhei, e a luz lentamente foi aumentando, aumentando, até se tornar tão grande que ocupava o cômodo inteiro. Era como se eu estivesse no Sol. Eu tinha pisado na superfície do Sol. O que estava acontecendo? E por que eu começava a me sentir melhor? E por que eu não estava apavorado? A luz trouxe uma sensação mais perfeita do que a dose mais perfeita de drogas que já tomei. Tomado pela euforia, fiquei assustado e tentei me desvencilhar. Mas não havia como. Aquilo era maior do que eu. A única opção era me render, o que foi fácil, porque era uma sensação tão boa. A euforia começava no topo da minha cabeça e lentamente descia pelo corpo inteiro — devo ter passado cinco, seis, sete minutos ali, preenchido por ela.

Meu corpo não tinha sido substituído por mel quente. Eu *era* o mel quente. E, pela primeira vez na vida, eu estava na presença de amor, de aceitação, tomado pela sensação poderosa de que tudo ficaria bem. Agora eu sabia que minhas preces tinham sido atendidas. Eu estava na presença de Deus. Bill Wilson, que criou o A.A., foi salvo pela experiência de ver um raio atravessando uma janela, quando sentiu que via Deus.

Aquela era a minha vez de encontrar Deus.

Mas era apavorante me sentir tão bem. Uma vez alguém me perguntou se eu já tinha sido feliz, e quase dei um fora naquele babaca. (Uma vez, no centro de reabilitação Promises, disse para o meu conselheiro que a felicidade dos outros pacientes em recuperação me deixava nervoso. "Sinto como se houvesse um monte de gente feliz vivendo em uma montanha, enquanto eu estou morrendo", falei, e ele me explicou que muitas daquelas pessoas não estavam entendendo a situação, e logo voltariam para a reabilitação em condições ainda piores.)

Após uns sete minutos (não parece tanto tempo para ficar no paraíso), a luz começou a diminuir. A euforia desapareceu. Deus tinha feito seu trabalho e ido ajudar outra pessoa.

Comecei a chorar. Quer dizer, comecei a chorar de verdade — aquele tipo de choro descontrolado, de sacudir os ombros. Eu não chorava porque estava triste. Chorava porque, pela primeira vez na vida, me sentia bem e seguro, bem cuidado. Após décadas lutando contra Deus, lutando contra a minha vida, contra a tristeza, tudo era levado embora, como um rio de sofrimento sumindo no horizonte.

Eu estivera na presença de Deus. Tinha certeza disso. E, desta vez, pedi a coisa certa: receber ajuda.

Com o tempo, o choro passou. Mas tudo estava diferente agora. Eu enxergava as cores de outro jeito, os ângulos tinham outra magnitude, as paredes eram mais fortes, o teto estava mais alto, as árvores que batiam na janela eram mais perfeitas, suas raízes conectadas ao planeta e a mim pelo solo — uma grande conexão criada por um Deus amoroso —, e além, um céu que antes era teoricamente infinito, e que agora se mostrava incompreensível e verdadeiramente interminável. Eu me sentia conectado com o universo como nunca antes na vida. Até as plantas na minha casa, em que eu nunca havia prestado atenção, pareciam mais nítidas, mais lindas do que seria possível, mais perfeitas, mais vivas.

Permaneci sóbrio por dois anos apenas por causa daquele momento. Deus tinha me dado um vislumbre de como a vida poderia ser. Ele me salvou naquele dia, e em todos os outros, na verdade. Ele me transformou em alguém que busca não apenas a sobriedade e a verdade, mas também por Ele. Deus abriu uma janela e a fechou, como se dissesse: "Agora, faça por merecer tudo isso."

Hoje em dia, quando momentos especialmente sombrios me encontram, fico me perguntando se foi apenas uma loucura influenciada pelo Xanax, uma continuação da cobra que eu tinha certeza que apareceria — o medicamento pode causar algo que os Institutos de Saúde dos Estados Unidos descrevem como "episódios psicóticos breves e reversíveis". (Mais tarde, também tive uma convulsão fortíssima na frente do meu pai, um momento não muito divertido — assim como ser levado para o UCLA Medical Center, que, naquele momento, achei ser uma estação de anjos.) Mas logo volto para a verdade da luz dourada. Quando estou sóbrio, ainda consigo vê-la, lembro o que ela fez por mim. Alguns podem achar que foi uma experiência de quase morte, mas eu estava lá, e era Deus. E, quando estou conectado, Deus me mostra que era real, me dá pequenas dicas, como quando o sol bate no mar e se transforma naquele dourado maravilhoso. Ou o reflexo da luz solar nas folhas verdes de uma árvore, ou quando vejo a luz voltar para os olhos de uma pessoa depois de ela sair da escuridão em direção à sobriedade. E eu a sinto quando ajudo alguém a ficar sóbrio, no jeito como meu coração aperta quando me agradecem. Porque essa pessoa ainda não sabe que sou eu quem deveria estar agradecendo.

Um ano depois, conheci a mulher com quem passaria os próximos seis anos. Deus está em todos os lugares — você só precisa permanecer atento aos sinais, ou acabará deixando passar.

7
A vantagem dos amigos

Monica foi primeiro; ela colocou a chave na bancada vazia. Depois foi a vez de Chandler. Então Joey — uma grande gargalhada, porque ele não deveria ter uma chave —, depois Ross, depois Rachel, e, por último, Phoebe. Agora, havia seis chaves sobre a bancada, e o que dizer depois disso?

Todos ficamos parados em uma fila. Phoebe disse:

— Acho que é isso.

E Joey falou:

— É... — E então quase quebrou a quarta parede ao olhar rapidamente para a plateia antes de continuar: — Acho que sim...

Mas não havia uma quarta parede a ser quebrada; na verdade, nunca houve. Fazia uma década que estávamos no quarto e na sala das pessoas; no fim, éramos parte da vida de tanta gente sem percebermos que nunca houve uma quarta parede para ser quebrada. Nós éramos apenas seis amigos próximos em um apartamento aparentemente grande demais, quando, na verdade, ele não passava do tamanho da televisão de alguém.

E então chegou o momento de sair do apartamento pela última vez. Agora, porém, éramos oito — os seis personagens principais, além dos gêmeos de Monica e Chandler em um carrinho.

Antes daquele último episódio, eu tinha puxado Marta Kauffman para um canto.

— Ninguém além de mim vai se importar com isso — falei. — Então posso ficar com a última fala, por favor?

Foi por isso que, quando saímos pela porta e Rachel sugere um último café, eu pude fechar a cortina de *Friends*.

— Claro — responde Chandler, e então, com um timing *perfeito*, diz a última fala: — *Onde?*

Adoro o olhar de Schwimmer ao ouvir minha fala — é um misto perfeito de afeto e diversão, exatamente o que a série *Friends* sempre ofereceu ao mundo.

E foi assim que acabou.

A verdade é que todos nós estávamos prontos para o fim. Para começo de conversa, Jennifer Aniston já tinha decidido que não queria mais fazer a série e, como todos tomávamos decisões em grupo, isso significava que teríamos que parar. Jennifer queria fazer filmes; eu tinha feito filmes durante aquele tempo todo, e *Meu vizinho mafioso 2* estava prestes a estrear e seria um sucesso (insira uma piada aqui sobre eu ser um otário), mas, de toda forma, as histórias de Monica, Chandler, Joey, Ross, Rachel e Phoebe já estavam basicamente esgotadas em 2004. Não ignorei o fato de que Chandler havia crescido bem mais rápido do que eu. Como resultado, principalmente pelo desejo de Jenny, a décima temporada foi menor. Mas todos os personagens estavam felizes naquela altura, e ninguém quer assistir a um bando de gente feliz fazendo coisas felizes — qual seria a graça disso?

Era 23 de janeiro de 2004. As chaves na bancada, um cara muito parecido com Chandler Bing disse "Onde?", "Embryonic Journey", de Jefferson Airplane, começou a tocar, a câmera se aproximou da porta, e então Ben, nosso primeiro assistente de direção e amigo muito próximo, gritou pela última vez "Encerramos", e lágrimas surgiram nos olhos de todo mundo. Fizemos 237 episódios, incluindo este último, apropriadamente chamado de "O último". Aniston *soluçava* de tanto chorar, tanto que, depois de um tempo, fiquei impressionado por ainda restar água em seu corpo. Até mesmo Matt LeBlanc chorava. Mas eu não sentia nada; não dava para saber se era por causa da buprenorfina, um opioide que eu estava tomando, ou se eu tinha morrido por dentro. (Só para explicar, a buprenorfina, ou Suboxone, é um medicamento excelente para desintoxicação, que tem o objetivo de ajudar você a ficar longe de opioides "mais fortes" — ela não *altera* seu discernimento de forma alguma. Porém, ironicamente, é uma das drogas mais difíceis do mundo de parar de usar. Nunca deve ser tomada por mais de sete dias. Com medo de uma desintoxicação horrorosa, eu estava tomando fazia oito meses.)

Então, em vez de chorar, dei uma volta lenta pelo set com minha namorada da época — apropriadamente chamada Rachel —, no estúdio 24 da Warner Bros. em Burbank (que, depois do fim da série, receberia o nome de "O estúdio de *Friends*"). Nós nos despedimos de todo mundo, prometendo marcar um reencontro logo, daquele jeito que as pessoas sabem que nunca vai acontecer, e então seguimos para o meu carro.

Passei um tempo sentado no estacionamento, pensando nos últimos dez anos. Pensei em *L.A.X. 2194,* e nos 22.500 dólares, e em Craig Bierko; pensei no fato de ter sido o último a ser escalado e naquela viagem para Las Vegas, quando andamos por um cassino lotado sem ninguém saber quem éramos. Pensei em todas as piadas e nas olhadas duplas, nos irmãos Murray, e em algumas das minhas falas mais famosas/próximas-demais-da-realidade, como "Oi, eu sou o Chandler, e faço piadas quando me sinto desconfortável", e "Até os 25 anos, eu achava que a única resposta para 'Eu te amo' era 'Ah, droga!'", e "Nós engolimos nossos sentimentos. Mesmo que isso signifique sermos infelizes para sempre", e "Será que ela podia *ser* mais areia para o meu caminhãozinho?".

Pensei no verão entre a oitava e a nona temporadas, quando passei um tempo na reabilitação e a capa da revista *People* dizia que eu estava "Feliz, saudável e GOSTOSO!" ("O piadista de *Friends* fala sobre boatos de namoro", dizia o subtítulo, "a 'última' temporada e sua batalha pela sobriedade, 'Foi assustador', diz ele. 'Eu não queria morrer.'") De fato, eu tinha passado o verão recuperando a sobriedade e jogando muito tênis.

Pensei no primeiro dia das gravações da quarta temporada, depois do verão em que fui para a reabilitação e em que a notícia ganhou o mundo. Na primeira leitura do roteiro, todo mundo ficou me encarando. Meu amigo Kevin Bright, um dos produtores executivos da série, quebrou o gelo:

— Alguém quer falar sobre como foram as férias de verão?

E eu aproveitei a oportunidade para melhorar o clima, respondendo bem alto e sério:

— Tudo bem! Eu começo!

Isso amenizou a tensão no ambiente. Todo mundo caiu na gargalhada e me aplaudiu por mudar de vida e voltar com uma boa aparência, pronto para trabalhar. Até hoje, acho que foi a piada mais inteligente que já fiz.

Pensei em como tive que implorar para os produtores me deixarem parar de falar como Chandler nas últimas temporadas (sem mencionar me livrar daqueles coletes). Aquela cadência específica — será que eu podia *ser* mais irritante? — estava tão batida que eu explodiria se tivesse que dar ênfase a uma palavra inusitada mais uma vez, então simplesmente voltei a falar de um jeito normal por boa parte da sexta temporada em diante.

Pensei em como chorei quando pedi Monica em casamento.

E, como eu era eu, também tive pensamentos ruins.

O que vai ser de mim agora que não tenho mais esse emprego loucamente divertido e criativo para vir todos os dias?

Friends tinha sido um lugar seguro, um ponto de calmaria para mim; a série me dava um motivo para levantar da cama todas as manhãs; e também para pegar menos pesado na noite anterior. A gente se divertiu tanto. Era como se recebêssemos boas notícias todos os dias. Até eu sabia que só um louco estragaria um emprego como aquele (embora eu tenha sido esse louco em muitos momentos).

Naquela noite, no caminho para casa, mostrei para Rachel um outdoor imenso promovendo *Meu vizinho mafioso 2* na Sunset. Lá estava eu, a quinze metros de altura, franzindo a testa em um terno escuro, blusa e gravata roxa, parado ao lado de um Bruce Willis de camisa branca, avental e pantufas de coelho. WILLIS... PERRY, dizia o pôster em letras garrafais, acima da frase: ELES ESTAVAM COM SAUDADE. E TREINARAM A MIRA. Eu era um astro de cinema (você lembra o que eu disse sobre ser um otário, certo?).

Mas meu futuro, mesmo sem *Friends*, parecia suficientemente promissor. Eu tinha um filme importante prestes a ser lançado; participei de dois episódios de *Ally McBeal: minha vida de solteira* e de três de *The West Wing*, então estava desenvolvendo minhas habilidades de ator para além da comédia (recebi duas indicações ao Emmy pela participação em *The West Wing*). Eu também tinha acabado as filmagens de um filme da TNT chamado *O triunfo: a história de Ron Clark*, baseado em fatos reais, sobre um professor de cidade pequena que vai trabalhar em uma das escolas mais violentas do Harlem. Não havia uma única piada no filme inteiro — fiquei enlouquecido com aquele nível de seriedade —, então, fora das câmeras, inventei um personagem chamado "Ron Dark", um bêbado que vivia falando palavrões na frente dos alunos. Apesar disso, o filme foi um grande sucesso quando estreou, em agosto de 2006. Eu receberia indicações para um prêmio SAG, um Globo de

Ouro e um Emmy (perdi todos os três para Robert Duvall. Inacreditável ter sido vencido por alguém com tão pouco talento).

Mas, como eu disse, *Meu vizinho mafioso 2* acabaria sendo um desastre — acho que nem meus parentes e amigos próximos foram assistir. Na verdade, se você prestasse bem atenção, dava para notar que as pessoas desviavam o olhar da tela durante a pré-estreia. Acho que o filme recebeu nota zero no site Rotten Tomatoes.

E foi naquele momento que Hollywood decidiu que não convidaria mais o Sr. Perry para fazer filmes.

Depois da última gravação de *Friends*, eu pretendia ir a uma reunião de 12 Passos, com a nítida intenção de começar minha nova vida no caminho certo. Mas encarar a tela vazia de um dia vazio foi bem difícil para mim. Na manhã seguinte, acordei e pensei: *Que porra eu vou fazer agora?*

Que porra eu poderia fazer? Eu estava viciado em buprenorfina, sem nenhum trabalho novo em vista. O que era ridículo, porque eu tinha acabado de filmar a sitcom mais amada da história da televisão. Para piorar, minha relação com Rachel estava ficando complicada — a distância física era um problema, assim como a proximidade emocional. Eu não tinha como vencer.

Então fiquei solteiro de novo.

Sem um emprego que pagava ridiculamente bem e que era a realização de um sonho, e sem ninguém especial na minha vida, as coisas saíram dos eixos em um piscar de olhos — na verdade, foi como cair de um precipício. A insanidade de usar drogas diferentes, mais fortes, mais uma vez se infiltrou de fininho no meu cérebro doente. Não demorou muito para o que parecia impossível recomeçar. Voltei a beber e a usar drogas.

Apesar do que pode parecer, nunca tive ideações suicidas, graças a Deus — nunca quis morrer. Na verdade, no fundo, sempre alimentei um pouco de esperança. Mas, se a morte fosse uma consequência de tomar a quantidade de drogas de que eu precisava, então eu teria que aceitá-la. Meu pensamento havia se deturpado nesse nível — eu conseguia equilibrar essas duas coisas na minha cabeça ao mesmo tempo: não quero morrer, mas, se isso for a consequência de usar drogas suficientes, paciência. Tenho uma lembrança vívida de segurar os comprimidos em uma das mãos, pensar *Talvez isso me mate* e tomá-los mesmo assim.

É uma linha muito tênue e muito assustadora. Eu tinha chegado ao ponto da minha dependência química em que bebia e me drogava para esquecer o quanto eu bebia e me drogava. Precisei de uma dose quase letal para alcançar esse tipo de amnésia.

Também me sentia tão sozinho que chegava a doer; dava para sentir a solidão na alma. Por fora eu parecia o homem mais sortudo do mundo, então havia poucas pessoas com quem eu poderia reclamar sem que me mandassem calar a boca, e mesmo assim... nada preenchia o vazio dentro de mim. A certa altura comprei mais um carro, e a empolgação durou uns cinco dias. Eu também vivia me mudando — a emoção de uma casa nova com uma vista ainda melhor era um pouco mais duradoura do que a causada por um Porsche ou um Bentley, mas não muito. Eu também me sentia tão introspectivo que manter uma relação normal com uma mulher era praticamente impossível; amizades coloridas eram bem melhores, porque assim a pessoa que estivesse saindo comigo não conseguia chegar lentamente à inevitável conclusão de que eu não era suficiente.

Eu estava perdido. Não havia para onde correr. Sempre que tentava me esconder, lá estava eu. Os alcoólatras odeiam duas coisas: rotina e mudanças. Eu sabia que alguma coisa precisava mudar — mesmo sem ter ideações suicidas, eu estava morrendo —, mas tinha medo demais para tomar uma atitude.

Eu era um homem que precisava da experiência da luz dourada, então me senti eternamente grato por passar por ela naquele dia na minha casa, porque foi o que me deu um novo ânimo para viver. Mais uma vez eu recebia o presente da sobriedade. A única pergunta que restava era: O que eu faria com esse presente? Nada tinha dado certo em longo prazo antes. Eu teria que encarar tudo de um jeito diferente, ou estaria perdido. E eu não queria me perder. Não antes de aprender a viver, a amar. Não antes de o mundo fazer mais sentido para mim.

Se o vício tivesse me matado, teria matado a pessoa errada. Eu ainda não era completamente eu; era apenas partes de mim (e não eram nem as melhores). Minha nova forma de ver a vida teria que começar com o trabalho, porque esse parecia o ponto mais fácil. Permanecer ocupado seria minha única esperança. Passei um tempo sóbrio e voltei à ativa. E também havia uma amizade colorida rolando, mas aos poucos ela estava se transformando em algo maior. Talvez *bem* maior. Eu sabia lidar com uma amizade colorida, mas aquilo? Aquilo era mais confuso. Comecei a querer que ela ficasse comigo *depois do sexo*: "Por que você não fica pra assistirmos a um filme?"

O que eu estava fazendo? Aquilo quebrava todas as minhas regras.

Quando nos conhecemos, ela tinha 23, e eu, 36. Na verdade, eu sabia a idade dela porque fui de penetra no seu aniversário de 23 anos. A primeira vez que ficamos foi no banco de trás de um Toyota cheio de tralhas (e pensar que eu gastava uma fortuna em carros chiques, mas tinha acabado no banco de trás de um Corolla bege). Quando acabamos, falei: "Vou sair do carro agora. Principalmente porque tenho 36 anos."

Então começaram dois anos de uma quantidade de relações sexuais que provavelmente bateu algum recorde, sem compromisso, nós dois seguindo as regras da amizade colorida com perfeição. Tínhamos um acordo. Nunca saíamos para jantar, nunca conversávamos sobre as nossas famílias. Nunca falávamos sobre o que fazíamos com outras pessoas. Em vez disso, trocávamos mensagens de texto que diziam coisas como "Que tal terça às sete?".

No começo ela era bem durona. Lembro de uma das nossas primeiras conversas, quando disse que eu coloquei um terno e estava me achando bonito.

"Odeio ternos", respondeu ela.

Eu a amoleci, mas só depois de muito tempo.

Em algum lugar no manual dos atores — na verdade, deve ser no livro que meu pai me deu, aquele cuja dedicatória dizia "mais uma geração perdida" — está escrito que você precisa tentar coisas novas para se aprimorar. Se você se deu bem na comédia, então é de bom-tom fazer uma mudança completa e se tornar um ator dramático. Assim, esse passou a ser o plano. Eu não podia me aposentar, e um homem adulto não pode passar o tempo todo jogando videogame. Como minha amiga colorida me diria um dia: "Você vive a vida de um bêbado drogado, mas não bebe nem se droga." (Ela também era bem inteligente, mencionei isso?)

Eu estava em um beco sem saída. O que fazer quando você é um ator rico e famoso, mas não tem interesse em ser rico e famoso?

Bom, você pode se aposentar (jovem demais para isso) ou mudar tudo.

Informei aos meus agentes que só queria participar de trabalhos dramáticos.

Eu já havia tido bons resultados em *The West Wing*, em *Ally McBeal* e em *O triunfo*, então não parecia uma ideia tão louca assim. Fiz testes para alguns filmes sérios, mas não passei em nenhum. Participei de alguns filmes independentes que se esforçaram para acontecer, mas isso também não deu em nada.

Então apareceu um roteiro incandescente.

Eu nunca tinha visto tanta força em um projeto. Era algo hipnotizante. *Studio 60 on the Sunset Strip* era novo projeto do produtor Aaron Sorkin e do diretor Thomas Schlamme, depois que os dois colaboraram em uma seriezinha chamada *The West Wing*. Juntos, os dois somavam quinze Emmys, então seu novo projeto causou um frenesi inédito no outono de 2005. Eu nunca tinha visto um projeto ter tanto poder antes mesmo de começar. A NBC e a CBS disputaram com todas as forças a compra da série, e a NBC venceu, desembolsando uns três milhões por episódio. Durante todo o outono, em todo canto que eu ia, alguém falava sobre *Studio 7 on the Sunset Strip* (o título original). Eu estava em Nova York, terminando *O triunfo*, hospedado no meu hotel favorito no mundo inteiro, o Greenwich, em Tribeca. Queria muito ler aquele roteiro concorrido. Como eu estava na Costa Leste, o roteiro só chegaria ao meu hotel às dez da noite, então, só me restava esperar.

Aaron e Tommy, com *The West Wing*, mudaram a forma como os Estados Unidos encaravam programas serializados, e eu havia mudado a forma como os Estados Unidos falavam com as cadências de Chandler Bing. Parecia uma combinação potente.

Às onze e meia da noite, eu tinha lido o roteiro e decidido voltar para a televisão.

Os personagens principais eram Matt Albie, o roteirista-chefe do Studio 7 (um papel que, aparentemente, Aaron escreveu pensando em mim), e Danny Tripp, seu *showrunner*, que seria interpretado pelo bondoso e brilhante Bradley Whitford, com os dois se unindo para salvar um programa no estilo *Saturday Night Live*, chamado *Studio 60 on the Sunset Strip*.

Antes de qualquer coisa ter sido filmada, a série já prometia ser um sucesso, enorme, vencedora de Emmys. Sorkin, Schlamme e eu estávamos envolvidos. O que poderia dar errado?

O primeiro problema era o dinheiro. Eu ganhava uma bolada em *Friends* e me dei conta de que seria difícil alcançar aquele valor de novo, ainda tinha o fato de que todo mundo naquela série sobre um programa de comédia da televisão teria que aceitar receber o mesmo salário... A conversa foi mais ou menos assim (imagine-a no tom de voz de Sorkin):

Eu: *Quero muito participar.*
Agente: *Bom, ninguém faz esse tipo de coisa melhor do que Sorkin.*
Eu: *Seria minha volta para a televisão. É o caminho certo.*
Agente: *O único problema é a oferta.*
Eu: *A oferta? Como assim?*
Agente: *Oferta é o que eles oferecem por episódio...*
Eu: *Eu sei disso. Obrigado. Quis dizer, qual foi o valor?*
Agente: *Cinquenta mil por episódio.*
Eu: *Eu ganhava mais de um milhão por episódio em* Friends. *Eles não podem aumentar?*
Agente: *Parece que não. Eles querem que todo mundo esteja no mesmo patamar, e é isso que vão pagar para todos.*
Eu: *Não acredito que vou ter que recusar o melhor roteiro de televisão que já li.*

Meu agente, graças a Deus, não desistiu. Ele argumentou com os produtores que, apesar de *Studio 60 on the Sunset Strip* ter sido pensada como uma série em que todos os atores estavam no mesmo nível, assim que eu entrasse em cena, tudo giraria em torno do meu personagem, e foi isso que aconteceu. Com essa justificativa, após umas seis semanas de negociações, conseguimos convencê-los a abandonar a ideia de pagar o mesmo salário para todo mundo. Eu receberia como o astro da série, e a oferta aumentou para 175 mil. Veja bem, é óbvio que esse é um valor maravilhoso para receber por semana, porém, a três estúdios de distância, LeBlanc recebia seiscentos mil por semana para fazer *Joey*. No fim das contas, porém, o roteiro venceu (todo ator sempre está em busca de um bom material) e eu aceitei o cachê baixo (e contrataram minha grande amiga Amanda Peet para se juntar ao elenco).

Filmamos o piloto, e eu diria que ele era tão bom que era melhor do que qualquer outro que eu já tinha visto. Havia um clima bom, uma energia rara na televisão, e o público adorou. A estreia foi ótima (todas as minhas séries depois de *Friends* tiveram estreias ótimas, para então, de repente, deixarem de ser tão boas assim). O segundo episódio foi assistido por literalmente metade das pessoas que viram o primeiro. Ninguém ligou para a série. Levei anos para entender o porquê.

Havia uma falha fatal em *Studio 60 on the Sunset Strip*, algo que nem os melhores roteiros, diretores e atores poderiam corrigir. Em *The West Wing*, tudo era muito intenso: uma bomba nuclear estava sendo apontada para Ohio e o presidente precisava resolver essa merda? O pessoal em Ohio ligava a televisão em um piscar de olhos para descobrir exatamente o que poderia acontecer se eles fossem convidados a se retirar do mundo por um míssil balístico intercontinental.

Um grupo muito pequeno de pessoas — e me incluo nele — sabe que, para uma parte do show business, acertar uma piada é questão de vida ou morte. São pessoas esquisitas, diferentes. Mas o pessoal em Canton, Ohio, provavelmente assistia a *Studio 60 on the Sunset Strip* e pensava: *É só uma piada, pra que tanto estardalhaço? Que bobagem, qual é o problema desse povo?* Aquela não era a esquete de Monty Python sobre Ernest Scribbler, que escreveu uma piada tão engraçada que matou nazistas. (Os britânicos são imunes ao poder da piada porque não falam alemão. O texto real da piada em alemão não faz sentido, o que também é engraçado.) Nós podíamos ter um grupo de telespectadores fiéis no Rockefeller Center ou trabalhando como recepcionistas na Comedy Store da Sunset, mas, fora isso, o enredo básico da série não causava empolgação em ninguém. Tentar associar a tensão de *The West Wing* a uma série de comédia jamais daria certo.

Em menor escala, eu também achava que o ambiente de trabalho em *Studio 60 on the Sunset Strip* era diferente do de *Friends* (ou até de *Meu vizinho mafioso*) de um jeito frustrante. Aaron gosta de muita ordem — é assim que ele trabalha —, chegando ao ponto de existir uma pessoa no set encarregada de verificar o roteiro e, se o original dissesse "ele está com raiva", ninguém poderia abreviar para "ele *tá* com raiva", ou teríamos que regravar a cena inteira — precisava ser *exatamente como estava escrito*. (Apelidei a assistente de produção encarregada disso de "o Falcão" e, sinceramente, que trabalho horrível, ter que ser babá de um monte de gente criativa dando tudo de si.) Infelizmente, às vezes a tomada com uma fala levemente diferente era a melhor de todas, mas a filmagem utilizada era sempre a que usava as palavras perfeitas, não a *melhor*. O sistema de Aaron Sorkin como roteirista e Tommy Schlamme como diretor nunca era centrado nos atores, então o foco era acertar o texto, como se fosse Shakespeare — na verdade, ouvi alguém no set dizer que aquilo *era* Shakespeare...

Eu também tinha uma visão diferente do processo criativo como um todo, porque estava acostumado a dar ideias, mas Aaron não embarcava em nenhuma. Além disso, eu tinha opiniões sobre o enredo do meu personagem, que também não eram aceitas. O problema é que não sou apenas uma cabeça falante. Tenho um cérebro, principalmente quando se trata de comédia. Aaron Sorkin escreve muito melhor do que eu, mas não é mais engraçado (uma vez ele fez a gentileza de dizer que *Friends* era sua série favorita). E eu interpretava um roteirista de *comédia* em *Studio 60*. Sugeri ideias que, na minha opinião, eram engraçadas, mas Aaron recusou absolutamente todas. Era um direito dele, e não o desmereço por gostar de trabalhar em um set assim. Só fiquei decepcionado. (Tom Hanks me contou que Aaron fez a mesma coisa com ele.)

Acho que tive sorte de já ter aprendido que participar de uma série de televisão bem-sucedida não resolve nada. A série estreou bem, com o piloto chamando uma ótima audiência de 13 milhões de espectadores e 14 pontos, o que é muito bom. As críticas também foram positivas. A *Variety* disse: "É difícil não torcer por *Studio 60 on the Sunset Strip*, uma série que casa os diálogos afiados de Aaron Sorkin e sua disposição para emplacar grandes ideias com um elenco mais do que estelar." O *Chicago Tribune* foi além, me escrevendo uma carta de amor e declarando: "*Studio 60* não é simplesmente boa, ela tem o potencial de se tornar um clássico da telinha."

Só que o problema permanecia: a série seguia um tom sério para falar de comédia e boa televisão, como se as duas coisas fossem tão importantes quanto política mundial. Outro dia, li uma crítica muito interessante sobre *Studio 60* no site A.V. Club, do portal *Onion*. O autor, Nathan Rabin, escrevendo alguns anos após a exibição da série, concorda que o piloto foi especial.

Junto com boa parte do público, assisti ao piloto com uma ansiedade febril na noite da estreia, em 18 de setembro de 2006. Quando acabou, eu não via a hora de saber o que aconteceria. Assisti novamente ao episódio... alguns meses atrás [e] o que me marcou mais profundamente nessa segunda vez foi a sensação de possibilidades infinitas. *Studio 60* poderia seguir qualquer caminho. Poderia fazer qualquer coisa. E poderia fazer isso com um dos elencos mais impressionantes a se reunir nos últimos tempos. O piloto de *Studio 60* ainda exala potencial, apesar de estar fadado a ser fatalmente inutilizado.

Mas Rabin também argumenta que a série parecia se levar a sério demais, considerando que deveria falar de piadas, e que o controle absoluto de Sorkin não dava espaço para ninguém respirar.

A arrogância da série se estendeu a deixar que Aaron Sorkin escrevesse todos os episódios. Ah, tudo bem, o nome dos roteiristas da equipe aparecia nos créditos de vez em quando, mas, no fim das contas, *Studio 60* era o trabalho de um único homem. A voz de Sorkin domina... [D]o seu jeito estranho, *Studio 60* resiste, mas como uma tolice épica, fascinante de um jeito inconstante, e não como uma obra-prima.

Os tempos também haviam mudado. Entramos no ar bem na época em que a televisão ganhava outra forma. As "séries com hora marcada", como *Friends* e *The West Wing*, começavam a ficar para trás. As pessoas gravavam as séries para assistir depois; isso afetava a audiência, o que se tornou o principal comentário a respeito da série, em vez da série em si, que, tirando esse detalhe, era muito boa.

No fim da primeira — e única — temporada, os espectadores tendiam a concordar com a opinião de Rabin, e mantínhamos um público de apenas quatro milhões de pessoas, cinco por cento das televisões ligadas na série.

Estávamos fadados ao fracasso.

Não fiquei arrasado com a falta de sucesso. Como eu disse, já sabia que uma série de TV famosa não preencheria minha alma. E, de toda forma, minha alma estava mais ocupada com outra coisa.

Dois anos de uma "amizade colorida" haviam se transformado em amor. Aquela foi uma das fases mais "normais" da minha vida. Sim, de vez em quando eu tinha recaídas, talvez tomando dois comprimidos de oxicodona e então passando seis dias me desintoxicando. Mas o relacionamento havia evoluído até o ponto em que eu precisava urgentemente perguntar algo a ela.

Um dia, falei: "Acho que a gente devia parar de se enganar. Nós nos amamos."

E ela não discordou. Eu a amava, muito. Dito isso, nossos problemas de intimidade eram deixados de lado graças ao fato de que nós dois gostávamos muito de trabalhar. Meu medo de que ela me abandonasse também continuava entranhado em mim, e quem sabe talvez ela tivesse medo de que eu a abandonasse também.

Mesmo assim, o momento veio.

No Natal, paguei uma fortuna para um artista pintar um quadro de nós dois. Nossa relação sempre foi centrada em sexo e mensagens de texto — pelo menos nos primeiros quatro anos —, e descobri pelo meu administrador de negócios que trocamos cerca de 1.780 mensagens. Assim, no quadro, no canto direito, lá estava ela, sentada com uma edição do *New York Times* e uma garrafa de água, como sempre estava, e no canto esquerdo estava eu, usando uma camisa de manga comprida por baixo de outra camisa, como sempre me visto, segurando um Red Bull e lendo uma edição da *Sports Illustrated*... e, o tempo todo, trocávamos mensagens. O artista havia acrescentado 1.780 corações, um para cada mensagem, e os unira para criar um coração enorme. Nunca gastei tanto em um presente. Eu amava aquela mulher e queria que ela soubesse disso.

Meu plano era dar o presente para ela e fazer a pergunta. Você sabe qual; não preciso explicar como são essas coisas, principalmente porque... bom, nunca perguntei. Dei o presente, e ela ficou bem emocionada:

— Matty, meu coração... olha o que você fez com o meu coração.

E aquela era a hora. Tudo que eu precisava fazer era dizer: "Querida, eu te amo. Você quer..." Mas não falei. Todos os meus medos se enroscaram como uma cobra, a cobra que achei que vinha me pegar no ano antes de nos conhecermos, quando vi Deus e consegui não aprender o suficiente com Ele.

Imediatamente encarnei a merda do Chandler Bing.

— Ei, ei, ei! — falei, para confusão dela. — Olha *só* pra isso! — Usando aquela bosta de cadência do Chandler pela última vez.

Perdi a chance. Talvez ela estivesse esperando por aquilo, quem sabe. Só faltava um segundo para que eu fizesse a pergunta; um segundo, ou uma vida inteira. Com frequência penso no que teria acontecido se eu tivesse perguntado, se agora teríamos dois filhos e uma casa sem vista nenhuma, sei lá — eu não precisaria da vista, porque poderia olhar para ela; para as crianças também. Em vez disso, sou um idiota com 53 anos que passa o tempo todo sozinho, olhando para o mar agitado...

Então não perguntei nada. Eu estava assustado demais, ou destruído, ou avariado. Fui fiel a ela o tempo todo, incluindo os últimos dois anos, período no qual, por algum motivo, eu não queria mais transar com ela. Dois anos nos quais nem uma quantidade infinita de terapia de casal seria capaz de me explicar por que não fiz aquela porcaria de pergunta e por que agora eu só a enxergava como minha melhor amiga. Minha camarada; minha *melhor* camarada. E eu não queria perder minha melhor amiga, então passei dois anos tentando fazer as coisas darem certo.

Na época eu não entendia por que tínhamos parado de fazer sexo. Hoje entendo: o medo progressivo, incômodo, interminável de que, se nos tornássemos mais próximos, ela veria quem eu era de verdade e me abandonaria. Sabe, eu não gostava muito de mim naquela época. E nossa diferença de idade havia se tornado um problema. Ela sempre queria sair e fazer coisas, enquanto eu só pensava em ter uma vida mais calma.

Também havia outras questões. O foco dela na carreira batia de frente com a minha forma de encarar a vida na época, que se resumia a não fazer quase nada. Eu estava praticamente aposentado — acreditava, de verdade, que nunca mais trabalharia. Como já tinha uma fortuna absurda, eu só jogava videogame e passava tempo comigo mesmo.

Mas, agora, o que eu iria fazer?

Permanecer ocupado.

Criei uma série chamada *Mr. Sunshine*. Gosto da teoria de que a vida se trata da jornada, não do destino final, e, como eu nunca tinha tentado escrever, aquela seria minha primeira tentativa. Escrever uma série do jeito que você realmente quer é quase impossível. Há tanta gente naquela cozinha — executivos e outros roteiristas que insistem em dar palpites — que as únicas pessoas que realmente têm chance de ver sua ideia inicial chegando à tela são tipos como Sorkin.

Mr. Sunshine gira em torno do meu personagem, um cara chamado Ben Donovan, que gerencia uma arena de esportes em San Diego; Allison Janney interpreta minha chefe. Um dos principais pontos fracos de Ben é a sua incapacidade de se envolver de verdade com mulheres… E até consegui inserir uma piada interna depois dos créditos: minha produtora se chamava "Anhedonia Productions" [Anedonia Produções], e o desenho que acompanhava o título era eu dando um suspiro de tédio no topo de uma montanha-russa. Porém, apesar de me doar completamente à série, ela foi um sucesso imenso por umas duas semanas, antes de todo mundo resolver que não queria mais assisti-la.

Mesmo assim, foi uma experiência muito valiosa, porque aprendi a produzir uma série do zero. É uma dessas coisas que podem parecer fáceis, mas são absurdamente difíceis — quase como matemática, ou ter uma conversa de verdade com outro ser humano. Eu me diverti, mas era como correr uma maratona, e prefiro correr distâncias curtas. E a série logo transformou um ricaço sóbrio e jogador de videogame em um cara extremamente ocupado, o que não foi a melhor ideia do mundo. Na verdade, ela rapidamente passou na frente da sobriedade na minha lista de prioridades e, como resultado, tive outra recaída.

Eu acabaria *Seguindo em frente* para outra série (não, não, esse é *o nome* da série, *Seguindo em frente*) sobre um radialista que apresenta um programa de esportes e está tentando superar a morte da esposa. A NBC fez de tudo para que fosse um sucesso — até exibiram episódios nas Olimpíadas, e 16 milhões de pessoas assistiram à estreia. Mas uma comédia sobre terapia de luto? O último episódio, exibido em abril de 2013, teve apenas dois milhões e meio de espectadores. Novamente, uma série que eu protagonizava começava fazendo sucesso e acabava sendo cancelada. Sem nada para fazer e ninguém para amar, tive mais uma recaída. Mas me toquei rápido dessa vez e fui para uma reabilitação em Utah.

Foi lá que conheci um conselheiro chamado Burton, uma figura com ares de Yoda que me disse que eu gostava do drama e do caos da dependência química.

"Do que você está falando?", perguntei. "Isso destruiu a minha vida. Acabou com tudo de bom que eu já tive."

Fiquei muito irritado.

Mas e se ele tivesse razão?

INTERLÚDIO

Bolsos

Eu estava sentado no meu quarto do centro de tratamento em Nova York e tentava conseguir opioides. A desintoxicação não tinha dado certo, e meu corpo implorava por drogas. Conversei com o médico, e conversei com o conselheiro, mas a verdade era que eu não precisava dizer nada a eles — eu me contorcia e tremia, nitidamente tendo uma crise de abstinência.

Ninguém fez nada. Eu estava perdido. Estava doente. Era hora de tomar minhas próprias providências.

Peguei o telefone e fiz meus preparativos.

A regra era que, se você saísse das instalações, precisaria fazer um teste de urina no instante em que voltasse. Então saí, encontrei o carro, entreguei o dinheiro, peguei uns comprimidos, e ele foi embora. De volta ao centro, fui direto para o banheiro, fiz o teste de urina e tomei três comprimidos.

Genial, né?

Calma lá.

Assim que os comprimidos começaram a fazer efeito e meu corpo parecia ser preenchido por mel quente outra vez, praticamente no instante em que parei de tremer, bateram à minha porta.

Ah, merda. Merda, merda, merda.

O conselheiro e um dos enfermeiros entraram.

— Recebemos um telefonema informando que alguém comprou drogas na frente do centro — anunciou o conselheiro. — Preciso olhar seu casaco.

Merda!

— Sério? — falei, com os olhos arregalados de surpresa falsa. — Bom, vocês não vão encontrar nada comigo. Estou limpo — continuei, já sabendo que encontrariam alguma coisa comigo e que eu não estava nem um pouco limpo.

Obviamente, havia comprimidos no meu bolso (eu os guardei lá). Eles os levaram embora e disseram que resolveriam o problema pela manhã. Isso significava que eu continuaria chapado por mais quatro horas, mas o dia seguinte seria um inferno.

Às dez da manhã, todos os mandachuvas daquela porcaria de lugar se reuniram em um círculo. A mensagem era clara: você está na rua.

— Vocês estão me expulsando? — perguntei. — Não acredito nessa porra. Aqui é uma reabilitação de drogas, não é? Por que vocês estão surpresos que alguém tenha se drogado dentro desta merda de lugar? Eu falei para dois de vocês que eu estava mal, e ninguém fez nada. O que eu deveria ter feito? E, por favor, pelo amor de Deus, parem com essa cara de choque. Eu sou viciado em drogas, eu usei drogas, é isso que a gente faz!

Depois de alguns telefonemas, fui levado para uma reabilitação que não conhecia na Pensilvânia.

Mas lá estava eu, sendo lançado para outro estado como uma bola em uma máquina de pinball. O único lado positivo? Aquele lugar me deixaria fumar. Pouco depois de chegar, fumei meu primeiro cigarro em nove meses, e foi tão bom.

Só havia um probleminha: na época, eu estava viciado em seis miligramas de Lorazepam, e aquele lugar não dava Lorazepam, algo que a clínica de Nova York esqueceu de verificar. As minhas experiências e os anos de conversas com outros dependentes químicos me levam a acreditar que a maioria dessas clínicas é uma merda. Elas gostam de se aproveitar de pessoas doentes e necessitadas, e de ganhar dinheiro. O sistema inteiro é corrupto e completamente fodido.

Acredite em mim. Eu sou especialista. Investi milhões de dólares nesse "sistema".

O dinheiro me ajudou ou me prejudicou? Seria impossível gastar todo o meu dinheiro com drogas ou álcool. Isso dificulta as coisas?

Ainda bem que nunca saberemos.

8

Odisseia

Depois de *Friends*, depois dos filmes, depois daquela relação de seis anos, queda e ascensão e ascensão e queda — depois de tudo —, passei os seis anos seguintes em uma odisseia. Ao contrário do que possa parecer, eu não era um homem cheio da grana sem nada para fazer; na verdade, eu tinha mais coisas para fazer do que nunca. Eu era um homem rolando de uma montanha, perdido em uma corredeira, torcendo para encontrar refúgio em qualquer pedra seca e segura.

Entre *Mr. Sunshine* e *Seguindo em frente*, fui para Cirque Lodge, em Sun Valley, Utah — a terceira reabilitação, se você estiver contando. O Lodge fica aos pés do monte Timpanogos, no lado de Utah das Montanhas Rochosas. Não sou um cara muito vidrado na natureza — quando se trata de ambientes tranquilos, prefiro o mar, ou pelo menos a vista do mar —, mas aquele lugar era deslumbrante. O ar era puro e limpo, fresco, iluminador. Havia perus por todo canto, gorgolejando e cheios de energia (e voavam de vez em quando. Quem diria que eles voam?), águias-reais e, em alguns dias, alces apareciam, pesados e lentos. (Não, é sério, eram alces *mesmo*; eu não estava alucinando.)

Além da beleza, Cirque Lodge também tinha uma equipe competente, que sabia o que estava fazendo. Meu conselheiro, Burton (eu tinha certeza de que ele era como o Yoda, mesmo sem a cara verde), acabou me ajudando profundamente — tanto com os problemas reais que eu levara comigo quanto com os inventados que eu vivia carregando. (Ele também é um dos homens para quem eu já disse "eu te amo"). Cheguei lá muito assustado (estar assustado é pré-requisito para entrar na reabilitação, mas também é extremamente desconfortável), e a voz tranquilizadora de Burton me fez sentir um pouquinho melhor logo de cara.

"Descubra, revele e descarte" era um dos mantras principais do Cirque, e eu estava empolgado só de pensar que seria capaz de cumprir este último item — havia chegado a hora de me livrar daquela merda toda, de vez. Naquela época, eu já era especialista nos 12 Passos (e em tudo mais que costumam pregar na reabilitação)... tanto que passei boa parte da minha temporada no Cirque ajudando os novatos e tentando me divertir um pouco. Consegui uma mesa de pingue-pongue e inventei um jogo sobre uma bola vermelha que jogávamos de um lado para o outro, só para distrair meus colegas de reclusão por horas a fio e para me dar alguma sensação de propósito. Eu queria tanto ajudar; e era bom nisso.

Fiquei com a impressão de que, durante minha estadia, eu teria que mergulhar fundo nos meus traumas, chegando à infância e analisando todos os meus sofrimentos antigos e a solidão, para começar o processo muito doloroso de descartar essas coisas. Concluí que, se eu superasse esses acontecimentos traumáticos, não sentiria mais a necessidade de abafá-los com drogas e álcool.

Burton, no entanto, tinha outro ponto de vista. Ele me acusou de gostar do drama do meu vício e perguntou como eu poderia estar me divertindo tanto no Cirque Lodge, mas me sentir tão atordoado com quase tudo que acontecia no mundo real.

A pergunta me deixou instantaneamente ofendido. *Eu gosto disso?* Como Burton podia olhar para minhas décadas de dependência química e pavor, minha falta de controle, minha óbvia tortura interior, e dizer que eu estava *gostando* daquilo?

Durante a Semana da Família e dos Amigos, era normal que os participantes convidassem pessoas para fazer visitas, mas eu resisti bastante. Meu pai havia me visitado em Hazelden, minha mãe no Promises Malibu, e minha namorada da época tinha passado inúmeras horas me ouvindo reclamar durante desintoxicações na minha casa com uma série de enfermeiros e coaches de sobriedade. Eu não queria que ninguém mais precisasse passar por aquilo. Era doloroso demais, difícil demais, injusto demais. Eu queria dar uma folga a todo mundo; era o mínimo que poderia fazer. Eu tinha me colocado naquela situação, e cabia a mim sair dela.

Porém, um dia, mais ou menos na época da Semana da Família e dos Amigos, me vi sentado ao ar livre, sozinho, torcendo para um alce aparecer ou um peru bater as asas para subir em uma árvore. O dia estava congelante, com a temperatura negativa, mas eu precisava fumar, então o jeito era me encher de casacos e enfrentar o frio... Enquanto eu estava ali, tragando um Marlboro, começou a nevar de leve, trazendo um silêncio profundo, como se o universo pacientemente escutasse o que minha mente e meu coração diziam.

Fico me perguntando o que o universo ouviu.

Comecei a pensar no motivo para eu não querer visitantes durante aquela estadia, e me dei conta de algo profundo... Por que eu queria poupar minha família e meus entes queridos de passar por aquele inferno, mas não fazia a mesma cortesia *comigo mesmo?*

Esse pensamento me fez perceber que o conselho de Burton era verdade — eu *gostava* do caos. Era hora de me dar uma folga. Fazia tempo que as drogas não me ofereciam o que eu desejava, mas eu continuava voltando para elas e arriscando a minha vida para... o quê? *Fugir?* Fugir do *quê?* A pior coisa de que eu poderia querer fugir era o alcoolismo e a dependência química, então usar álcool e drogas para fazer isso... bom, dá para entender que seria impossível. Nada daquilo fazia qualquer sentido. Eu era inteligente o suficiente para enxergar isso; mas tomar uma atitude para solucionar o problema... era outro nível de matemática que eu ainda não havia alcançado. Mudar sempre é assustador, mesmo quando a sua vida está em jogo.

Mas pelo menos eu finalmente fazia boas perguntas, mesmo que as respostas não fossem muito diretas. No fundo, eu sabia que a vida se trata das alegrias simples, como jogar uma bola vermelha de um lado para o outro, assistir a um alce vagando por uma clareira. Eu precisava me desapegar de todas as fontes dos meus problemas. Por exemplo, continuar com raiva dos meus pais, ter sido desacompanhado tantos anos atrás, não me sentir suficiente, ter pavor de compromisso por ter pavor de que chegasse ao fim.

Eu precisava me lembrar de que meu pai foi embora porque ficou com medo, e que minha mãe era só uma menina que tentou lidar com a situação da melhor maneira possível. Ela não teve culpa por ter que dedicar tanto tempo para o babaca do primeiro-ministro canadense — esse nunca seria um emprego com um expediente normal, mesmo tendo um filho para criar. Só que eu não entendia isso naquela época, e cá estávamos nós...

Era preciso seguir em frente e além, com a compreensão de que havia um mundo imenso lá fora, que não existia apenas para me ferrar. Na verdade, ele não tinha opinião alguma sobre mim. Ele simplesmente *existia*, como os animais e o ar revigorante; o universo era neutro, e lindo, e continuaria independentemente de mim.

Na verdade, eu estava vivo em um mundo que, apesar da sua neutralidade, tinha me dado um lugar importante, cheio de significado. Eu precisava perceber que, quando morresse, queria que a minha participação em *Friends* fosse apenas um item na lista de coisas que conquistei. Eu precisava me lembrar de ser legal com as pessoas, de tornar o encontro delas comigo uma experiência feliz, não algo que me causava pavor, como se aquilo fosse a única coisa que importava. Eu precisava ser gentil, precisava amar, escutar mais, doar incondicionalmente. Havia chegado a hora de parar de ser um babaca assustado e perceber que eu era capaz de lidar com as situações que surgiam. Porque eu era forte.

Com o tempo, a neve diminuiu e, em meio à escuridão crescente, um alce entrou em silêncio no jardim. Era uma fêmea, exibindo serenidade naquela cara comprida, como se já tivesse visto de tudo e não se abalasse com nada. *Existe uma lição aí*, pensei. Atrás dela vinham dois filhotes, cheios daquela energia que só as crianças guardam. Todos olharam para mim, sentado ali no pôr do sol, então me deram as costas e foram embora.

Talvez aquela fosse a lição que o universo enviava. Eu não era importante, não em qualquer sentido cósmico. Eu era apenas outro ser humano, girando em círculos infinitos.

Ter consciência disso era suficiente. Apaguei o Marlboro e entrei para mediar mais uma partida de Bola Vermelha.

Quando fui embora do Cirque Lodge, eu estava magro, feliz, pronto para enfrentar o mundo e pronto para ficar com a minha namorada para sempre. Mas ela não gostou muito daquele novo Matty — fiquei com a impressão de que o fato de eu precisar dela ainda menos do que antes a incomodou. Talvez meus problemas tivessem lhe dado uma sensação de segurança. *Esse cara nunca vai me abandonar, não enquanto estiver tão envolvido com seus próprios problemas*. Ela não gostou de me ver melhor. E essa verdade infeliz foi nossa derrocada. Após tentar tanto encaixar várias peças, admitimos a derrota e terminamos. Foi muito triste para os dois. Ela era a minha pessoa favorita no mundo inteiro, mas não era para ser. Terminar era a coisa certa a ser feita, o que não significa que não foi triste.

E agora, de novo?

No começo, preenchi o vazio com ativismo, mas fazer isso foi voar perto demais do sol, e consegui perder meus últimos resquícios de inocência.

Em 2001, eu tinha passado um tempo em um centro de reabilitação chamado Promises, em Malibu (pouco depois da primeira vez que li o Grande Livro do A.A. em Marina del Rey). Lá, conheci um cara chamado Earl Hightower. Ele dava uma aula no Promises, e gostei dele de cara. Ele era engraçado e sabia muito sobre o A.A. E, como tinha vários outros clientes famosos que estavam indo bem, pensei que ele poderia ser de grande ajuda e pedi que fosse meu padrinho. (Ele dizia que não bebia desde 1980.) Quando fomos tomar um café, admiti que uma das minhas preocupações era que um dia ele me pedisse para ler um roteiro. Sua resposta foi: "Bom, eu *tenho* um roteiro, mas jamais faria isso com você..."

Assim começou nosso relacionamento. Segui os passos do programa com ele — na verdade, eu corria com os passos. No meu desespero para permanecer sóbrio, eu ligava para ele todo dia para trabalharmos. Ele dizia que nunca tinha visto alguém tão empenhado e, ao longo dos dez anos seguintes, passou a ocupar dois espaços na minha vida — de padrinho e melhor amigo. Eu o admirava e o escutava. Nós tínhamos o mesmo senso de humor e até *falávamos* de um jeito parecido. Ignorei o fato de que ele era meio famoso no mundo das reabilitações, um mundo em que tudo deveria ser anônimo.

Meu maior erro foi transformá-lo na minha força superior. Se eu tinha um problema de relacionamento, se eu tinha qualquer problema, ligava para ele e recebia conselhos muito inteligentes. Chegou ao ponto em que, se ele tivesse dito "Sinto muito, Matthew, mas você precisa se mudar para o Alasca e ficar plantando bananeira lá", eu imediatamente compraria uma passagem para Anchorage. Se ele dissesse "Você precisa passar os próximos três meses se alimentando apenas de M&M's verdes", pode ter certeza de que eu estaria cagando verde.

No fundo, porém, eu sabia muito bem que transformar seu padrinho em melhor amigo era uma péssima ideia, só que Earl era tudo para mim. Ele havia se tornado meu pai, meu mentor. Eu assistia às suas palestras (ele era um palestrante engraçado e muito convincente), nós íamos ao cinema juntos. Eu tinha minhas recaídas, e ele me ajudava, encontrando centros de reabilitação para mim. Não é exagero dizer que ele salvou a minha vida várias vezes.

E então nossa amizade se transformou em um negócio. Sim, comecei um negócio com o meu padrinho. Um erro terrível e fatal.

Earl abriu uma empresa para criar casas de desintoxicação em Los Angeles, que seriam administradas por ele. Investi quinhentos mil dólares na empresa e transformei minha casa em Malibu em um desses espaços, e chamei-a de Perry House. Com o passar do tempo, a pedido de um cara muito legal chamado West Huddleston, presidente da National Association of Drug Court Professionals [Associação Nacional dos Profissionais Judiciários Especializados em Dependência Química], Earl e eu viajamos várias vezes para Washington a fim de conversar com políticos sobre a eficácia dos programas judiciários especializados em dependência química. Esses programas têm como objetivo descriminalizar dependentes não violentos, oferecendo tratamento em vez de condená-los a cumprir pena na cadeia. Em maio de 2013, Gil Kerlikowske, que na época era o "czar das drogas" de Obama, até me deu um prêmio de "Incentivador da Recuperação" do Gabinete de Políticas Nacionais de Controles de Drogas. Na época, brinquei com o *Hollywood Reporter* que, "se eu tivesse sido preso, provavelmente estaria hoje em alguma cadeia por aí, com uma tatuagem na testa."

Também fui apresentador convidado do *Piers Morgan Live* no mesmo mês, conversando com Lisa Kudrow e Lauren Graham, mas também falando de questões relacionadas a dependência química e recuperação. Eu estava tentando descobrir o que fazer da vida, e me senti confortável ao apresentar o programa. Comecei dizendo que eu não era Piers Morgan, e as pessoas podiam ter certeza disso porque "eu não tenho sotaque britânico nem um nome que soa muito náutico", o que fez Lisa dar uma gargalhada. Pensei: *Talvez esse seja meu futuro?* Até fiz uma piada sobre minha futura autobiografia se chamar *Ainda sou um menino*.

Ops.

Agora eu era um dependente químico vencedor de prêmios, que apresentava talk shows. Como *isso* tinha acontecido?

O combinado era que Earl aparecesse no talk show comigo, mas desistiu em cima da hora. Mesmo assim, depois fomos juntos para a Europa, a fim de debater o poder dos programas judiciários relacionados a dependência química por lá, e tive a oportunidade de falar sobre o assunto em um programa noturno da BBC chamado *Newsnight*. Havia um moderador, um cara rabugento chamado Jeremy Paxman, famoso por ser grosseiro com os convidados; a baronesa Meacher, que na época era presidente do UK All-Party Parliamentary Group on Drug Policy Reform [Grupo Parlamentar de Todos os Partidos do Reino Unido sobre Reformas das Políticas sobre Drogas] e que se mostrou totalmente do meu lado; e um idiota completo chamado Peter Hitchens.

Não consigo imaginar como é ter um irmão que todo mundo adora enquanto você é o babaca que todo mundo detesta, mas acho que Peter saberia explicar essa sensação. A perda do maravilhoso irmão dele, o grande Christopher Hitchens, reverbera até hoje — ele foi um contador de histórias, escritor, argumentador e *bon vivant* incomparável, e o mundo ainda chora sua perda mais de uma década após sua morte após um câncer agressivo. Infelizmente, seu irmão caçula, Peter, continua dando opiniões sobre coisas a respeito das quais não entende, misturando ideologias direitistas com uma espécie de paternalismo e moralismo.

Hitchens foi ao *Newsnight* para expor suas ideias bizarras sobre o fato de usar drogas ser uma simples questão de fraqueza moral. ("Há uma moda absurda no momento", zombou ele, "de desmerecer a capacidade das pessoas de *controlar* a própria vida e de criar *desculpas* para elas", parecendo uma tia-avó gagá depois de tomar muitos copos de licor.) Para tornar a situação ainda mais bizarra, depois ele "argumentou" que dependência química não existe. Gosto de pensar que a baronesa e eu acabamos com ele, mas, para ser sincero, não foi muito difícil. Além de comentar que eu pensei que ele teria uma postura adulta na entrevista e que ele nitidamente não era capaz disso, também expliquei várias vezes que a Associação Médica Americana diagnosticou a dependência química como uma doença em 1976 e que ele era basicamente a única pessoa no planeta que não concordava com essa conclusão. Ele não gostou muito, e a entrevista acabou com Paxman e a baronesa Meacher simplesmente gargalhando da estupidez e crueldade de Hitchens:

Hitchens: *Então, se o que você está dizendo for mesmo verdade, como é que as pessoas deixam de ser dependentes químicas?*
Eu: *Bom, o Papai Noel...*
Hitchens: *É, muito engraçadinho, mas estamos falando de algo muito sério. E você fica fazendo pouco do assunto...*

Provando, acredito eu, que ele não sabia nada sobre mim ou sobre a questão que debatia.

Enquanto isso, apesar de eu ter feito Peter Hitchens parecer o idiota que ele é e de ter defendido programas judiciários sobre dependência química por toda a Europa, a Perry House passava por maus momentos.

Não havia muitas pessoas interessadas em ficar lá — era caro demais, então tive que tentar diminuir meu prejuízo e vender a propriedade.

Quando fui almoçar com Earl, pedi meu dinheiro de volta, e continuo esperando. Ele tagarelava sobre coisas sem sentido, como talvez se tornar ator. Havia algo errado, e a situação toda me deixou muito nervoso — bom, voltei para casa e me droguei. A culpa foi toda minha, mas duas coisas se perderam para sempre: minha inocência e a confiança que eu tinha em Earl Hightower.

Depois de um tempo, Earl se mudou para o Arizona sem nem me avisar, e nossa amizade acabou. Depois de compartilharmos nossas vidas, nos tornarmos melhores amigos, defendermos mudanças na legislação e abrirmos uma casa de desintoxicação, perdi meio milhão de dólares, meu aliado mais próximo e a inocência que tanto valorizava. Foi devastador.

Fazia anos que eu escrevia para a televisão, mas sempre em dupla. Um dia depois da situação com Hightower, eu estava me sentindo especialmente desconfortável e inquieto, e me lembrei que um homem sábio certa vez me disse que, em momentos assim, devemos ser criativos. Então abri meu laptop e comecei a digitar. Eu não sabia o que estava digitando. Só continuei. E uma peça de teatro foi ganhando forma.

Eu precisava daquilo; ultimamente meus critérios andavam baixíssimos, e eu estava decidido a voltar a conseguir me olhar no espelho.

Eu estava com raiva de mim mesmo pelo que tinha acontecido com *Estranho casal*, da CBS. Por muito tempo, fui fã do filme baseado na peça de Neil Simon e sempre quis fazer uma versão para a televisão. Meu sonho se realizou em 2013, quando a CBS finalmente comprou a ideia. *Seguindo em frente*, a série que fiz antes de *Estranho casal*, não tinha dado certo, mas eu me sentia mais confiante a respeito dessa. O material era brilhante; o elenco era ótimo; tudo estava encaminhado para criarmos um sucesso. Mas a depressão me perseguia e meus vícios voltaram com a força total. Assim, tenho muita vergonha da forma como me comportei em *Estranho casal*. Além da depressão terrível, eu vivia me atrasando, chegando doidão, e acabei perdendo todo o poder que tinha sobre a série para um *showrunner*. Assumo toda a responsabilidade pelo que aconteceu, e quero pedir desculpas não apenas para meus companheiros de elenco, mas para todos os envolvidos.

Depois de todo esse desastre, pelo menos eu tinha aquela peça. Quando eu sentia aquele incômodo, aquele desconforto que exalava do meu corpo, costumava usar drogas para me sentir melhor, para me tranquilizar. Só que eu estava sóbrio agora, então sabia que não poderia fazer isso — precisava encontrar outra coisa. Passei dez dias seguidos escrevendo dez horas por dia, até terminar a peça — e ficou boa, pelo menos de acordo com as poucas pessoas que a leram. Eu a chamei de *The End of Longing* [O fim do desejo] e, apesar de ter levado dez dias para escrevê-la, passei um ano a aperfeiçoando.

Minha inspiração foi — e, quando digo inspiração, quero dizer que tentei fazer melhor — *Sexual Perversity in Chicago* [Perversão sexual em Chicago], e fiquei feliz com o resultado. Acho que ela ficou em pé de igualdade com essa ótima peça. Ao descrever o que eu estava tentando fazer, falei para o *The Hollywood Reporter* que "existe a concepção de que as pessoas não mudam, mas eu as vejo mudando o tempo inteiro, e queria transmitir essa mensagem de um jeito que fizesse o público rir". Assim, a peça retrata quatro amigos em um bar, tentando encontrar o amor — meu personagem, Jack, começa como um cara egoísta que, por acaso, é alcoólatra, e as coisas vão ladeira abaixo depois disso.

Como estamos falando de mim, não fiquei satisfeito apenas em escrever uma peça. Resolvi que ela precisava ser encenada, comigo no elenco. Meses depois, *The End of Longing* estrearia no consagrado West End, a região dos teatros de Londres. Adorei ser o dramaturgo e o protagonista — podia mudar as coisas que não estavam dando certo. E, apesar de saber que odiaria fazer a grande cena da bebedeira toda noite — com certeza seria um gatilho imenso —, eu também sabia que precisava mostrar como uma pessoa era capaz de chegar ao fundo do poço.

Estreamos no Playhouse Theatre, uma casa com oitocentos lugares, e os ingressos acabavam rápido. Na verdade, apesar dos recordes de vendas, as críticas foram ruins. Para ser mais exato, recebemos sete críticas importantes, e seis foram péssimas. Os críticos de Londres não gostaram da ideia de um atorzinho de Hollywood aparecer lá para fazer uma peça. Mas foi um grande sucesso, e eu fui o dramaturgo, e gostei desse papel.

Também houve uma pessoa que se recusou a assistir à peça, apesar de eu implorar para ela ir.

A mulher com quem eu tinha passado seis anos agora namorava um britânico, e os dois passavam metade do ano em Londres e o restante em Los Angeles. Nós ainda tínhamos uma relação amigável e almoçamos algumas vezes, trocamos mensagens. Sabendo que ela estava em Londres, eu a convidei para assistir a *The End of Longing*, mas ela respondeu que estava muito ocupada. "A gente se vê nos Estados Unidos!", escreveu. Respondi que fiquei um pouco triste por ela não poder ir — a peça estava sendo apresentada na cidade dela, afinal —, e então, um tempo depois, ela mandou um e-mail dizendo que ia se casar e que não havia espaço na sua vida para amigos.

Nunca respondi ao e-mail, e nunca mais nos falamos. Foi um jeito extremamente ríspido de dar a notícia de que ela se casaria, e eu jamais teria feito algo parecido, mas paciência. Mesmo assim, sempre vou torcer por ela. Fico feliz por ela ter se casado e estar feliz. Só quero o melhor para ela, para sempre.

* * *

Depois de Londres, a peça foi para os teatros de Nova York. Isso não foi divertido. Para começo de conversa, tive que dar uma amenizada no tom do texto — os britânicos não se importavam com a linguagem chula, só que a Broadway é a Broadway, e tive que pegar mais leve —, não apenas com as palavras, mas também cortando várias piadas. Depois, a peça não foi bem recebida nem amada em Nova York — o *New York Times* acabou com ela, chamando-a de "sintética", seja lá o que isso signifique, e acabei ganhando seiscentos dólares com a temporada inteira. Não digitei errado. (Eu ganhei mil vezes mais — quase exatamente — durante a temporada londrina.) Se bem que *The Hollywood Reporter* foi mais legal: "Pelo menos Perry mostra sinais da sua extensa experiência com comédia na televisão. A noite apresenta muitas piadas divertidas (a maioria delas, como seria de se esperar, proferidas pelo autor)... Perry exibe seu ótimo instinto e desempenho cômico familiar." Mas o "pelo menos" acabou comigo, e me dei conta de que *The End of Longing* jamais seria amada o suficiente para ser a base do meu futuro como o novo David Mamet. Mas ainda havia tempo!

INTERLÚDIO

Acampamento do trauma

Existe um acampamento do trauma e, sim, já estive lá e, sim, eu inventei esse nome.

O acampamento ficava na Flórida — onde mais? — e me abrigou por noventa dias, enquanto eu me abria sobre os traumas que passei e os revivia, cena a cena. Isso acontecia em grupo — as outras pessoas contavam seus traumas até todo mundo acabar desmaiando, vomitando e tremendo. Em certo momento, me pediram para desenhar todos os meus traumas com bonecos de palitinhos, depois mostrar meus desenhos para todo mundo e descrevê-los. Enquanto eu tentava apontar para um deles, meus dedos começaram a tremer, e então meu corpo inteiro começou a fazer a mesma coisa, e não consegui mais parar por 36 dias. Era como se eu fosse um bode que havia escapado por pouco de um urso e continuava tremendo mesmo depois de a ameaça ter ido embora.

No fim da terapia de traumas, depois que você volta ao passado e o relembra, os terapeutas precisam "fechar" sua mente de volta — basicamente, você tem que sentir tudo, libertar suas emoções e aprender a transformar aquilo em uma história, não algo vivo na sua alma, de forma que o trauma perca o poder de dominar seu comportamento como antes.

Ah, e você tem que chorar.

Mas não trabalharam comigo do jeito certo; e eu não chorei. Tive medo. Eu me sentia em um palco. Ser famoso na reabilitação talvez não seja como você imagina. Todo mundo lá está passando por muita coisa, então quem se importa se você for o Matthew Perry? Tempos depois, na Pensilvânia, fui a uma reabilitação com mais seis pessoas que tinham por volta de setenta anos, incluindo Debbie, também conhecida como uma pedra no meu sapato. Debbie era a única fumante, então eu a encontrava o tempo todo do lado de fora. E Debbie tinha uma péssima memória.

— Espera, a gente já se conhece? — perguntava ela.

— Não, Debbie, não nos conhecemos. Mas eu trabalhava em uma série chamada *Friends*. Deve ser por isso que você se lembra de mim.

— Ah! Eu gosto dessa série — respondia Debbie.

Cinco minutos depois, Debbie fazia uma pausa, tragando o cigarro, e se virava para mim.

— Então, nós estudamos juntos?

— Não, Debbie — respondia eu, no tom mais gentil possível. — Você é 27 anos mais velha do que eu. Acho que está me reconhecendo da série *Friends*...

— Ah! Eu gosto dessa série — repetia Debbie, e o ciclo inteiro recomeçava.

9

Três não é demais; três estraga tudo

Quando alguém me pede ajuda para conseguir parar de beber, e eu consigo ajudar, sinto que estou testemunhando a presença de Deus assim que vejo a luz voltar lentamente para os olhos da pessoa. E, embora eu tenha um relacionamento com Deus e frequentemente me sinta grato apesar de tudo, às vezes quero mandá-Lo se foder por deixar meu caminho tão difícil.

Nos períodos em que estou limpo e sóbrio, é como se eu encontrasse um farol que posso compartilhar com uma pessoa desesperada que precisa de ajuda para largar a bebida. É o mesmo tipo de luz que banha o mar nos dias de sol, causando um brilho dourado e bonito na água. Para mim, Deus é isso. (Também funciona à noite, quando a luz da lua bate na água. *Paf!* Eu quase caio para trás. Porque me sinto como aquele garotinho de 5 anos atravessando um continente sozinho em um avião, vendo as luzes de Los Angeles pela primeira vez e sabendo que está prestes a encontrar o pai... bom, é tudo a mesma coisa.)

Por que tenho tanta dificuldade em permanecer sóbrio quando vejo meus companheiros fazendo isso com tanta facilidade? Por que meu caminho é tão cheio de obstáculos? Por que briguei tanto com minha vida? Por que a realidade é um gosto adquirido, e por que é tão difícil para mim adquiri-lo?

Mas quando ajudo alguém a ficar sóbrio, ou até quando ajudo milhares de pessoas a ficarem sóbrias em um retiro ou conferência de fim de semana, todas essas perguntas desaparecem. É como se eu estivesse sob uma queda-d'água havaiana, sendo encharcado pela água morna e cristalina. E é lá que Deus está; pode acreditar em mim.

Não sou santo — ninguém é —, mas, depois que você chega à beira da morte e não morre, seria de esperar que o alívio e a gratidão tomem conta de tudo. Só que nada disso acontece — na verdade, você olha para a estrada difícil que tem pela frente, encara tudo o que precisa fazer para melhorar e fica *puto da vida*. E outra coisa acontece. Você é assolado por uma pergunta incessante: *Por que fui poupado?* As outras quatro pessoas que passaram pela máquina de ECMO morreram. Precisa haver um motivo.

Para mim, parte da resposta foram minhas dez mil horas de experiência no A.A., ajudando as pessoas a ficarem sóbrias. Isso me ilumina, me oferecendo, na verdade, um pouquinho daquela luz dourada da minha cozinha.

Só que precisa haver mais do que isso, Deus. Por que você *me* poupou? Estou pronto — é só me dar um rumo, e eu o seguirei. Quando Woody Allen faz essa mesma pergunta para o alienígena no filme *Memórias*, o alienígena responde: "Conte piadas mais engraçadas." Mas essa não pode ser a solução.

De todo modo, estou pronto. E busco a resposta todos os dias. Sou alguém que procura. Eu procuro Deus.

Minha vida amorosa, no entanto, é outra história. Cometi mais erros no amor do que Elizabeth Taylor. Sou uma pessoa romântica, passional. Eu anseio pelo amor; é um desejo dentro de mim que não consigo explicar totalmente.

Quando cheguei aos 40 anos, as regras mudaram. Eu já tinha transado com mais gente do que precisava — agora, queria encontrar uma companheira, uma parceira, alguém com quem pudesse compartilhar minha vida. E sempre adorei crianças. Acho que é porque eu tinha 10 anos quando minha irmã Caitlin nasceu. Então veio Emily, depois Will, e finalmente Madeline. Eu adorava brincar com todos eles, cuidar deles, fazer coisas bobas com eles. Não existe som melhor no planeta do que a risada de uma criança.

Então, quando eu estava na casa dos quarenta, realmente queria uma namorada, alguém com quem eu pudesse contar e que, por sua vez, pudesse contar comigo. Uma noite, eu e alguns amigos estávamos comemorando o fato de que, mais uma vez, eu tinha conquistado um ano de sobriedade. Meu ainda bom amigo David Pressman me apresentou à irmã da sua namorada, Laura. Fomos a um jogo dos Dodgers, mas, para mim, não havia jogo, não havia estádio, não havia vendedores de cachorro-quente — em vez disso, o mundo se resumia a um lindo rosto usando um boné. Tentei usar meu bom e velho charme — qualquer coisa para que ela me notasse —, mas Laura estava ocupada demais exibindo sua personalidade e sagacidade gloriosas para os outros. Ela não se impressionou com o fato de eu ter interpretado Chandler e, apesar de ter sido muito legal comigo, senti que não havia rolado um interesse da sua parte.

Enquanto eu voltava para casa naquela noite, fiz um discurso para mim mesmo. "Sim, você está decepcionado, mas nem toda garota vai gostar de você, Matty."

Deixei para lá, mas não a esqueci. Talvez nossos caminhos se cruzassem de novo um dia.

E se cruzaram.

Desta vez o grupo havia decidido jogar pingue-pongue no Standard Hotel, no centro de Los Angeles. Veja bem, não sou nenhum Forrest Gump, mas entendo de pingue-pongue — na verdade, se você assistiu ao último episódio da nona temporada de *Friends*, sabe que sou bom o suficiente para ganhar de Paul Rudd. Fiquei sabendo que Laura poderia aparecer, então joguei pingue-pongue com todo mundo enquanto prestava atenção na porta.

E então ela chegou, finalmente. Era como se tivesse vindo acompanhada de um tornado, cheia de energia e piadas. "Todo mundo aqui devia se matar", disse Laura, e *paf!*, foi como se eu levasse uma tijolada de interesse no meio da cara.

Só que dessa vez eu estava pronto. Assim começou uma noite que parecia uma briga de faca, mas com piadas. No fim das contas, meu novo interesse amoroso era comediante e uma roteirista de sucesso na televisão. Logo ficou evidente que sempre teríamos algo a dizer um para o outro.

Nosso primeiro encontro aconteceu na noite de Ano-Novo. Um amigo deu uma festa do pijama, e convidei Laura para ir comigo. Depois disso, nossa relação se desenvolveu aos poucos; ela era cautelosa, e eu estava disposto a fazer tudo que fosse necessário. Mas nossos sentimentos se intensificaram. Tudo estava indo bem... ah, só que, no meu mundo, nada vai bem para sempre, lembra?

Então Rome entrou na história. Havia dois anos que eu estava sóbrio e indo muito bem no A.A., permanecendo saudável, apadrinhando pessoas, escrevendo uma série de televisão. Eu estava feliz, musculoso até, surpreendentemente (é *sério*, eu ia à academia e tudo!). Recebi um convite para compartilhar minha história em West Hollywood, e ninguém pode recusar pedidos do A.A. A sala estava lotada, sem mais nenhum lugar para sentar (acho que a notícia de que eu falaria correu). Na época, minha história não tinha chegado ao ponto dos últimos anos, então, além de contar tudo pelo que passei, eu também conseguia arrancar risadas. Em determinado momento, olhei para a área da cozinha e notei uma mulher enfiando a cabeça para fora da janela/escotilha, se apoiando nos cotovelos. Ela parecia uma boneca de porcelana linda, tinha uma beleza fenomenal. De repente, minha sensação era de que só havia nós dois naquele lugar. Minha apresentação no A.A. passou a ser direcionada apenas para ela. Acabou sendo uma das melhores apresentações que já fiz, porque aquela beleza épica era tão cativante que eu queria que ela soubesse tudo a meu respeito. Eu queria que ela soubesse tudo.

Depois, quando todos nos reunimos do lado de fora para fumar, começamos a conversar e a flertar um com o outro.

— Então, o que você vai fazer agora? — perguntou Rome.

— Vou para casa, escrever. De repente virei escritor — respondi.

— Bom — disse Rome —, sou uma excelente musa.

— Aposto que é — falei, e me virei para ir embora, completamente vidrado naquela pessoa misteriosa.

No caminho para casa, passei um sermão em mim mesmo.

Mas e a Laura? Sim, a maravilhosa Laura, por quem me apaixono mais a cada dia. Só que agora existe Rome. O que fazer? Esquecer Rome e investir na relação com Laura, que está indo tão bem. Certo? Isso é o que uma pessoa normal faria nessa situação.

Mas Rome havia me enfeitiçado.

Apesar do meu sermão, cometi um erro crucial, fatal. Não sabia que era um erro na época — alguém é capaz de perceber que está cometendo um erro enquanto o comete? Se percebêssemos, talvez fizéssemos a coisa certa, não?

O erro foi o seguinte, algo muito surpreendente: comecei a sair com as duas.

Não é um comportamento que recomendo sob qualquer circunstância, especialmente se você for eu.

Convenci a mim mesmo de que, como eu não tinha dito para Laura ou Rome que estávamos namorando, aquilo não era uma babaquice, mas parte de mim sabia que era errado, porque eu gostava das duas, e, apesar do que pode parecer, realmente não queria ferir os sentimentos de ninguém, incluindo os meus. Então Laura e eu íamos a um jogo dos Kings, ríamos e nos divertíamos, apesar de ser um encontro bem casto. Minha relação com as duas se desenvolveu aos poucos, mas, com o tempo, elas removeram o embargo do sexo, e eu me tornei completamente envolvido com duas mulheres diferentes ao mesmo tempo. Era fantástico, e completamente estranho e enlouquecedor.

Já mencionei que estava perdidamente apaixonado pelas duas? Nunca achei que isso fosse possível. Até entrei na internet, li algumas matérias, descobri que esse tipo de coisa realmente acontece. O sentimento que eu tinha por elas era real, de acordo com tudo que li. Então Laura e eu decretamos que estávamos namorando, enquanto Rome e eu, não. Mas eu continuava encrencado.

O que fazer? Eu gostava de passar tempo com as duas do mesmo jeito. Eu as amava. Segui assim por seis meses antes de colocar a mão na consciência e decidir escolher uma. Eu precisava parar com aquela maluquice. Rome era passional, sensual, engraçada, inteligente, mas também parecia ter um fascínio pela morte que me confundia. Laura falava sobre filmes e coisas mais tranquilas; com ela, eu tinha uma familiaridade que nunca senti com Rome.

Escolhi Laura.

Tomei a decisão muito difícil de ligar para Rome. Ela ficou bem tranquila no começo, até que não ficou mais, passando duas horas berrando comigo no estacionamento da Barney's Beanery do Santa Monica Boulevard quando eu tentava amenizar a situação. Nunca vi ninguém com tanta raiva quanto ela naquele dia.

Agora, você já me conhece; sabe que não consigo me aproximar muito de ninguém, e era isso que estava acontecendo com Laura. O medo tomava conta de mim. Terminar com Laura seria loucura — ela era o pacote completo. *Nós* éramos o pacote completo. Éramos melhores amigos. Mas a intimidade me assustava. Como sempre, eu sabia que, se ela me conhecesse melhor, entenderia aquilo em que eu acreditava sobre mim mesmo: que eu não era suficiente. Eu não importava. Em pouco tempo ela descobriria isso por conta própria e me abandonaria. Isso acabaria comigo, e seria impossível me recuperar.

Havia outra opção. Eu podia continuar no relacionamento, mas recorrer às drogas, tentando manter um ritmo leve. Isso me protegeria do medo, me ajudaria a baixar a guarda e ganhar ainda mais intimidade com ela.

A única coisa que as drogas sempre causavam era caos. Mesmo assim, ilogicamente, escolhi usá-las de novo para administrar a situação com Laura. Comecei tomando só um comprimido por dia, para continuar com ela. No começo deu certo, porém as drogas sempre acabam vencendo. Seis meses depois, nós estávamos na merda. Fiquei péssimo. Laura terminou comigo e tive que voltar a tomar Suboxone e ir para uma casa de reabilitação. De novo, tive medo de morrer. Rome continuava berrando comigo sempre que podia, e Laura estava magoada e preocupada. Ah, e bem longe de mim.

Tinha mais uma coisa que as matérias que li falavam sobre se apaixonar por duas pessoas ao mesmo tempo. Sempre acabava do mesmo jeito.

Você perdia as duas pessoas.

Então, lá estava eu, morando em uma casa de desintoxicação em Malibu, tomando oito miligramas de Suboxone. Apesar de essa ser uma boa medicação para se desintoxicar — a melhor —, como já falei mais de uma vez, é a pior de todas para largar. Na verdade, parar de tomá-la me levou a ter ideações suicidas. Quer dizer, não foi bem assim. Eu tinha pensamentos suicidas, mas sabia que era só por causa do remédio, então não queria me matar de verdade, não sei se dá para entender. Eu só precisava aguentar os dias em que me sentiria assim, sem tomar nenhuma atitude, sabendo que ficaria melhor em algum momento e que a vontade de me matar passaria.

Para largar o Suboxone é preciso diminuir a dose em um miligrama por semana até chegar a zero. Isso faz você passar muito mal por dois dias antes de se acostumar com a nova dosagem — no caso, sete miligramas —, e, depois que você se estabiliza, corta mais um pouco. As ideações suicidas só começam quando a dose chega a dois miligramas.

Então, nesta última dosagem, tomei o que deve ter sido a atitude mais egoísta da minha vida. Apavorado por conta das sensações que estava prestes a ter, eu não queria passar por aquilo sozinho. Então gastei trezentos dólares em flores, fui até a casa de Laura e implorei para ela me aceitar de volta. No sofá da casa dela conversamos sobre o que isso significaria. Motivado apenas pelo medo, falei que queria me casar com ela, talvez até começar uma família.

E então, algo impossível aconteceu. Enquanto estávamos sentados ali, ouvi uma chave abrindo a fechadura da porta... e Rome entrou na sala.

Quem entrou?

Como era possível que aquelas duas mulheres estivessem no mesmo cômodo? Eu daria tudo para ter uma máquina do tempo, voltar para aquele momento e perguntar "Que tal um ménage?". Mas não era hora para piadas. Fiquei com a cara no chão.

— Vou molhar as plantas — disse Rome, subindo a escada dos fundos e sumindo.

— Acho que preciso ir cuidar dela — respondeu Laura, e me deixou na sala.

Quando percebi que ela não voltaria, peguei meu vício de dois miligramas e segui para Malibu.

O que aconteceu foi que Rome e Laura se conheceram em uma reunião do A.A., descobriram quem eram e se tornaram grandes amigas.

Boa parte das suas conversas, como você deve imaginar, giravam em torno da minha babaquice.

Quanto a mim, eu não podia continuar em Los Angeles, então peguei um jatinho para um centro de recuperação no Colorado que alegava ser capaz de fazer as pessoas largarem o Suboxone sem terem ideações suicidas.

Bom, até parece que deu certo. Passei 36 dias seguidos querendo me matar, então peguei um voo para Nova York para participar do programa do David Letterman, tentando esconder que eu estava por um fio.

De algum jeito, consegui.

Sete anos depois, quando tinha entendido muito sobre mim mesmo, pedi desculpas de verdade para Rome e Laura, e as duas me perdoaram. Por incrível que pareça, nós três somos amigos hoje em dia. Laura é casada com um cara muito legal, Jordon, e Rome vive com um cara igualmente legal, Eric.

Recentemente, nós cinco jantamos na minha casa e nos divertimos bastante. Então, por volta das dez da noite, os dois casais foram embora. Ouvi o motor dos carros descendo pelo cânion, rumo à cidade.

Nos fundos da casa, enquanto eu esperava alguma ficha cair, qualquer coisa que melhorasse a situação, ouvi o som dos coiotes.

Não, o som vinha de mim, sozinho, novamente lutando contra meus demônios. Eles tinham vencido. E, ao seguir para o meu quarto solitário, entendi que tinha perdido, mais uma vez tentando afastá-los para tentar dormir.

INTERLÚDIO

Violência em Hollywood

Não sou um homem violento, mas já sofri e cometi violência em duas ocasiões diferentes.

Anos atrás, pouco depois de ela terminar com Justin Timberlake, fui a um encontro arranjado com Cameron Diaz.

Na época eu malhava bastante, e meus braços estavam musculosos. Eu me preparei para o encontro do jeito certo, fazendo uma longa caminhada com as mangas da camisa dobradas, a fim de bronzear meus músculos (dica de mestre: isso os faz parecer ainda maiores). Sim, eu literalmente bronzeei os braços para um encontro.

Fomos a um jantar com várias outras pessoas, mas, depois de nos cumprimentarmos, Cameron ficou chapada quase no mesmo instante — dava para perceber que ela não tinha o menor interesse em mim. Mas a festa seguiu em frente e, em determinado momento, estávamos jogando alguma coisa — Imagem e Ação, acho. Enquanto Cameron desenhava, falei alguma gracinha, ao que ela respondeu com um "Ah, fala sério!" e me deu um soco no ombro.

Ou pelo menos era isso que ela pretendia fazer. Só que errou o alvo e acabou me dando um soco na lateral do rosto.

— Porra, você está de sacanagem? — falei, me dando conta de que Cameron Diaz havia acabado de me dar um soco na cara, e meus braços imensos não tinham feito diferença nenhuma.

Faz quinze anos que isso aconteceu. Mas provavelmente ela ainda vai me ligar para pedir desculpas. Você não acha?

E então houve a outra ocasião.

Em 2004, fui à academia de Chris Evert, na Flórida, para um evento de caridade, o Clássico de Tênis Profissional de Celebridades de Chris Evert / Bank of America. O lugar estava lotado da nata de Hollywood. Mas eu estava mais interessado em Chevy Chase.

Fazia tempo que Chevy era meu herói. Na verdade, sua atuação em *Assassinato por encomenda* mudou minha vida para sempre. Em uma noite fria de Los Angeles, eu e meu melhor amigo, Matt Ondre, fomos assistir à pré-estreia do filme e rolamos de rir. Chevy devia ter umas trezentas piadas naquele filme, e acertou todas elas em cheio. Mais tarde, enquanto Matt e eu esperávamos o ônibus para voltar para casa, tenho uma lembrança vívida de virar para ele e dizer, muito sério: "Matt, vou passar a vida inteira falando daquele jeito."

E foi o que eu fiz. O que torna a história a seguir especialmente dolorosa para mim e para Chevy.

Talvez mais para Chevy.

Enfim, no baile de caridade antes do torneio de tênis, Chevy veio até mim e disse:

— Eu só queria dizer que sou seu fã.

Que incrível.

Eu respondi:

— Ah, meu Deus, eu roubei tudo de você.

E tivemos uma conversa mutuamente elogiosa e muito legal.

No dia seguinte, era hora de jogar tênis.

Veja bem, minhas habilidades àquela altura estavam bem enferrujadas. Fazia anos que eu não jogava. Minhas rebatidas estavam bem destreinadas. Apesar disso, meus saques eram surpreendentemente fortes — na verdade, havia um velocímetro no torneio, e alcancei 180 quilômetros por hora. O único problema era que eu não sabia bem para onde as bolas iam. Não haveria problema algum nisso em um jogo normal, mas ficava feio na frente de duas mil pessoas, inclusive o ex-presidente George H. W. Bush...

A partida começa. Sou o primeiro a sacar. Minha dupla está perto da rede, e do lado oposto está Chevy, também perto da rede, enquanto a dupla dele está na linha de base, para onde eu pretendia sacar.

Jogo a bola, impulsiono a raquete atrás das minhas costas, acerto a bola com o máximo de força possível e, horrorizado, a observo seguir em linha reta, não para a diagonal da quadra, como esperado, mas na direção de Chevy Chase. Ele está na linha de saque, a 18 metros de onde bati na bola. Por coincidência, essa é a mesma distância entre o montinho e a base principal do beisebol, então posso afirmar com confiança que, se a bola foi acertada a 160 por hora, isso significava que ela viajava a 44,44 metros por segundo, e o Sr. Chase tinha cerca de 0,412 segundo para sair da frente.

O Sr. Chase não saiu da frente.

Mais precisamente, os testículos dele não saíram da frente — eu tinha acabado de dar um saque de velocidade profissional nos Chevy Chases dele. Se é que você me entende.

Aqui vai o que aconteceu depois: Chevy fez uma cara engraçada — igual à que faz em *Assassinato por encomenda*, durante o exame de próstata — e caiu no chão. (Não se esqueça de que isso estava acontecendo na frente de duas mil pessoas.)

O evento acabou, e quatro médicos correram para dentro da quadra, o fizeram subir em uma maca e o levaram para o hospital mais próximo.

Se é assim que eu trato os meus heróis, acho melhor Michael Keaton e Steve Martin tomarem cuidado.

E isso conclui a parte violenta deste livro.

10

Aquela Coisa Terrível

Imagine o seguinte: você precisa voltar para um set em que passou semanas sendo um merda completo. Você ia trabalhar alucinado, falando arrastado, tomava decisões ruins. Você está em Nova York e, apesar de ter não apenas um, mas dois coaches de sobriedade, liga para o serviço de quarto do hotel com a voz trêmula de quem passa por uma desintoxicação e diz: "Por favor, coloquem uma garrafa de vodca na banheira do meu quarto. Sim, na banheira. Escondam lá."

E então, quando o dia termina, você volta para aquela merda de quarto de hotel, bebe a garrafa de vodca inteira e finalmente se sente bem por umas três horas, e então precisa repetir tudo de novo no dia seguinte. Você não para de tremer e precisa fingir que não está com um problema sério sempre que fala com alguém. Usando aquela mesma voz trêmula, liga para o hotel e pede para fazerem aquele negócio de esconder a garrafa de vodca na banheira de novo.

Talvez uma pessoa normal — como nós, dependentes químicos, chamamos todos os sortudos que não são alcoólatras — não consiga entender. Vou tentar explicar: quando você toma uma garrafa inteira de vodca, passa muito mal no dia seguinte. Tomar alguns drinques pela manhã ajuda, mas eu era o protagonista de um filme bem grande, então não podia beber cedo. Você fica enjoado e com tremedeira, e parece que todas as suas entranhas estão tentando fugir do corpo. E isso continua ao longo do dia — por todas as horas do dia.

A única forma de resolver o mal-estar é beber a mesma quantidade do dia anterior, ou um pouco mais, na noite seguinte. "É só não beber", diz a pessoa normal. Nós, alcoólatras, literalmente ficamos loucos quando não bebemos — sem mencionar que nos sentimos ainda mais enjoados, e *parecemos* enjoados, se não bebermos a garrafa inteira.

Mas e o filme?

Não importa, preciso beber.

Que tal tirar uma folga por uma noite?

Impossível.

Próxima pergunta.

Então, estou em Dallas — tomo metadona, um litro de vodca, cocaína e Xanax todos os dias. Diariamente vou ao estúdio, desmaio na minha cadeira, acordo para fazer uma cena, vou cambaleando até o set, e basicamente berro para a câmera por dois minutos. Então volto para minha cadeira para outra soneca.

Naquela fase da minha vida, eu era uma das pessoas mais famosas do mundo — na verdade, a chama incandescente da fama me dominava por completo. Portanto, ninguém ousava dizer nada sobre esse comportamento horroroso. O pessoal do filme queria terminar o trabalho, colocar meu nome em um pôster e ganhar sessenta milhões de dólares. E *Friends*... bom, *Friends* era ainda pior. Ninguém queria abalar aquela máquina de fazer dinheiro.

Em certo momento durante as gravações de *A serviço de Sara*, por algum motivo, achei que um pouco de Valium poderia me ajudar. Um médico foi ao meu duplex no hotel para me dar um frasco. Na véspera da visita dele, eu tinha tomado um galão de vodca. Quando o médico olhou ao redor do quarto, viu o galão e perguntou em um tom assustado:

— Você bebeu tudo aquilo sozinho?

— Bebi — respondi. — Posso tomar o Valium a cada quatro horas, em vez de seis?

Isso fez ele dar meia-volta e descer correndo a escada em espiral antes de sair pela porta, provavelmente para não estar ali quando Matthew Perry morresse.

Mas eu fui para a reabilitação depois que Jamie Tarses me disse que eu estava desaparecendo, e voltei para terminar o filme.

Esse fui eu durante *A serviço de Sara*. Péssimo. Fiquei me sentindo tão culpado e pedi desculpas para todo mundo; gosto de pensar que fiz um ótimo trabalho nos últimos treze dias de filmagem. As pessoas tentaram ser legais, e se esforçaram bastante para isso, mas estavam irritadas, inclusive o diretor. Eu tinha estragado o filme dele. Elizabeth Hurley, minha colega de cena, também não estava feliz (e ela nunca mais faria outro filme).

Eu precisava reparar de verdade os danos que causei — isso faz parte dos ensinamentos do A.A. Então passei dias e mais dias em um estúdio, regravando as partes do filme em que falei arrastado — o que significa que dublei o filme inteiro. Três bipes na sala de som, e eu dizia minha fala de acordo com os movimentos da minha boca. Por sorte sou bom nisso, e pelo menos conseguimos tirar minha voz arrastada do filme. Então me comprometi a fazer o máximo de divulgações humanamente possível, me dedicando demais para consertar as coisas. Apareci na capa de todas as revistas, fui a todos os talk shows possíveis.

É óbvio que o filme foi um fracasso mesmo assim. Recebi três milhões e meio por ele e fui processado pela interrupção das gravações, embora tenha sido por uma questão de saúde. Na audiência de mediação, me deparei com a equipe de relações-públicas da seguradora, e simplesmente assinei um cheque de 650 mil dólares.

Lembro que pensei: *Nossa, ninguém me ensinou as regras da vida.* Eu era completamente equivocado. Um cara egoísta e narcisista. Tudo tinha que girar ao meu redor, e junto a isso ainda havia um complexo de inferioridade muito conveniente, gerando uma combinação quase fatal. Desde que eu tinha 10 anos, desde o instante em que olhei ao redor e pensei *Agora é cada um por si,* eu só me importava comigo mesmo. Eu precisava manter o foco em mim mesmo para ser capaz de funcionar.

Só que o A.A. ensina que não podemos viver assim.

Uma das coisas que fazemos nos 12 Passos do A.A. é criar um inventário moral pessoal (é o quarto passo). Nele, você escreve o nome de todas as pessoas de quem sente raiva e por quê. (A minha lista tinha 68 nomes — 68!) Então você escreve como isso afetou sua vida, e lê a resposta para alguém (esse é o quinto passo).

Com esse processo e sendo cuidado e amado por um ótimo padrinho, para quem li minha lista, aprendi que eu não era o centro do universo. Foi meio que um alívio. Havia outras pessoas ao meu redor com necessidades e preferências, e elas eram tão importantes quanto eu.

(Se você estiver balançando a cabeça enquanto lê, fique à vontade. Aquele que não tiver pecado atire a primeira pedra.)

Hoje, a sobriedade é a coisa mais importante da minha vida. Porque aprendi que, se eu beber, tudo o que eu achar mais importante do que ela vai ser perdido.

Em uma bela tarde de primavera, em um centro de meditação maravilhoso de Los Angeles chamado Self-Realization Fellowship Lake Shrine, li minha lista para meu padrinho. No alto de uma colina com vista para o Pacífico, o lugar é realmente cheio de paz — há um lago, jardins, templos, e até uma urna com parte das cinzas de Mahatma Gandhi, a única fora da Índia.

Enquanto terminava a leitura da minha lista, notamos que um casamento começava nos jardins. Assisti ao casal trocando olhares radiantes, suas famílias usando as melhores roupas, o celebrante sorrindo, esperando para tagarelar sobre a saúde e a doença, até que a morte os separe. Fazia tanto tempo que ninguém podia contar comigo, minha dependência química se tornava minha melhor e pior amiga, minha carrasca e minha amante, tudo ao mesmo tempo. Minha Coisa Terrível. Mas, naquele dia, com aquela vista — preciso sempre de uma vista, obviamente —, com os pombinhos e Gandhi em algum lugar por ali, senti um despertar, senti que vim para a Terra com um propósito além Daquela Coisa Terrível. Senti que posso ajudar as pessoas, que posso amá-las. Por causa de todas as vezes que cheguei ao fundo do poço, eu tinha uma história para contar, uma história que poderia ser verdadeiramente útil para alguém. E ajudar os outros se tornou a minha resposta.

No dia 19 de julho de 2019, a primeira página do *New York Times* exibia matérias sobre Donald Trump, Stormy Daniels, um incêndio fatal em um estúdio de animação em Quioto e porto-riquenhos que, segundo a manchete, "chegaram ao limite".

Eu não sabia de nada disso. Nem saberia de qualquer outra coisa pelas próximas duas semanas: que El Chapo foi condenado à prisão perpétua mais trinta anos; que um garoto de 19 anos matou três pessoas a tiros (e se suicidou em seguida) no Festival do Alho em Gilroy, na Califórnia; que Boris Johnson se tornou o primeiro-ministro do Reino Unido.

Quando acordei do coma, eu berrava. Minha mãe estava lá. Perguntei o que tinha acontecido. Ela explicou que meu cólon havia explodido.

— É incrível você ter sobrevivido — disse ela. — Você é muito forte. E vai ficar tudo bem depois que fizer algumas mudanças na sua vida. A bolsa de colostomia pode ser removida daqui a uns nove meses.

Pensei: *Bolsa de colostomia? Que ótimo. As garotas vão adorar.*
— Muito obrigado — respondi.

Então virei de lado e passei outras duas semanas sem falar nem me mexer muito. Fiquei cara a cara com a morte por culpa minha. Eu estava preso a cinquenta máquinas e teria que aprender a andar de novo.

Eu me odiava. Quase tinha me matado. A vergonha, a solidão, o arrependimento, era impossível lidar com tudo aquilo. Fiquei deitado lá, tentando lidar com tudo aquilo, mas não havia meios para isso. O estrago estava feito. Eu tinha medo de morrer, e isso ia na direção contrária das minhas atitudes.

Era o fim. O *Show de Matthew Perry*, cancelado por motivo de opioides.

Às vezes eu conseguia prestar um pouco de atenção no que acontecia no quarto, mas era basicamente isso. Eu não interagia com ninguém. Meus melhores amigos, Chris e Brian Murray, faziam visitas e, depois de umas três semanas, Maria, minha irmã por parte de pai, foi me ver.

— Você está pronto para ouvir o que aconteceu? — perguntou ela.

Concordei com a cabeça (de leve).

— Depois que o seu cólon explodiu, te colocaram em um respirador, e você vomitou nele. Então um monte de bile e merdas sépticas foi parar nos seus pulmões. Aí você precisou usar uma máquina de ECMO, e, de algum jeito, conseguiu sobreviver. E passou 14 dias em coma.

Depois disso, acho que passei outra semana sem falar, porque me dei conta de que meu maior medo havia se tornado realidade: a culpa de tudo ser minha. Mas havia um lado positivo. Um coma de 14 dias faz parar de fumar se tornar bem fácil.

Fazia tanto tempo que eu tomava opioides, largava os opioides e voltava para opioides diferentes que sofri de algo que aflige apenas uma parcela da população. Opioides causam constipação. É meio poético. Então eu estava tão cheio de merda que isso quase me matou.

E agora eu tinha um problema de intestino.

A última coisa que eu disse para Erin antes do coma, enquanto me contorcia no chão de Dor, logo antes de perder a consciência, foi "Por favor, não vai embora". Eu estava falando sobre aquele momento específico, só que ela fez uma interpretação mais literal, assim como meus outros amigos e parentes. Erin passou cinco meses sendo responsável por ficar comigo no hospital no turno da noite.

Sempre penso naquela época e me sinto muito grato por isso ter acontecido antes da Covid-19. Se fosse durante a pandemia, eu teria passado cinco meses sozinho naquele quarto. Do jeito que as coisas aconteceram, não fiquei sozinho nem por um instante. Esse é o amor de Deus em forma humana, em carne e osso.

A esta altura, minha mãe e eu já somos especialistas em crises. O que eu sempre quis dizer a ela: aquela seriezinha chamada *Friends*, e todas as séries e filmes? No fundo, fiz tudo isso porque queria sua atenção. E ela foi a única pessoa que não me ofereceu isso com *Friends*. De vez em quando tocava no assunto, mas nunca ficou fervilhando de orgulho pelas conquistas do filho.

Mas acho que o nível de orgulho de que eu precisava seria impossível de alcançar. E, se você for colocar a culpa nos seus pais por tudo de ruim que acontece, precisa dar crédito a eles pelas coisas boas. Por *todas* as coisas boas. Eu jamais teria interpretado Chandler se minha mãe não fosse minha mãe. Jamais teria ganhado oitenta milhões de dólares se minha mãe não fosse minha mãe. Porque Chandler era simplesmente um cara que escondia suas dores. Que personagem ideal para uma *sitcom*! Simplesmente fazer piada sobre tudo, para não precisar falar sobre nada verdadeiro — foi assim que ele começou. Na descrição inicial da série, Chandler deveria ser "um observador da vida de outras pessoas". Então ele seria o cara que faria uma piada no fim da série, um comentário sobre o que havia acontecido — o Bobo em *Rei Lear*, falando a verdade, quando não existia nenhuma. Mas todo mundo acabou gostando de Chandler, tanto que ele se transformou em um personagem importante. Tanto que ele acabou fazendo as coisas que eu não fiz na vida real — se casando, tendo filhos —, bom... algumas coisas sobre as quais não consigo falar direito.

O resumo da ópera é que abandonei minha mãe quando tinha 15 anos, do mesmo jeito que ela foi abandonada pelo meu pai. Não fui uma criança fácil, e ela também era praticamente uma criança. E ela deu o seu melhor e passou cinco meses no hospital comigo depois do coma.

Quando seu cólon explode por causa do uso exagerado de opioides, o comportamento mais prudente deve ser não pedir opioides para solucionar o problema... mas é óbvio que fiz isso.

E fui atendido.

Eu estava absurdamente deprimido e, como sempre, queria me sentir melhor. Além disso, o buraco no meu estômago, que era grande o suficiente para abrigar uma bola de boliche, era uma ótima desculpa para conseguir analgésicos. Então, só para você acompanhar, eu quase morri por causa de opioides e pedi aos médicos para resolverem esse problema com... mais opioides! Pois é, mesmo depois daquela catástrofe, eu não tinha parado. Não aprendi nada. Ainda queria me drogar.

Quando saí do hospital depois da explosão, eu estava com uma boa aparência. Perdi muito peso, mas fiquei tão debilitado que a cirurgia para a substituição da bolsa de colostomia teria que esperar nove meses. Então fui para o meu apartamento e menti para todo mundo sobre a intensidade da dor para conseguir analgésicos. Eu não sentia dor nenhuma. Era apenas um incômodo. Só que os médicos acreditaram na mentira, me encheram de opioides, e eu obviamente voltei a fumar.

E esse era o ciclo da minha vida.

Também não podemos esquecer: a bolsa de colostomia vivia vazando — foram umas cinquenta vezes, pelo menos —, me deixando coberto de merda.

Prezado Pessoal da Bolsa de Colostomia: façam uma bolsa que não vaze, seus escrotos. Eu fazia vocês rirem em *Friends*? Então façam alguma coisa para impedir que a minha cara acabe coberta de merda.

Quando um dependente químico toma um comprimido, ele fica eufórico. Porém, depois de um tempinho, o comprimido para de causar essa euforia, porque sua tolerância aumenta. Mas o dependente químico quer muito se sentir eufórico de novo, então toma dois comprimidos para recuperar a sensação original.

Quando dois deixam de ser o bastante, ele passa a tomar três.

No passado, eu havia brincado desse joguinho até chegar ao número 55. (É só assistir à segunda metade da terceira temporada de *Friends*. Eu estava tão frágil, magro e doente. Era bem nítido, mas ninguém fez nada.)

O hospital da UCLA me dava opioides para a dor de estômago de mentira, só que eu precisava de mais, então liguei para um traficante. O problema é que eu estava no quadragésimo andar daquele prédio em Century City, o que significava que precisava encontrar um jeito de descer quarenta andares, entregar o dinheiro para o traficante dentro de um maço vazio de cigarros e pegar meus comprimidos. Aí eu precisava voltar para o quadragésimo andar sem que ninguém se desse conta da minha ausência, tomar os comprimidos e me sentir bem por um tempo.

Veja bem, eu teria que fazer isso com um coach de sobriedade, um enfermeiro e Erin no apartamento. E eu era péssimo nisso — tentei quatro vezes e fui pego exatamente quatro vezes. Os médicos da UCLA não gostaram da notícia e disseram que eu precisava voltar para a reabilitação.

Não havia escolha — eu estava viciado em tudo que me davam. Se eu simplesmente tivesse dito "Não, vão se foder", teria sido um momento glorioso, mas então as drogas acabariam, e eu ficaria me sentindo muito doente. Acabei na situação muito estranha de decidir onde passaria meses trancado — Nova York ou Houston? Talvez alguém mais capacitado que eu devesse tomar essa decisão? Como eu não tinha noção nenhuma de nada, escolhi Nova York.

Quando chegamos ao centro de reabilitação, eu estava alucinado, apertando minha barriga em uma demonstração mentirosa de dor. Apesar de o lugar parecer uma prisão, o pessoal de lá era só sorrisos.

— Por que caralho vocês estão tão *felizes*? — perguntei. (Eu tinha a tendência a ser meio rabugento.) Estava tomando 14 miligramas de Lorazepam e sessenta de oxicodona. Estava usando uma bolsa de colostomia. Perguntei onde poderia fumar, e me disseram que fumar era proibido ali.

— Não tenho como ficar aqui se não puder fumar — falei.

— Bom, você não pode fumar aqui.

— É, eu entendi. Como é que eu vou parar de fumar além de todo o resto?

— Vamos te dar um adesivo.

— Tudo bem, mas não me culpe se eu fumar a merda do adesivo — respondi.

Foi resolvido que eu continuaria tomando Lorazepam, passaria a tomar Suboxone e poderia fumar durante a desintoxicação, mas não dentro do prédio principal. Isso significava que eu poderia fumar por mais quatro dias. Quando eu queria um cigarro, alguém da equipe me acompanhava até o lado de fora e ficava ao meu lado enquanto eu tragava.

Muito relaxante.

Três noites se passaram, e então conheci uma enfermeira muito bonita e extremamente inteligente. Ela cuidou muito bem de mim, e dei em cima dela o máximo de vezes possível quando você está interagindo com alguém que troca sua bolsa de colostomia regularmente. O temido dia em que eu teria que parar de fumar se aproximava, então recebi permissão para sair com a enfermeira maravilhosa para tomar um café. Meu humor melhorou um pouco. Fiz piadas, dei mole para ela de um jeito que dizia "estamos todos na reabilitação, então nada vai acontecer mesmo", e voltamos.

Já no centro, a enfermeira disse:

— Preciso pedir uma coisa.

— O que você quiser — respondi.

— Preciso que você pare de tentar comer a enfermeira gostosa.

Ela estava falando de si mesma.

Nossa.

— Achei que a gente estivesse se dando mole de um jeito inofensivo, tipo "nada nunca vai acontecer" — falei.

Passei outros quatro meses lá, e nunca mais dei em cima dela. Nem ela me deu mole, talvez porque tenha me visto coberto da minha própria merda várias vezes.

Mudei de andar, conheci terapeutas — Bruce, Wendy, tanto faz — que não me interessavam nem um pouco. Eu só queria fumar. Ou falar sobre fumar. Ou fumar enquanto falava sobre fumar.

Todo mundo parecia um cigarro gigante.

Eu mal saía do quarto. A bolsa continuava vazando. Liguei para minha mãe e pedi para ela ir me salvar. Ela disse que eu fumaria se saísse de lá e que isso seria péssimo para minha futura cirurgia. Liguei para minha terapeuta, implorei para ela me tirar dali. Ela repetiu a mesma coisa que a minha mãe.

Eu estava fodido e preso.

O pânico se instaurou. Minha bolsa estava cheia. Eu não estava doidão. Não havia nada que me separasse de mim mesmo. Eu me sentia um garotinho com medo de monstros no escuro. Mas e se o monstro fosse *eu*?

Encontrei aquela escada. A enfermeira? Sumiu. Terapia? Foda-se a terapia. Bati com a cabeça naquela parede com a mesma força que Jimmy Connors costumava rebater bolas de tênis. Muitos *topspins*. Bem na merda da linha.

Escadas.

Eu me aproximava da morte todos os dias.

Não tinha mais nada de sobriedade em mim. Se eu me jogasse, nunca mais conseguiria voltar. E se eu me jogasse, me jogaria feio. E eu teria que me jogar feio, porque minha tolerância é alta demais.

Não é como a história de Amy Winehouse, que passou um tempo sóbria e morreu depois de beber um pouco. Algo que ela falou naquele documentário também vale para mim. Logo após vencer um Grammy, ela diz para alguém: "Não consigo curtir isso se não estiver bêbada."

A ideia de ser famoso, a ideia de ser rico, a ideia de ser eu — não consigo curtir nada disso a menos que esteja drogado. E não consigo pensar em amor sem desejar estar drogado. Falta em mim uma conexão espiritual que me proteja desses sentimentos. É isso que eu busco.

A primeira vez que cheguei ao marco de 55 comprimidos por dia, como a personagem de Betsy Mallum em *Dopesick*, eu não sabia o que estava acontecendo. Eu não sabia que estava viciado. Fui uma das primeiras pessoas famosas a ir para a reabilitação enquanto a mídia *noticiava* isso. Em 1997, eu estava no elenco da série mais assistida nos Estados Unidos e fui para a reabilitação, e essa informação estampou as capas das revistas. Mas eu não tinha a menor ideia do que estava acontecendo comigo. Betsy Mallum de *Dopesick* passou para a heroína, e aí já era — nós a vimos concordar com a cabeça, sorrir e morrer. E aquele sorriso é a sensação que desejo o tempo todo. Ela deve ter se sentido tão bem, mas aquilo a *matou*. Permaneço buscando esse momento sagrado, só que sem a parte da morte. Quero uma conexão. Quero uma conexão com algo maior do que eu, porque estou convencido de que essa é a única coisa que realmente pode salvar a minha vida.

Eu não quero morrer. Tenho medo da morte.

Nem tenho talento para ficar arranjando comprimidos. A certa altura, alguém que trabalhava comigo me apresentou a um médico vigarista. Eu dizia que sofria de enxaqueca — na verdade, eu ia a uns oito médicos por causa das minhas enxaquecas inventadas — e ainda precisava passar por uma ressonância magnética de 45 minutos para conseguir drogas. Às vezes, quando as coisas ficavam muito ruins, eu ia até a casa de traficantes. A enfermeira da equipe do médico assumiu o negócio depois que ele morreu. Como ela podia me dar os comprimidos e morava no Valley, eu a visitava sempre que precisava comprar. E morria de medo o tempo todo.

Ela dizia:

— Entra!

— Não! — gritava eu. — Nós vamos ser presos. Só pega o dinheiro e me deixa ir embora.

Depois, ela começou a querer que eu sentasse para cheirarmos cocaína. Eu pegava os comprimidos e, por sentir tanto medo, tomava três na mesma hora para voltar para casa mais tranquilo, o que significava que a polícia teria muito mais motivos para me prender.

Bem depois, quando morava em Century City, eu tentava inventar desculpas para descer os quarenta andares e comprar drogas. Na época, me sentia tão mal e estava tão debilitado — minha barriga ainda não tinha cicatrizado, fiquei sozinho durante a Covid-19... Um enfermeiro me dava os comprimidos, mas eles não me deixavam doidão. Então eu ligava para um traficante para arrumar mais oxicodona. Assim eu teria drogas além das prescritas, e poderia sentir alguma coisa. O valor de cada comprimido ilegal era uns 75 dólares, então eu pagava ao cara três mil por entrega, muitas vezes por semana.

Só que sempre me pegavam. O médico da UCLA responsável por mim ficou de saco cheio e disse que não me ajudaria mais. Dava para entender — todo mundo tinha pavor de haver fentanil nos comprimidos e isso me matar (e, quando cheguei ao centro de reabilitação, é claro que meu teste deu positivo para fentanil).

Essa doença... Aquela Coisa Terrível. A dependência química estragou tanto a minha vida que não consigo nem fazer piadas sobre isso. Ela acabou com meus relacionamentos. Acabou com o processo diário de ser eu mesmo. Tenho um amigo sem grana nenhuma, que mora em um apartamento alugado. Nunca fez sucesso como ator, tem diabetes, vive preocupado com dinheiro, não trabalha. E eu trocaria de lugar com ele num piscar de olhos. Na verdade, eu daria toda a fortuna, toda a fama, tudo, para viver em um apartamento alugado em um programa assistencial do governo. Eu aceitaria viver preocupado com dinheiro se isso me livrasse dessa doença, desse vício.

E não tenho a doença simplesmente: tenho uma manifestação *séria* dela. Tão séria quanto possível, na verdade. Preciso ficar alerta o tempo todo. Ela vai me matar (imagino que alguma coisa acabe me matando). Robert Downey Jr., falando sobre a própria dependência química, disse: "É como ter uma arma na minha boca com um dedo no gatilho, e eu gosto do sabor do metal." Eu entendi; sei exatamente como é. Mesmo nos dias bons, quando estou sóbrio e fazendo planos para o futuro, ela continua dentro de mim. A arma está lá.

Por sorte, acho, não existem mais opioides no mundo suficientes para me deixar doidão. Tenho uma resistência muito, muito, muito alta. As coisas precisam ficar ruins de verdade — elas precisam ser imensas e terríveis — para eu desistir de alguma coisa. Quando eu fazia a série *Mr. Sunshine*, basicamente a comandava — escrevia os episódios, era o protagonista. Depois, em casa, eu analisava roteiros. Uma garrafa de vodca ficava ao meu lado. Eu servia 13, 14 doses — mas doses ao meu gosto, então eram *triplas*. E, depois da 14ª, eu não estava mais bêbado. Então parei de beber.

Acho que, agora, cheguei ao mesmo ponto com os opioides. Nunca há o suficiente. Eu tomava 1.800 miligramas de opioides por dia na Suíça e não sentia nada. Então, o que fazer? Ligar para um traficante e pedir *todas* as drogas? Hoje, quando penso em oxicodona, minha mente diretamente imagina passar o resto da vida com uma bolsa de colostomia. Eu não aguentaria uma coisa dessas. É por isso que acho que será fácil continuar longe dos opioides — eles pararam de funcionar. E eu poderia acordar de outra cirurgia (já passei por 14 desde a primeira) com uma bolsa de colostomia irreversível.

Chegou a hora de pensar em outra coisa (como eu disse, o próximo nível é heroína, e não vou chegar lá). No meu caso, abandonar o álcool e os opioides não tem nada a ver com força de vontade, eles simplesmente pararam de funcionar. Se alguém entrasse na minha casa agora e dissesse "Aqui tem cem miligramas de oxicodona", eu responderia "Isso não é o suficiente".

Só que resta um problema: *eu* me sigo aonde quer que eu vá. Levo comigo os problemas, a escuridão, e a merda toda; sempre que saio de uma reabilitação, me mudo e compro uma porra de uma casa nova. E moro nela.

A primeira coisa que eu costumava fazer quando visitava casas — um hobby meu — era vasculhar os armários de remédio dos donos para ver se eles tinham algum medicamento que eu pudesse afanar. Mas não dá para ser totalmente babaca nessas horas — você precisa pegar a quantidade certa. Se pegar muitos, vão descobrir. Então você dá uma olhada na data do frasco — o ideal é que esteja vencido. Se a validade já tiver passado há muito tempo, dá para pegar um monte. Se o frasco for novo, é melhor só pegar dois. Aos domingos, eu visitava umas cinco casas à venda — dedicava o dia inteiro a isso.

Em certo momento, na fase dos 55 por dia, eu acordava e precisava dar um jeito de consegui-los. Esse era o meu trabalho em tempo integral. Minha vida inteira era matemática. Eu precisava de oito para voltar para casa; então ficaria lá por três horas. Aí precisaria de mais quatro. Então eu tinha aquele jantar. Precisava de sete para isso... E isso apenas para permanecer estável, para não passar mal, para fugir do inevitável: a desintoxicação.

Imagino os proprietários dessas casas voltando depois das visitas e abrindo o armário de remédios.

— Será possível que o Chandler... não, o *Chandler* não. Não acredito que o Chandler *Bing* faria uma coisa dessas!

Agora, em vez de visitar casas, estou construindo uma. Comecei o processo porque, há um ano e meio, eu não conseguia nem terminar uma frase. As coisas ficaram tão apáticas, tão horríveis para mim. Médicos foram chamados, minha mãe veio, todo mundo veio e tomou conta de mim, porque eu não conseguia falar. Eu estava alucinado. Precisava tomar uma atitude.

Eu tinha aquela cobertura de vinte milhões em Century City, onde usava drogas, assistia televisão e transava com a mulher que namorava havia alguns meses.

Uma noite, eu estava desmaiado, ela estava desmaiada, e acordei com minha mãe e Keith Morrison ao pé da minha cama. Pensei: *Estou em um episódio de* Dateline? *E se eu estiver, por que a minha mãe também está?*

Ela olhou para minha namorada e disse:

— Acho melhor você ir embora.

Isso salvou a minha vida.

Meu pai também salvou a minha vida várias vezes.

Quando ele me ajudou a ir para Marina del Rey (depois que Jamie Tarses disse que eu estava desaparecendo diante dos seus olhos), fiquei morrendo de medo de passar o resto da vida sem nunca mais conseguir me divertir. Após umas três semanas, liguei para Marta Kauffman e David Crane para contar que estava sóbrio e poderia retornar a *Friends*.

— Quando você vai voltar? — perguntaram eles. — Precisamos que você volte. Vai ser um trabalho muito intenso. Se não começarmos em duas semanas, não vamos conseguir.

Só que eu ainda estava muito mal. Meu pai ouviu o tom da conversa e ligou de volta para Marta e David.

— Vou tirá-lo da sua série se vocês continuarem agindo assim com ele — disse meu pai.

Fiquei muito grato por ele ser meu pai e agir como um pai, mas eu também não queria ser um problema. Todo mundo só estava fazendo seu trabalho; nós fazíamos a série mais assistida do país, e dois dos personagens principais estavam prestes a se casar. Eu não podia simplesmente desaparecer. Queria que tudo ficasse bem. Então fui transferido de Marina del Rey para o Promises, em Malibu, e me informaram que eu precisaria de mais do que 28 dias — que eu precisaria de *meses* para melhorar.

Duas semanas depois, fui levado até o set de *Friends* por um funcionário da clínica. Quando cheguei, Jen Aniston disse:

— Estou muito *irritada* com você.

— Querida — falei —, se você soubesse pelo que eu passei, *não* ficaria irritada.

Então nos abraçamos, e fui trabalhar. Casei com Monica e fui levado de volta para o centro de reabilitação — no auge do meu melhor momento em *Friends*, no melhor momento da minha carreira, na fase icônica de uma série icônica — em uma picape pilotada por uma pessoa que me manteria sóbrio.

Nem todos os semáforos estavam verdes na Sunset naquela noite, isso é certo.

Não consigo ser útil em um relacionamento porque estou sempre tentando me segurar com unhas e dentes ao amor, ao mesmo tempo que sinto pavor de ser abandonado. E esse medo nem é real, porque, nos meus 53 anos, com todas as namoradas maravilhosas que já tive, só levei um pé na bunda uma vez, muitos anos atrás. Seria de se esperar que todos os outros em que eu fui embora tivessem um peso maior... só que ela era meu mundo. O homem inteligente dentro de mim enxerga isso com nitidez; ela tinha apenas 25 anos, só queria se divertir; ficamos juntos por poucos meses, mas baixei completamente a guarda. Pela primeira vez, decidi ser apenas eu mesmo.

E ela me dispensou.

Ela nunca fez promessas. E eu bebia feito um louco, então entendo.

Nós nos reencontramos na leitura de uma peça alguns anos atrás — ela interpretava minha esposa.

— Como você está? — perguntou ela antes da leitura, e fingi estar bem, mas aquilo era o inferno. *Saia daí, não interaja*, pensei, *só finja que está tudo ótimo.*

— Tenho dois filhos com meu companheiro agora — disse ela —, e a vida vai bem. Você está com alguém?

— Não — respondi —, continuo procurando.

Eu queria não ter dito isso, porque ficou parecendo que estava procurando desde que ela me deu um pé na bunda. Mas é verdade. Continuo procurando.

Então a leitura da peça terminou, ela deixou de ser minha esposa, tratei de ir embora dali, e ela continua igualzinha.

* * *

Hoje em dia, tenho fé em Deus, mas essa fé costuma parecer, hum, *bloqueada*. Por outro lado, tudo é bloqueado pelos medicamentos que tomo.

Hoje em dia, também faço esta pergunta: "Estou bloqueando a minha relação com uma força superior ao tomar Suboxone?"

Um dos meus maiores problemas, e o motivo pelo qual tive tanta dificuldade em ficar sóbrio ao longo dos anos, é que nunca me permito ficar desconfortável por tempo suficiente para ter uma conexão espiritual. Resolvo tudo com comprimidos e álcool antes de Deus interferir e *me* resolver.

Recentemente, fiz uma aula de exercícios de respiração. Você passa meia hora respirando de um jeito muito intenso, muito desconfortável. Você chora, vê coisas, se sente meio chapado. Para mim, é um entorpecimento grátis, o melhor tipo. Mas o Suboxone bloqueia até mesmo *essa* sensação... Metade dos médicos com quem falo diz que eu deveria continuar tomando o medicamento por pelo menos um ano, mais provavelmente pelo resto da vida. Outros dizem que, em teoria, não estarei sóbrio enquanto não parar de tomar. (De toda forma, é muito difícil ficar completamente limpo, o que é irônico, porque essa é uma droga usada para tirar você de *outras* drogas. Há pouco tempo, quando eu a recebia na veia, minha dosagem era meio miligrama menor do que deveria, e fiquei tão mal e assustado que precisaram aumentá-la. Você se sente péssimo quando corta o remédio.)

A heroína interage com seus receptores de opioides, e isso deixa você doidão, mas logo o efeito passa, e os receptores de opioides são deixados em paz enquanto você passa um tempo sóbrio; no dia seguinte, talvez você mexa com seus receptores de opioides de novo, e aí fica doidão, e assim por diante. Só que o Suboxone funciona de um jeito diferente, envelopando o receptor, e não vai embora, o que significa que ele passa o dia inteiro danificando seus receptores.

Então, uma das teorias que tenho sobre a minha dificuldade com a *felicidade* é que danifiquei meus receptores. A minha dopamina é substituída por Suboxone. A onda de dopamina vem quando você aproveita alguma coisa, como assistir ao pôr do sol, ou fazer uma boa jogada no tênis, ou ouvir uma música que adora. Mas tenho quase certeza de que os meus receptores de opioides foram seriamente danificados, talvez de forma irremediável. É por isso que estou sempre um pouco desanimado.

Seria legal se, às vezes, assim como aconteceu com a pancreatite, meus receptores de opioides pudessem se recuperar e ficassem em paz por um tempo, e eu voltasse a ser feliz.

Eu vi Deus na minha cozinha, por incrível que pareça, então sei que existe algo maior do que eu (até porque, para começar, não sou capaz de cuidar nem de uma planta). Sei que Ele é amor e aceitação onipresentes, que significa que tudo vai ficar bem. Sei que algo acontece quando morremos. Sei que seguimos para algo maravilhoso.

Alcoólatras e dependentes químicos como eu querem beber só para se sentir melhor. Bom, isso vale para mim: meu único objetivo era me sentir melhor. Eu não me sentia bem — depois de alguns drinques, eu me sentia melhor. Mas, conforme a doença progride, é necessário mais e mais e mais e mais e mais e mais e mais para chegar a esse melhor. Se você se desvia da sobriedade, o alcoolismo vem com tudo e diz: "Oi, lembra de mim? Bom te ver de novo. Agora, me dá a mesma quantidade que você me deu da outra vez, senão eu vou te enlouquecer e, quem sabe, te matar." E então vem a obsessão da minha mente, e não consigo parar de pensar em me sentir melhor, juntando isso ao fenômeno da ânsia, e o que resta é um hematoma que surge e nunca melhora. Ninguém tem um problema com a bebida, se cura e passa a beber socialmente. A doença simplesmente volta.

O Grande Livro diz que o álcool é ardiloso, surpreendente e poderoso... mas eu acrescentaria que ele é *paciente*. Assim que você levanta a mão e diz "Tenho um problema", é como se o vício respondesse "Bom, se você vai ser *idiota* a ponto de tentar resolver isso, vou sumir por um tempo...". Depois de passar três meses na reabilitação, eu penso: *Bom, vou beber quando sair daqui, mas posso esperar mais nove dias.* A doença está ali tamborilando os dedos. No A.A., costumam dizer que, enquanto você está em uma reunião, sua doença está fazendo flexões com um braço só lá fora, só esperando a sua saída.

Quase morri várias vezes e, quanto mais você cava no fundo do poço (a morte é o mais fundo, só para lembrar), mais pessoas é capaz de ajudar. Então, quando a minha vida está com a corda toda, tenho pessoas para apadrinhar, gente me ligando para pedir ajuda. Os anos entre 2001 e 2003 foram os mais felizes da minha vida — eu estava ajudando os outros, sóbrio, forte.

Havia outro lado positivo da sobriedade. Fiquei solteiro por parte desse tempo. Então eu ia a boates, mas não queria beber — um milagre havia sido operado na minha vida. E vou te contar, ninguém é mais popular às duas da manhã em uma boate do que o cara sóbrio que diz "Oi, tudo bem?" para uma mulher. Acho que nunca transei tanto quanto naqueles dois anos.

Só que a doença é paciente. Aos poucos, você para de ir às reuniões que deveria frequentar. *Não preciso ir na de sexta* à noite! E então, quando esse tipo de pensamento já se infiltrou na sua mente, o alcoolismo vem buscar você, surpreendente e poderoso e paciente. De repente você deixa de ir a todas as reuniões. E se convence de que já entendeu tudo. *Não preciso mais disso. Já sei tudo.*

Viciados não são pessoas ruins. Só estamos tentando nos sentir melhor, só que temos essa doença. Quando me sinto mal, penso: *Preciso de alguma coisa que me deixe melhor.* É simples assim. Eu ainda adoraria beber e usar drogas, mas não faço isso por causa das consequências, porque, a esta altura do campeonato, isso me mataria.

Recentemente, minha mãe disse que se orgulhava de mim. Eu havia escrito um filme, e ela leu. Passei a vida inteira esperando para ouvir essas palavras.

Quando falei isso, ela respondeu:

— Que tal você aliviar um pouco para o meu lado e me perdoar?

— Eu *perdoo* você — respondi. — De verdade.

Fico me perguntando se ela é capaz de me perdoar por tudo que a fiz passar...

Se um babaca egoísta e preguiçoso como eu consegue mudar, todo mundo consegue. Nenhum segredo se torna pior só porque é revelado. Neste ponto da minha vida, as palavras de gratidão jorram de mim, porque eu deveria estar morto, mas, por algum motivo, não estou. Deve existir alguma justificativa para isso. É difícil demais conceber a hipótese de que não exista.

Não acredito mais em fazer as coisas de qualquer jeito. O caminho mais fácil é tedioso, e cicatrizes são interessantes — elas contam uma história sincera, são provas de que uma batalha foi travada e, no meu caso, vencida com dificuldade.

Hoje, tenho muitas cicatrizes.

Na primeira vez que tirei a camisa no banheiro depois de voltar da primeira cirurgia no hospital, caí no choro. Fiquei horrorizado. Achei que minha vida tinha acabado. Depois de uma hora e meia, consegui recuperar o controle o suficiente para ligar para meu traficante, que me perguntou qual era o problema, como se fosse um assistente social ou um padre.

Há três dias, passei pela 14ª cirurgia — já se passaram quatro anos. Chorei de novo. Eu devia me acostumar, porque sempre haverá novas cirurgias — nunca vou me livrar delas. Sempre vou ter o intestino de um cara de 90 anos. Na verdade, nunca fiquei sem chorar depois de uma cirurgia. Nunca mesmo.

Mas parei de ligar para os traficantes.

Há tantas cicatrizes no meu abdome que só preciso olhar para baixo para saber que passei por uma guerra, uma guerra autoimposta. Uma vez, em um evento qualquer de Hollywood — que permitia, ou melhor, *exigia* o uso de camisas, graças a Deus —, Martin Sheen se virou para mim e disse: "Sabe o que São Pedro diz para todo mundo que tenta entrar no Céu?" Enquanto eu o fitava com um olhar inexpressivo, o homem que já interpretou um presidente continuou: "Pedro diz 'Você não tem cicatrizes?'. E, quando a maioria das pessoas responde com orgulho 'Ah, não, não tenho', ele diz 'Mas por que não? Não havia nada pelo qual valesse a pena lutar?'"

(Martin Sheen, assim como Al Pacino, Sean Penn, Ellen DeGeneres, Kevin Bacon, Chevy Chase, Robert De Niro — são todos membros do "Clube dos Famosos" que já conheci, um grupinho informal do qual você participa quando está em um aeroporto ou um evento, e alguém que também é famoso se aproxima para dar "oi" como se vocês se conhecessem.)

Mas as cicatrizes, as cicatrizes... minha barriga parece o mapa topográfico da China. E elas *doem* pra caralho. Infelizmente, meu corpo, hoje em dia, ri de deboche quando recebe trinta miligramas de oxicodona. Medicamentos orais não fazem efeito nenhum; a única coisa que ajuda um pouco é recebê-los na veia, e obviamente não posso fazer isso em casa, então lá vou eu para o hospital.

Em janeiro de 2022, sofri uma incisão de quinze centímetros, que foi fechada com grampos de metal. Essa é a vida de alguém abençoado com Aquela Coisa Terrível. E não me deixam fumar. O dia em que eu conseguir não fumar sem nenhuma loucura acontecer vai ser ótimo. E, quando eu não fumo, engordo — na verdade, recentemente engordei tanto que, ao olhar no espelho, achei que alguém estava me seguindo.

Quando você fica sóbrio, engorda. Quando para de fumar, engorda. Essas são as regras.

Quanto a mim, eu trocaria de lugar com cada um dos meus amigos — Pressman, Bierko, todos —, porque nenhum deles precisou lidar com Aquela Coisa Terrível. Nenhum deles passou a vida inteira lutando com um cérebro que foi projetado para matá-los. Eu daria tudo para não ser assim. Ninguém acredita em mim, mas é verdade.

Hoje em dia, a minha vida não está mais pegando fogo. Ouso dizer isso no meio de toda esta turbulência. Eu cresci. Sou mais verdadeiro, mais franco. Não preciso fazer as pessoas em uma sala caírem na gargalhada. Só preciso me empertigar e sair da sala.

E, com sorte, não entrar pela porta de um armário.

Sou uma versão mais calma de mim mesmo. Mais real. Mais competente. Tudo bem, hoje em dia é provável que eu tenha que escrever um bom papel em um filme se quiser que ele seja meu. Mas também posso fazer isso. Eu sou suficiente. Sou mais do que suficiente. E não preciso mais dar um show. Já deixei minha marca. Agora é a hora de relaxar e aproveitar. E de encontrar o amor verdadeiro. E uma vida de verdade. Não uma que se baseie no medo.

Eu sou eu. E isso deveria bastar, isso sempre deveria ter bastado. Era eu quem não entendia isso. Hoje, finalmente entendo. Sou ator, sou escritor. Sou uma pessoa. E uma boa pessoa. Quero coisas boas para mim, para os outros, e posso continuar buscando por elas. Há um motivo para eu continuar aqui. E tentar entender por que essa é a tarefa que foi colocada diante de mim.

E o motivo será revelado. Sem pressa, sem desespero. Apenas o fato de que estou aqui, e de que me importo com as pessoas, já é resposta suficiente. Hoje, quando acordo, me sinto curioso, me perguntando o que o mundo me reserva, e o que eu reservo para ele. E isso basta para seguir em frente.

Quero continuar aprendendo. Quero continuar ensinando. Essas são as grandes aspirações que tenho para mim mesmo, mas, enquanto isso, quero rir e me divertir com meus amigos. Quero fazer amor com uma mulher por quem eu esteja perdidamente apaixonado. Quero ser pai e virar motivo de orgulho para os meus pais.

Hoje também amo obras de arte, e comecei uma coleção. Comprei meu quadro de Banksy em um leilão em Nova York. Participei por telefone. Nunca conheci Banksy, mas quero que saiba que, se um dia acontecer um incêndio, a primeira coisa que eu salvaria seria meu Banksy. Fico me perguntando se ele se importa. (Na verdade, ele provavelmente botaria fogo no quadro por conta própria.)

Conquistei muitas coisas na vida, mas ainda há muito o que fazer, e isso me deixa empolgado todos os dias. Eu era um garoto do Canadá que realizou todos os seus sonhos. Mas eles eram simplesmente os sonhos *errados*. E, em vez de desistir, eu mudei e encontrei novos.

Eu os encontro o tempo todo. Eles estão bem ali na vista, no Valley, nos adornos e brilhos que surgem no mar quando o sol bate... no ponto certo.

Quando alguém faz uma coisa legal por outra pessoa, eu vejo Deus. Mas você não pode oferecer o que não tem. Então, tento ser melhor todos os dias. Quando esses momentos chegam e sou necessário, já resolvi meus problemas, e faço aquilo que todos viemos fazer aqui, que é simplesmente ajudar os outros.

INTERLÚDIO

A parte do cigarro

Um belo dia, Deus e meu terapeuta se uniram e resolveram miraculosamente remover meu desejo de usar drogas. Um desejo que me atormentava desde 1996.

Meu terapeuta me disse: "Da próxima vez que você pensar em oxicodona, quero que pense em passar o resto da vida com uma bolsa de colostomia."

Deus não disse nada, só que Ele não precisa, porque é Deus. Mas estava presente.

Depois de passar nove longos meses com uma bolsa de colostomia, as palavras do meu terapeuta pegaram em um ponto fraco. E, quando um homem é pego em seu ponto fraco, o mais prudente é tomar uma atitude imediata. O comentário dele abriu uma janelinha, e me arrastei para atravessá-la. E do outro lado dessa janela havia uma vida sem oxicodona.

Depois da oxicodona, o próximo passo é a heroína. Uma palavra que sempre me assustou. Um medo que certamente salvou minha vida. Esse medo, obviamente, era de gostar tanto dessa droga que jamais parasse de usá-la e acabasse morrendo. Não sei como usá-la e nem quero aprender. Mesmo nos meus dias mais sombrios, isso nunca foi uma opção.

Então, como a heroína estava fora de cogitação e a oxicodona era a única droga que eu queria tomar, seria lógico presumir que meu desejo por drogas havia desaparecido — eu não conseguiria encontrar esse desejo nem se quisesse, e não estava tentando. Eu me sentia mais leve. Livre. Havia me livrado daquele fardo. Bom, não foi bem assim.

Eu tinha acabado de passar pela 14ª cirurgia, dessa vez para remover uma hérnia que pressionava minha parede abdominal. Ela causava muita dor, e recebi uma prescrição de oxicodona. Nós, dependentes químicos, não somos mártires — se sentimos muita dor, podemos tomar analgésicos, só precisamos ter cuidado. Isso significa que o frasco com os comprimidos nunca fica na minha mão, que os medicamentos sempre são administrados por outra pessoa e conforme as orientações médicas. E também significava que eu tinha uma cicatriz novinha em folha, agora de uma incisão de quinze centímetros. Sério, galera? Meu cólon explodiu, vocês me abriram tanto que podiam ter colocado uma bola de boliche lá dentro, e agora eu ganho uma cicatriz imensa?

Depois da cirurgia, a dor passou no momento em que tomei o remédio, mas outra coisa aconteceu: senti meu trato intestinal paralisar de novo. Estresse pós-traumático? E, quando isso aconteceu, a única opção era seguir direto para a emergência, para que me dessem algo que ajudasse a ir ao banheiro ou me dissessem que eu precisava de outra cirurgia de emergência. E toda cirurgia vinha com a possibilidade de eu acordar com uma bolsa de colostomia. Já havia acontecido duas vezes, poderia acontecer de novo.

Sabe o que garantiria que eu nunca acordaria de uma cirurgia com uma bolsa de colostomia irreversível? Parar de tomar oxicodona. E eu já tinha feito isso. Estava livre. Não havia palavras para descrever como essa notícia era fenomenal. Eu não tinha qualquer interesse em usar drogas desde então. Então, roubarei as palavras imortais de Al Michaels quando um bando de universitários venceu os escrotos dos russos em um jogo de hóquei no gelo em Lake Placid: "Vocês acreditam em milagres? Sim!!!!!!!"

Ainda não consigo assistir a esse jogo sem me arrepiar. Bom, dessa vez o milagre era meu.

Sempre acreditei na teoria de que Deus nos dá apenas aquilo que podemos enfrentar. Nesse caso, Deus me deu três semanas. Três semanas de liberdade. E então colocou um novo desafio gigantesco bem na minha cara.

Eu estava ignorando aquilo. Fingindo que nada acontecia, ou que iria desaparecer de repente.

Na época, quando eu deitava para dormir, ouvia uma respiração ofegante. Às vezes ela era tão alta que eu não conseguia pegar no sono; em outras, era mais silenciosa e demorada. Mas, quando resolvi investigar o que era, porque Deus era testemunha de que eu estava pronto, fiquei preocupado. Torci para ser bronquite ou algo que pudesse ser resolvido com um antibiótico, mas temi o pior.

Meu pneumologista tinha uma lista de espera de uma semana, então passei sete dias deitado e ouvindo aquele som horroroso ao longo do momento mais vulnerável e solitário da noite. A semana passou bem devagar. De vez em quando eu sentava e fumava um cigarro, torcendo para resolver o barulho. Não sou o cara mais brilhante do mundo.

A manhã da consulta finalmente chegou e, junto com a onipresente Erin, fui fazer uma espirometria. Soprei com toda a força no tubo por alguns minutos, e então fui orientado a aguardar o resultado no consultório. Pedi para Erin esperar comigo; fiquei com medo de receber uma notícia horrível. Lembrando que a gente queria ouvir que era só uma inflamação nos brônquios. E, por causa do milagre das três semanas de antes, eu tinha onde me esconder se a notícia fosse ruim.

Após um bom tempo, o médico entrou no consultório, sentou e anunciou (em um tom bem despreocupado, levando em consideração o caso) que meus anos de fumante haviam feito muito mal aos meus pulmões, e que, se eu não parasse de fumar agora — hoje —, morreria aos 60 anos. Em outras palavras, foda-se se eu tinha bronquite.

— Não, é bem pior que isso — disse ele. — Mas nós descobrimos no começo, então, se você parar de fumar, pode chegar aos 80.

Chocado, paralisado de medo, grato por ter descoberto o problema a tempo. Esses eram os pensamentos que rondavam minha cabeça enquanto entrávamos no carro. Ficamos sentados ali por um tempo, eu desejando que o carro fosse um DeLorean, para voltarmos a 1988 e me impedirmos de colocar na boca uma daquelas coisas venenosas e destruidoras de vida.

De algum jeito, consegui me manter otimista.

— Bom... — falei depois de um tempo. — É óbvio o que vai acontecer. Vou fumar pelo resto do dia. E amanhã de manhã, às sete, vou largar o cigarro para sempre.

Eu já tinha parado de fumar antes, por nove meses, e o processo havia sido desastroso. Erin — por continuar sendo a melhor pessoa do mundo — disse que pararia comigo.

No começo eu tinha permissão para usar o cigarro eletrônico, mas ele também precisaria ser cortado depois de um tempo.

E o horário estabelecido — sete da manhã do dia seguinte — chegou rápido demais. Todos os cigarros foram removidos da minha casa, e eu me agarrei ao cigarro eletrônico como se minha vida dependesse disso. Eu lembrava, pelas minhas tentativas anteriores de parar, que o terceiro e o quarto dias eram os piores, mas, se eu conseguisse chegar ao sétimo, tudo ficaria mais fácil.

Foi tão horrível quanto se pode para imaginar. Basicamente fiquei no meu quarto, fumando o cigarro eletrônico, esperando os sentimentos horríveis irem embora. Mas eu era corajoso. Ia conseguir.

Só que o sétimo dia chegou e foi embora, e eu continuava me sentindo péssimo. Minha ânsia por um cigarro era tanta que parecia impossível. No nono dia, não aguentei. Saí do meu quarto e falei:

— Quero um cigarro.

A equipe de enfermagem estava lá para se certificar de que eu não me drogaria, não para me impedir de fumar, então me deram um. E, quando digo que fiquei doidão, quero dizer doidão mesmo — tipo a viagem para casa no Mustang vermelho em Las Vegas.

Os outros oito cigarros que fumei naquela noite não foram tão bons. Eles só fizeram eu me sentir um merda, ao mesmo tempo que aquela merda me deixava apavorado (usei "merda" duas vezes de propósito, apesar de isso deixar a frase horrível).

Eu era um homem de 52 anos e, a menos que esta seja a primeira página que lê neste livro, você já sabe que meu plano era que o resto da minha vida fosse a parte longa e boa. Então, eu tentei! Fiquei deitado na cama por nove dias, sem fumar.

Será possível que eu conseguiria largar todas as drogas do mundo, mas o cigarro seria a mais difícil? Está todo mundo de sacanagem?

Foi decidido que ir de sessenta cigarros por dia para zero havia sido muito para mim, e que eu poderia ir diminuindo a quantidade até que um plano melhor fosse bolado. Nos dias seguintes, consegui passar de sessenta para dez. Apesar de já ser alguma coisa, não podemos esquecer: a minha vida estava em risco, e eu precisava que esse número chegasse a zero bem rápido. Mas todas as tentativas de fazer isso foram frustradas.

Entra em cena Kerry Gaynor, grande hipnotista. Eu já havia tentado parar de fumar com a ajuda dele, e não tinha dado certo. Desta vez a situação era bem diferente. Sentado diante de Kerry Gaynor naquele dia estava um homem desesperado, que queria parar. Eu queria mesmo — porra, eu precisava parar. Não conheço amor de verdade, nunca olhei nos olhos dos meus filhos. E enfisema era um péssimo jeito de morrer, com tanques de oxigênio e tubos de respiração: "Oi, aqui é o Matthew Perry, e, é óbvio, este aqui é o meu tubo de respiração."

Mas será que uma mente como a minha poderia ser hipnotizada? Meus pensamentos não paravam, e eu tinha alucinações auditivas... Então, se eu não conseguia controlar a minha mente, como um hipnotista faria isso? Eu adorava fumar. Houve dias em que esse foi meu único motivo para viver. Na verdade, eu ficava acordado até tarde só para poder fumar mais. E era a última coisa que me restava. Sem isso, nada me separaria de mim mesmo. Eu havia parado de beber para sempre depois que Deus me visitou na cozinha. Fazia pouco tempo que eu tinha desistido de vez das drogas, depois da bolsa de colostomia me deixar na merda. Eu disse isso mesmo?

Como eu conseguiria? Qual seria o sentido de fazer qualquer coisa se eu não pudesse fumar?

As coisas não começaram bem. Fui até o lugar, toquei a campainha, uma pessoa muito simpática abriu a porta, e eu falei: "Oi, o Kerry está? Tenho hora marcada com ele."

Kerry não estava, porque era a casa errada. Fiquei me perguntando o que aquela pessoa pensou ao dar de cara com Chandler Bing tocando sua campainha...

Cinco casas depois dessa, vi Kerry parado na frente da sua porta, me esperando. Eu estava apavorado — minha última bengala emocional, sem mencionar minha vida, estavam em jogo.

O escritório de Kerry não era bem o que eu esperava do hipnotista mais caro do mundo. Estava abarrotado de papéis, fotos e placas antinicotina. Nós sentamos, e ele começou seu discurso de "fumar é péssimo". Aham, eu sei. Vamos direto ao ponto.

Expliquei a gravidade da situação e ele me disse que precisaríamos de três encontros — pelo visto, sou um caso especial. Depois da conversa, deitei, e ele passou dez minutos me hipnotizando.

Não senti nada, é lógico.

A ideia é que você continue fumando entre os encontros, e eu era grato por isso, mas, para facilitar a vida dos meus pulmões, e a de Kerry, mantive apenas os dez cigarros (qualquer um pode fumar três maços por dia, como eu fazia, mas você só precisa mesmo de uns dez cigarros para conseguir a nicotina que seu corpo deseja. Os outros cinquenta eram apenas força do hábito).

Durante a segunda sessão, Kerry usou todas as táticas de medo que tinha. Que eu era ingênuo por achar que o próximo cigarro não me mataria (eu não achava isso). Que eu poderia fumar agora, ter um ataque cardíaco e, se não houvesse ninguém por perto para ligar para a emergência, já era. Que meu próximo cigarro causaria danos irreversíveis aos meus pulmões, e eu teria que passar o restante dos meus dias carregando tanques de oxigênio e respirando apenas pelo nariz. (Pensei: *Isso é pior do que a bolsa de colostomia*. Mas não disse isso em voz alta.) Eu preferia fumar ou respirar na manhã seguinte? Eu sabia a resposta dessa.

Antes de ele me hipnotizar pela segunda vez, tentei explicar como minha mente agitada funcionava.

— Não sei se você vai conseguir me hipnotizar — expliquei.

Kerry simplesmente abriu um sorriso confiante — imagino que tivesse escutado essa frase mil vezes — e me pediu de novo para deitar.

Eu estava do lado dele. Queria que aquilo desse certo. Mas ainda duvidava que estivesse funcionando. Saí da sua casa e voltei para os dez cigarros por dia, mas algo mudou: eles foram me deixando cada vez mais apavorado. No mínimo, Kerry havia feito um trabalho genial em me fazer sentir medo a cada tragada. Algo realmente estava diferente.

E então lá estávamos nós, no último encontro. Agora era a hora. Depois daquilo, eu deveria parar de fumar para sempre. Expliquei que eu me sentia muito mal sempre que tentava parar — era mais difícil do que largar as drogas. E eu já tinha feito coisas bem loucas (por exemplo, cabeça na parede) enquanto tentava largar o cigarro. Tenho pavor das crises de abstinência.

Kerry ouviu com toda paciência do mundo e calmamente explicou que havia ajudado milhares e milhares de pessoas a parar de fumar, e que todos os feedbacks que recebia diziam a mesma coisa: há certo desconforto nos dois primeiros dias, e só. Mas você não pode chegar perto de nicotina. Nada de cigarros eletrônicos.

Nunca havia sido assim comigo, e eu expliquei isso.

— Você nunca quis parar antes, e nunca fez isso do jeito certo, comigo — disse ele.

Isso era verdade, eu queria parar. Não havia dúvida.

Assim, deitei de novo, e ele me hipnotizou. Só que desta vez foi diferente. Me senti muito relaxado e sonolento. Percebi que, quando Kerry falava diretamente com o meu subconsciente, meus pensamentos desaceleravam.

E então acabou.

Levantei, perguntei se podia abraçá-lo, e ele deixou. Então saí do escritório dele como alguém que não fumava. Para sempre, independentemente do que acontecesse. Todos os produtos com nicotina e cigarros eletrônicos (que podem nos matar com a mesma rapidez que cigarros normais, segundo Kerry) tinham sido removidos da minha casa.

Agora, eram seis da tarde, e meu trabalho era chegar às nove e meia sem fumar.

Só que algo mudou: eu não queria fumar.

O primeiro dia foi levemente desconfortável, assim como o segundo. E então a sensação ruim foi embora, como Kerry disse que aconteceria. Não tive nenhum sintoma de abstinência. Nada. E não queria fumar.

Deu certo. Não entendo como ele conseguiu remover os sintomas da abstinência nem como a hipnose faz com que isso seja medicamente possível. Mas eu não pretendia fazer perguntas.

Eu ainda esticava a mão para pegar um cigarro cinquenta vezes por dia, mas era apenas força do hábito. Também notei outra coisa: a respiração ofegante desapareceu. Kerry Gaynor salvou a minha vida e eu parei de fumar.

Isso era outro milagre. Na verdade, os milagres estavam vindo de todos os lados da minha vida. Se você não desviasse, podia acabar sendo atingido por um. Eu não queria me drogar e tinha parado de fumar.

Completei quinze dias sem um cigarro. Minha aparência melhorou, eu me sentia melhor e fazia menos pausas durante partidas de pickleball. Meus olhos tinham vida.

Então algo aconteceu. Mordi uma torrada com manteiga de amendoim e todos os meus dentes de cima caíram. Sim, todos. Uma visita rápida ao dentista foi necessária, afinal, eu sou um ator, e meus dentes deveriam estar todos na boca, não em um saquinho no bolso da minha calça. Mas era um desastre, e resolver aquilo daria muito trabalho. O dentista precisou remover todos os meus dentes — inclusive os implantes pregados na minha mandíbula — e substituí-los. Fui informado de que sentiria dor por um ou dois dias, e que poderia tomar Advil ou Tylenol para aliviá-la. Mas isso só me fez lembrar da porra do dentista sádico tão bem interpretado por Steve Martin em *A pequena loja dos horrores*.

Por quanto tempo doeu de verdade?

Dezessete dias.

Advil e Tylenol conseguiam amenizar a dor de verdade?

É óbvio que não.

Quanto tempo resisti antes de perder o controle e fumar um cigarro?

Três dias.

Eu simplesmente não aguentei lidar com tanta dor sem fumar. Parecia que um milagre havia sido oferecido, e eu gentilmente o joguei para longe e disse: "Não, obrigado, não quero."

Quero aproveitar a oportunidade para direcionar algumas palavras ao cirurgião-dentista responsável por tudo isso: "Vai tomar no cu, seu fodido de merda. Vai se foder, seu babaca escroto com cara de bosta."

Agora me sinto melhor.

Depois disso, basicamente comecei a perseguir Kerry Gaynor. Eu me encontrava com ele sempre que podia, e então comprava um maço de cigarros e fumava um antes de jogar os outros na pia. Nunca menti para Kerry — eu contava o que estava acontecendo, e ainda bem que ele não chuta cachorro morto. Repeti todos os mantras e desenvolvi um medo muito intenso de fumar. O medo crescendo a cada tragada.

Mas eu continuava fumando.

A ausência do desejo de fumar não voltou. Eu teria que recorrer a meios drásticos, que consistiam em uvas congeladas e vinte minutos na esteira sempre que sentia vontade de fumar. Eu imaginava um homem de 45 quilos depois de andar tanto na esteira, dizendo "Nossa, como eu queria um cigarro!" em uma voz muito aguda.

O cigarro eletrônico não era uma opção. Adesivos não eram uma opção. Mentir não era uma opção. (De que adiantaria?) Eu aguentava quatro dias, depois fumava e precisava começar tudo de novo.

Mas não desisti — eu não podia desistir. *Minha vida foi tão difícil, eu mereço fumar. Escrevi uma peça, eu mereço fumar.* Esses pensamentos precisavam ser afastados urgentemente, porque eles davam esperança a um viciado.

Então tive a brilhante ideia de encontrar Kerry em duas manhãs seguidas — eu com certeza não fumaria se fosse encontrá-lo no dia seguinte. Foi uma noite difícil, mas já passei por muitas assim, e consegui chegar ao escritório esquisito dele pela manhã, passar por nossa conversa rápida, e ser hipnotizado de novo.

Naquela altura, eu já conseguia interpretar o papel dele — nós poderíamos trocar de cadeira. Seria eu quem lhe ofereceria o copo esquisito de plástico azul com água morna. Mas aquele era o segundo dia (nada como as pequenas vitórias). Ele me hipnotizou, me deixou apavorado de novo e me mandou embora com um horário marcado na próxima semana. Em casa, segui um cronograma cheio; eu não podia ficar com a cabeça vazia, porque é a oficina do diabo e tal.

Bom, a cabeça vazia e a garota que partiu meu coração quando eu tinha trinta anos.

Eu tomava 55 comprimidos de Vicodin por dia e parei com isso, então não deixaria aquele vício nojento, fedido, tão relaxante e maravilhoso me vencer. Eu preferia fumar ou respirar? Respirar — uma coisa maravilhosa que nunca valorizamos.

Os cigarros já tinham me deixado muito doente. E eles fazem mal. Parece que estou brincando, mas precisamos lembrar disso. Eu precisava pensar na minha volta ao trabalho como ator (não atuava desde o acidente); eu tinha um livro para escrever e para promover, e não poderia fazer isso com um cigarro na mão. Não dava para simplesmente me encher de comida até me livrar do problema. "Pare de beber, de usar drogas, de fumar! Aqui vai o segredo: simplesmente coma seis bolos de chocolate toda noite!" Não era bem essa a mensagem que eu queria transmitir.

Eu tinha um recorde a ser vencido: quinze dias. E isso traria o conforto tranquilizante de não querer fumar. Já tinha passado por isso antes e poderia passar de novo: a reconstrução completa de um homem. Eu não sabia quem era esse cara, mas ele parecia ser legal, e dava para ver que finalmente tinha parado de ser tão escroto consigo mesmo.

Eu não via a hora de conhecê-lo!

11

Batman

Nunca imaginei que, aos 52 anos, eu estaria solteiro, sem participar de brincadeiras divertidas e bobas com crianças pequenas e fofas correndo por todo canto enquanto repetem palavras sem sentido que lhes ensinei só para fazer minha linda esposa rir.

Passei anos acreditando que eu não era suficiente, e não me sinto mais assim. Acho que sou a quantidade certa. Mas toda manhã, quando acordo, passo alguns instantes meio desnorteado, perdido no sono e em sonhos, sem saber exatamente onde estou, e me lembro da minha barriga e das cicatrizes (finalmente tenho gominhos na barriga, mas não porque fiz abdominais). Então jogo as pernas para fora da cama e vou até o banheiro na ponta dos pés, para não acordar ninguém... hum, ninguém mesmo. Pois é, estou completamente sozinho. Olho para o espelho, torcendo para encontrar alguma coisa que me explique tudo. Tento não pensar demais nas mulheres incríveis que deixei para trás por causa de um medo que levei tempo demais para compreender. Tento não ficar remoendo isso — se você só ficar olhando para o retrovisor, vai bater o carro. Ainda assim, me pego desejando uma companhia, uma companhia romântica. Não sou exigente. Basta que ela tenha 1,60m, cabelo escuro, seja bem inteligente, engraçada e tenha um pinguinho de sanidade. E precisa amar crianças. Tolerar hóquei. Estar disposta a aprender pickleball.

Só isso.

Uma companheira.

Se eu ficar olhando por tempo demais, meu rosto começa a desaparecer diante dos meus olhos, e então sei que chegou a hora de sair para o meu pátio e a para a minha vista.

Lá fora, abaixo dos penhascos e das rodovias e do centro de meditação em que li minha lista para meu padrinho, onde as gaivotas da Califórnia rodopiam e mergulham, vejo o mar se agitar, cinza-ardósia com toques de azul. Sempre encarei o oceano como um reflexo do nosso subconsciente. Há beleza — corais, peixes coloridos, espuma, o reflexo do sol —, porém também algo mais sombrio, tubarões e peixes-tigre e profundezas infinitas prontas para engolir barquinhos de pesca frágeis.

Seu tamanho é o que me acalma; seu tamanho e seu poder. Grande o suficiente para se perder nele para sempre; forte o suficiente para aguentar grandes navios petroleiros. Não somos nada quando comparados à sua vastidão. Você já parou na frente da água e tentou impedir o movimento de uma onda? Ela segue em frente, independentemente das nossas atitudes; independentemente do quanto tentamos, o mar nos lembra que somos impotentes diante dele.

Na maioria dos dias, enquanto observo o mar, me sinto preenchido não apenas por saudade, mas também por paz, gratidão e uma compreensão mais profunda das coisas pelas quais passei e o ponto em que estou agora.

Para começo de conversa, me rendi para o lado vencedor, não para o perdedor. Não sou mais afligido por uma batalha impossível contra drogas e álcool. Não sinto a necessidade de automaticamente acender um cigarro junto com meu café matinal. Eu me sinto mais limpo. Mais rejuvenescido. Meus amigos e familiares já perceberam isso — há um brilho em mim que ninguém via antes.

No apêndice ao fim do Grande Livro do A.A., "A experiência espiritual", li a seguinte frase:

> "Com frequência, os amigos do novato sentem a diferença muito antes de ele recuperar a si mesmo."

Hoje de manhã, e todas as manhãs no meu pátio, sou como o novato. Eu me sinto preenchido e energizado pelas "diferenças" — sem beber, sem me drogar, sem fumar... Parado ali, com um café em uma das mãos e nada na outra, observando as ondas distantes no mar, percebo que também sinto uma onda dentro de mim.

Uma onda de gratidão.

Conforme a luz do dia escurece, e o mar muda de prateado para azul mais claro, a onda de gratidão vai aumentando até me mostrar rostos, acontecimentos, pequenos detritos que foram momentos na minha vida agitada.

Eu me sinto tão grato por estar vivo, por ter uma família amorosa — isso não é o mínimo, e talvez seja o melhor de tudo. Lá, nos borrifos de água, vejo o rosto da minha mãe e penso na sua capacidade indescritível de se fazer presente durante as crises, de assumir o controle e tornar tudo melhor. Uma vez, Keith Morrison me disse: "Nas quatro décadas em que estou com a sua mãe, a vida dela girou em torno do apego por você. Ela pensa em você o tempo todo. Lá em 1980, quando as coisas ficaram sérias entre nós, ela me falou uma coisa que nunca esqueci: 'Nenhum homem jamais vai me separar de Matthew. Ele sempre vai ser a pessoa mais importante na minha vida. Você precisa aceitar isso.'" E é verdade. Jamais houve um momento em que eu não sentisse esse amor. Mesmo nas nossas piores fases. Se um problema se torna muito sério, ela continua sendo a primeira pessoa para quem eu ligo.

Também vejo o rosto ridiculamente lindo do meu pai, e parece apropriado enxergá-lo como meu pai, mas também como o marinheiro do Old Spice, apesar de esta última imagem ter desaparecido em um ponto distante do horizonte há muito tempo. Penso nos dois aguentando dividir o mesmo cômodo enquanto eu estava muito doente, e no tipo de amor que isso demonstra. Meus pais não nasceram para ficar juntos. Consigo entender isso hoje. Portanto, quero de volta todas as moedas que joguei em poços desejando que eles voltassem. Os dois tiveram sorte e se casaram com as pessoas certas.

O rosto das minhas irmãs vem atrás do dos meus pais, assim como o do meu irmão, todos sorrindo para mim, não apenas ao lado de uma cama de hospital, mas também no Canadá e em Los Angeles, enquanto tento fazê-los rir com minhas gracinhas. Eles nunca me deixaram na mão, nenhum deles. Nunca deram as costas para mim. Se for capaz, tente mensurar o tamanho desse amor.

Menos profundas, mas ainda assim emocionantes, outras imagens surgem das águas ondulantes: os Los Angeles Kings vencendo a Copa Stanley em 2012, eu na sétima fileira, berrando para a segunda linha manter a pressão. E meu pensamento bem egoísta de que Deus os fez penar nas eliminatórias durante o ano e só conseguirem vencer nos últimos dias. Eu tinha acabado de sair de um relacionamento longo, e tenho quase certeza de que os Kings só chegaram ao fim do campeonato porque Deus disse: "Ei, Matty, sei que você está passando por um momento difícil, então aqui está um negócio que vai durar três meses e lhe dar muita diversão e distração para melhorar as coisas." E foi isso mesmo. Depois de enfrentar as eliminatórias como anjos vingadores da morte, eles encararam os Devils na final, e naquela última partida no Staples Center, um jogaço como não se via fazia duas décadas na Copa Stanley, os Kings marcaram quatro a zero no primeiro minuto do segundo tempo. Eu fui a todos os jogos, chegando até a ir com meus amigos de jatinho para partidas fora da cidade.

Conforme a pista de gelo do meu time desaparece na água, outros rostos surgem: os irmãos Murray, meus amigos mais antigos e queridos, com quem criei um jeito engraçado de falar que acabou tocando o coração de milhões de pessoas. Craig Bierko, Hank Azaria, David Pressman... sua risada costumava ser a única droga de que eu precisava. Mas eu jamais os teria conhecido, nem chegado a lugar nenhum, talvez, se Greg Simpson não tivesse me escalado para minha primeira peça. Nunca se sabe aonde algo pode nos levar... Acho que a lição é a seguinte: aproveite todas as oportunidades, porque algo bom pode surgir delas.

Algo maravilhoso surgiu para mim. Fecho os olhos, respiro fundo, e, quando os abro de novo, estou cercado por meus amigos de *Friends* (sem os quais eu teria estrelado algo chamado *Zero Friends*): Schwimmer, por nos manter unidos quando ele poderia ter seguido sozinho e lucrado mais do que todo mundo, decidindo que deveríamos ser uma equipe e conseguindo um milhão de dólares por semana para todos nós. Lisa Kudrow — nenhuma mulher me fez rir tanto quanto ela. Courteney Cox, por fazer os Estados Unidos acreditarem que um cara como eu poderia se casar com uma moça tão linda. Jenny, por permitir que eu passasse aqueles dois segundos extras olhando para o seu rosto todos os dias. Matt LeBlanc, que pegou um esboço de personagem e o transformou no papel mais engraçado da série. Todos eles continuam a um telefonema de distância. No especial em que nos reunimos, eu fui o que mais chorou, porque sabia o que tive nas mãos, e a gratidão que senti naquele momento se compara à que sinto hoje. Além dos protagonistas, havia toda a equipe, os produtores, os roteiristas, os atores, a plateia, tantos rostos se unindo em uma expressão de alegria. Marta Kauffman, David Crane e Kevin Bright, sem os quais *Friends* seria um filme mudo. ("Será que isso podia *ser* mais silencioso?") Os fãs, tantos fãs que permaneceram fiéis e ainda assistem — o rosto deles me encara agora, quietos como Deus, como se eu continuasse no estúdio 24 em Burbank. As risadas, que por tanto tempo me deram um propósito, ainda ecoam pelos cânions, quase me alcançando após todos esses anos...

Penso em todos os padrinhos, os coaches de sobriedade e os médicos que me ajudaram a não estragar o melhor trabalho do mundo.

Olho para a água e digo, bem baixinho: "Talvez eu não seja tão ruim assim?"

Então vou buscar mais café.

Dentro da casa, encontro Erin — ela sempre está aqui quando eu preciso. Não falo sobre o que pensei lá fora, mas vejo nos seus olhos que talvez ela tenha entendido. Ela não diz nada, porque é isso que os melhores amigos fazem. Erin, Erin, Erin... Ela salvou minha vida na reabilitação, quando minhas entranhas explodiram, e ainda a salva todos os dias. Quem sabe o que eu faria sem ela; não pretendo descobrir nunca. Sei que ela está louca por um cigarro, mas permanece firme. Encontre um amigo que desista de algo junto com você — é surpreendente como isso transforma uma amizade.

Agora, o sol está mais alto no céu, o dia perfeito no sul da Califórnia quase chegando ao auge. Ao longe, vejo barcos e, apertando os olhos, juro que enxergo surfistas esperando nas águas calmas. Mas a gratidão continua girando ao meu redor, ganhando força agora, e o rosto de outras pessoas surge: personagens dos filmes de Woody Allen que amo, a série *Lost*, Peter Gabriel, Michael Keaton, John Grisham,

Steve Martin, Sting, Dave Letterman, por me receber naquela primeira vez, Barack Obama, o homem mais inteligente com quem já conversei. Na brisa, escuto a versão em piano de "New York, New York" de Ryan Adams, gravada no Carnegie Hall no dia 17 de novembro de 2014. Entendo mais uma vez o quanto tive sorte de entrar nesse mercado, não apenas de ter acesso a pessoas extraordinárias, mas também de ser capaz de afetar os outros da mesma forma que algo como "Don't Give Up", de Peter Gabriel, me afeta (não vamos nem falar do clipe, em que ele abraça Kate Bush, porque não aguento). Quando penso em todos os atores que se arriscam, tenho um vislumbre da face de Earl Hightower, a versão boa, não a ruim, e rapidamente seu rosto é substituído pelo do meu padrinho atual, Clay, que me acalmou com tanta frequência. Penso em todos os médicos e enfermeiros no UCLA Medical Center que salvaram a minha vida. Não sou mais bem-vindo nesse hospital porque, da última vez, me pegaram fumando. Em Kerry Gaynor, por se certificar de que isso nunca mais aconteceria. E, por trás de todos eles, o espírito de Bill Wilson, que, por ter fundado o A.A., salvou milhões e milhões de vidas, um dia de cada vez, e cuja organização ainda se recusa a abandonar os feridos, e sempre me mostra a luz.

Eu me sinto grato pelos dentistas... Não, espera — odeio dentistas.

Em algum lugar atrás de mim, mais para cima da colina, escuto crianças rindo, meu som favorito. Pego a raquete de pickleball na mesa do pátio e treino algumas sacadas. Faz pouco tempo que descobri a existência do pickleball, e achei que nunca mais me sentiria bem o suficiente para praticar algum esporte de novo. Eu já havia aposentado a raquete de tênis, mas este novo Matty fica ansioso pelas tardes no Riviera, para bater em bolas de plástico amarelas.

Meu devaneio é interrompido por Erin.

"Ei, Matty", diz ela na porta da cozinha. "Doug está no telefone."

Doug Chapin é meu agente desde 1992 e, como muitas pessoas no mercado, passou um bom tempo esperando pacientemente enquanto eu tentava sair dos fundos de poço em que me metia. Poder finalmente voltar a trabalhar? Escrever? Quem diria que isso seria possível?

Meus olhos se enchem de lágrimas agora, e o mar parece mais distante, como em um sonho. Então fecho os olhos e me sinto tão grato por tudo que aprendi nesta vida; pelas cicatrizes na minha barriga, que são nada menos que a prova de que tive uma vida pela qual valeu a pena lutar. Eu me sinto grato por conseguir ajudar meus companheiros em momentos difíceis e árduos, e pela imensidão desse presente.

Rostos lindos de mulheres surgem diante dos meus olhos, as mulheres lindas que passaram pela minha vida, e por quem sou grato por me darem ânimo e me incentivarem a ser o melhor homem possível. Minha primeira namorada, Gabrielle Bober, que notou que eu tinha um problema e me mandou para a reabilitação pela primeira vez. A bela e mágica Jamie Tarses, por não me deixar desaparecer.

Tricia Fisher, por começar tudo; o rosto de Rachel; a enfermeira em Nova York que foi uma luz radiante durante uma das minhas fases mais sombrias. Sou grato até mesmo à mulher que me dispensou depois que me abri. E sou tão grato por todas as mulheres maravilhosas com quem terminei simplesmente porque senti medo — sou grato, e sinto muito.

Ah, e também estou solteiro.

Eu não cometeria erros baseados em medos no meu próximo relacionamento, seja lá quando ele acontecer... disso tenho certeza.

O sol está no ponto mais alto, chegou a hora de voltar para a sombra. Odeio deixar a vista para trás; acho que ninguém seria capaz de compreender o significado de uma vista dessas para mim, que deixo de ser um menor desacompanhado quando pairo sobre o mundo desta forma, prestes a ter um pai novamente.

A vida segue em frente; todo dia é uma nova oportunidade e, agora, uma chance de me maravilhar, de ter esperança, de trabalhar, de evoluir. Fico me perguntando se a atriz famosa que se interessou pela minha peça já aceitou o papel...

Quando entro, paro sob o batente da porta. A minha vida foi uma sequência dessas portas, entre o Canadá e Los Angeles, minha mãe e meu pai, *L.A.X. 2194* e *Friends*, entre a sobriedade e o vício, o desespero e a gratidão, entre amar e perder o amor. Mas estou aprendendo a ter paciência, aos poucos adquirindo o gosto pela realidade. Sento à mesa da cozinha e dou uma olhada no celular para ver quem me ligou. A atriz famosa não, mas ainda há tempo.

A vida é assim agora, e ela é boa.

Olho para Erin, que sorri.

Estar na cozinha sempre me faz pensar em Deus. Ele apareceu para mim em uma cozinha, e salvou minha vida quando fez isso. Deus sempre está comigo agora, em todas as vezes que me permito sentir sua grandiosidade. É difícil acreditar, depois de tudo, que Ele ainda se dê ao trabalho de ajudar a nós, reles mortais, mas Ele ajuda, e a questão é justamente esta: o amor sempre vence.

Amor e coragem, cara — as duas coisas mais importantes. Não vivo mais com medo — eu vivo com curiosidade. Tenho uma rede de apoio incrível ao meu redor, e ela me salva todos os dias, porque já estive no inferno. O inferno tem características específicas, e não quero mais nada disso. Mas tenho coragem de encará-lo.

Quem eu vou me tornar? Seja lá quem for, vou seguir em frente como um homem que finalmente ganhou gosto pela vida. Eu lutei contra esse gosto, lutei com unhas e dentes. Mas, no fim, aceitar a derrota me levou à vitória. A dependência química, Aquela Coisa Terrível, é poderosa demais para ser derrotada por conta própria. Mas juntos, um dia de cada vez, conseguimos vencê-la.

Meu único acerto foi nunca desistir, nunca levantar as mãos e dizer "Chega, não aguento mais, você ganhou." E, por isso, estou aqui, pronto para tudo o que vier.

Um dia talvez você também receba o chamado para fazer algo importante, então se prepare.

E, quando isso acontecer, pense: *O que o Batman faria?* E faça.

Agradecimentos

Obrigado a William Richert, David Crane, Marta Kauffman, Kevin Bright, Megan Lynch, Cait Hoyt, Doug Chapin, Lisa Kasteler, Lisa Kudrow, Ally Shuster, Gabrielle Allen e especialmente ao brilhante Dr. Mark Morrow. E a Jamie, a doce e mágica Jamie, de quem vou sentir saudade e que vai permanecer nos meus pensamentos até o dia da minha morte.

Sobre o autor

Matthew Perry é um ator, produtor-executivo e dramaturgo américo-canadense.

Este livro foi composto na tipografia Adobe Garamond Pro,
em corpo 12/17, e impresso em
papel off-white no Sistema Cameron da
Divisão Gráfica da Distribuidora Record.